〔台灣研究叢刊〕

協力網絡與生活結構

——台灣中小企業的社會經濟分析

陳介玄 著

一棵大樹

　　人到中年就變得有些懷舊。懷舊固然源自對過去事物的眷戀，也是對已有的機緣更多一份珍惜。回首來時路，點點滴滴都是不易。日子過了，不會再回來，只是一起走過的足跡依然清晰可見。

　　認識介玄已是十多年。那年，我第一次嘗試從年鑑學派布勞岱的觀點談社會變遷。每一次上課，有一位學生總是專注地傾聽著。在他明亮的眼神後，感覺到有一顆熱情而安靜的心。在一次下課後的談天中，知道每次為了老遠從清水騎摩托車趕來聽課，他的妻子都要替他代課。當時中港路才剛開沒多久，風雨無阻的來回，那份執著，至今想起，依然生動。

　　之後，一群學生開始一起唸書、討論，知識的學習跟生活的探索相互交錯，日子久了，很自然地變成了一個群體。而歲月也就在一頁一頁的韋伯、布勞岱翻過。那時大家心裡都有個夢，這個夢是什麼，大家也說不上，好像好遙遠，又好像好接近，好像很龐大，又好像很實在。反正彼此壯膽，就一起上路吧。年輕的心，可以在教室討論到深夜，也可以在高家老店、在清水、在墾丁有酒有歌。

　　六年前，大夥決定成立一個屬於自己的研究天地，想把西方的理論知識跟本土的社會作個交會。十幾萬公里的路，幾百家的中小企業，一家一家的跑，逐個逐個的問，我們不敢說已成就了些什麼，但學會了傾聽，學會了一份對生命多樣性的尊重。這本書便是介玄用心提煉的結晶。

　　種種際遇都不盡是偶然。對知識、對生活都要用一份力氣，機緣方才變得生動而實在、相生又相容。

　　小的時候寫作文，總喜歡來段「光陰似箭、歲月如梭」，或是「十年樹木、百年樹人」。如今，實實在在有這份體會，見著介玄這位工作好伙伴，巍巍然已長成一棵枝葉繁茂的大樹。心裡真是欣喜。大樹開花結果好收成，新的樹苗又在它涵養下發芽茁壯。有樹就有林，襯著那一大片如茵綠草、藍天白雲。介玄，祝福你，謝謝你，我們的夢近了。

高承恕 民國八十二年夏
於東海大學東亞社會經濟研究中心

自　　序

　　本書主要是個人對於台灣社會及文明研究的一個起步。長期以來，個人對於西方社會學理論的閱讀及思考，台灣社會及文明發展的特質，可說是最重要的對話基準。換言之，不斷對於西方社會學理論的學習與思考，其最終目的，只是希望能夠掌握，如何關懷我們自己的社會？如何對我們自己的社會發問？如何找出更好的研究策略？以便更好的瞭解它。在此前提下，對台灣社會及文明發展的瞭解，不只是個人閱讀及思考西方社會學理論的最終目的，也是我們進入台灣社會經驗研究的最終目的。個人相信，達成這個目標之後，台灣本土化的社會科學知識建構工作，才有基本的土壤。

　　但是，要達成「對台灣社會及文明發展的瞭解」，在個人看來，這必然是一個長期的工作。因為，就此研究的關懷及問題特性來看，任何套用既定西方社會學理論的架構及預設來加以探討，可能都會有其侷限性，所以，深入日常生活各領域以精煉出適合於自己社會的詮釋架構，既是必要的研究策略，更是一種持續性的知識生活方式。在這種研究立場下，「學術作爲一種生活方式」的認知態度，即是我們邁向長期性台灣社會

研究的基石。所謂「學術作爲一種生活方式」的認知態度，我們可以透過韋伯〈學術作爲一種志業〉這篇文章的反省略爲說明這個觀點。

韋伯〈學術作爲一種志業〉這篇宏文大作，將歷經半百的學術生命作了最具知性及感性交融的剖白，因此，我們所得到的啓發就不僅止於知識的喜悅，更有著深一層對於從事學術工作在生命情調上之共感與交會。這種豐厚的感覺，事實上是來自於韋伯天才式的人生掙扎所煥發出來的深刻洞見。不管學術或政治，對韋伯來說可能都是易如翻掌，也惟其如此才更透顯出其選擇之難，擁抱之不易。是以，當韋伯選擇了學術，無疑的，已能從其心路歷程重新予以後人對學術新的認同，及在人生意義上新的詮釋空間。所以，韋伯的〈學術作爲一種志業〉，帶給我們的是，對於學術生命嚴謹的認知，以及從事這個工作最高的目標與終極關懷。在這種情境之下，我們必然要帶著學者的自覺與學術工作的壓力，奮進於人生旅途中，而韋伯的行誼，無疑的，已是這種學術逆旅裡光芒四射的燈塔，指引及鼓舞著每個有志於學術的旅人前進。

然而，韋伯的襟懷可以學習，韋伯的執著足以欽仰，韋伯式的學術工作卻也不禁令人興起「生命中不可承受之重」的感覺。我們可不可以有一種將學術工作很「輕鬆」的投進生命脈流的作法？我想這應該是布勞岱及年鑑給我們的另外一種學術認知態度的昭示。於此，學術除了是一種志業外，更重要的乃在於「學術是一種生活方式」。當我們把學術作爲一種生活方式，認知上最大的轉換在於學術不應優位於生活而成爲生命的

負擔。是以，我們所謂的「輕鬆」不是放棄了從事學術工作應有的嚴謹與紀律，而是在瞭解了學術相對於整個人類長期綿延之生活史的侷限性與存在意義之後的開放及豁達。這個轉換的關鍵在於心境的體會，而非知識上的超越。對我個人而言，這是從布勞岱及年鑑所學到的最大的收穫。誠如高承恕老師所說的，布勞岱面對知識、學術的態度，將西方自笛卡爾以來面對知識的焦慮徹底打破了，這是眞正了不起的成就。這種對於學術認知上的根本轉換，將使我們悠遊於學術生活之中而不知老之將至。

所以，布勞岱及年鑑的學術觀幫我們超越了托爾斯泰對現代文明人的感喟。爲什麼呢？因爲托爾斯泰認爲現代人不再像古代人，能在單純的生活中，圓足的面對生命的綻放與流逝。而布勞岱所提示之學術與生活的合一，使我們免於膨脹了做爲一個學者的自覺和使命，及虛胖了自我改造社會的能力。如此，學術的生活就如同盡職的老農夫關注心血在自已園地上，不特別偉大也並不卑下，一鋤一禾雖不能改造地球，卻也有助於整體文明的發展。就因爲這種單純的生活事實，讓我們遠離了研究者可能有的虛矯身段及使命壓力，而輕鬆的作爲一名學術的老園丁。

從上面認知態度的陳述，也間接說明了我們初步階段的台灣社會研究，爲何會先著重於瞭解而非批判。對我們而言，透徹的瞭解本身即是一種深沉的批判，藉此先行描繪出台灣社會經濟發展的結構性限制及可能性，才能找到具體批判的歸依及未來更好的出路。底下我們略爲說明一下本書的結構及相關聯

的一些問題。

本書主要探討的是，台灣小中小製造業的經濟結構及其所立基的社會環境特質，之所以用「協力網絡與生活結構」為書名，主要有兩個原因：其一是，從個人觀點而言，協力網絡並不僅僅只是一種經濟網絡，它也可以是一種社會網絡，這一點個人在〈從台灣中小企業經濟網絡與社會網絡的同構性論其結構特質〉一文已明白指出。而這種協力網絡對於台灣社會研究的重要性何在呢？個人的看法是：

> 協力組合的網絡骨幹雖來自於企業經營實力的經濟階層架構，卻沒有因此形成不同層級企業體及頭家間嚴謹的階級區隔，這主要得力於「協力」的作用。「協力」在網絡組合中所發揮的最重要功能是，它不只提供水平互動的通道，它同時也提供垂直互動的可能性。所以，經濟網絡及社會網絡階層結構的存在，會因協力作用而降低其作為社會區分（social distinction）的功能。在此，我們也看到了，很難用西方的階級觀點來分析台灣社會的一個原因，乃在於經濟網絡及社會網絡這種協力組合的同構性發展，模糊掉了階級的特性。

由此可見，協力網絡可以作為我們探討台灣社會結構一個重要的策略點。當然，我們必須強調的是，本書對於「協力」這個概念的用法，比較是中性的，指涉的是社會資源和社會網絡之間水平與垂直互動的可能性，而非認定這種的互動模態一定是完全和諧的。是以，「協力網絡」乃是對於社會現象一種接近物理性運作狀態的描繪，並不隱含某種道德評價的屬性。

　　其二是，從協力網絡的角度看台灣社會，本書所討論的一些核心概念，諸如「擬似家族團體連帶」、「情感與利益加權關係」、「包容式行政」及「勤勞主義」，主要是從經濟面向出發，串聯於社會、政治及文化三個面向，希望勾勒出台灣社會基本的生活結構。當然，本書的討論，只能勾畫出此生活結構的可能輪廓，其細微的筋脈骨肉有待於來日的研究填補。在此，我們要提出來的觀點只是，生活結構是一切經濟、政治、社會及文化發展的舞台，從這裡，我們才能較清楚看到，那些是長期變動很少，但對我們現在的發展仍有很強支配力的束西。協力網絡恰足以來說明這樣的事實，所以本書即以「協力網絡與生活結構」命名之。

　　本書既是初步研究，許多相關聯的重要問題尙無法在現階段加以深入探討。譬如，台灣中小企業這種協力網絡，是否會隨著從勞力密集到資本及技術密集之產業結構的改變而改變？本書所描繪之協力網絡及其社會特質，在以金融及貿易爲主體的經濟活動場域，是否仍然存在？香港、大陸及其他東南亞國家，甚至歐洲及北美這些外部經濟區域與市場的變動，是否會對台灣中小企業協力網絡的經濟結構造成衝擊？與香港及大陸東南沿海兩個同樣是華人的經濟地區相比較，台灣中小企業這種協力網絡及其社會特質，是否有其獨特性？香港及大陸的生產模式、社會及文化特質又是如何？這些問題都可以說是，以本書爲起點，在未來個人要加以一系列探究的問題。

　　年歲愈長，對人生愈有一分敬謹之情，始知萬事不易，自己能有任何小小收穫，都是在別人辛勤與汗水中得來的。本書

的完成，得到許多人的幫忙，在此必須誠懇略表感激之情。首先要感謝高承恕老師及師母鄭瑩女士。多年來與老師、師母相處，所得到的知識啓迪固然可貴，然而，在生活，以至於生命層次的昭示，卻更加歷久彌新。沒有高老師、師母的付出，就沒有「東亞社會經濟研究中心」的存在，本書也就不可能寫作了。其次，要感謝葉啓政、陳秉璋、孫清山及黃俊傑幾位老師對本書寫作所提供的寶貴意見，使得本書能以現在面目完成。維安、本瑞、懷眞、家銘、建發、一卿、寶安、維新、彥彬、明輝、邦立、介英及惠玲，這幾位早期和現在「研究中心」的好友及夥伴，對本書觀點的發展皆有一定的幫忙，僅此表達謝意。再者，個人對於所有接受我們訪問的廠商及企業主，表達由衷的感謝，沒有他們的幫忙，本書不可能以質的詮釋方式來討論中小企業的問題。蔡基銓、林登坤兩位妹婿、姊夫林朝文以及小妹桂月，以其從事企業活動的經驗，提供了最佳田野訪問及觀察的機會，可以說是本書某些篇章得以發展出來的關鍵所在，在此一併致謝。最後，對於數十寒暑付出無數關愛及犧牲的父母親，以及妻子美嬌在日常生活表現出來的愛心與寬容，深深致謝，沒有他們的支持，我不可能把學術作爲一種生活方式，從爾，本書的寫作也就遙遙無期了。

陳介玄 寫於東海大學社研所
民國81年5月24日

目　次

第壹篇　台灣中小企業之經濟結構

第貳篇　台灣中小企業之社會特質

參考書目

第一章　緒　論

　　從古典社會學的傳承來看，其對當下社會的研究，有一個
非常值得注意的策略，那就是透過「經濟」來探討「社會」。
馬克斯（K.Marx，1975）是透過對於資本主義的龐大研究，
從「生產模式」出發，來建構出基本的社會階級結構形式。韋
伯（M.Weber, 1961，1958a，1978a，1988）也是從西方
古代資本主義、近代資本主義到現代資本主義這個經濟發展的
路線，闡明了西方文明及社會合理化發展的基本形態。而涂爾
幹（E.Durkheim，1984）亦是從經濟分工的角度，提煉出有
機連帶與機械連帶這兩種基本的社會類型。從古典社會學這個
研究策略來看，不但說明了經濟與社會越形緊密結合的現代化
發展情形，也說明了社會學知識形成的基礎，乃在於密不可分
的經濟與社會互動的實體上。

　　因而，就個人觀點而言，從「經濟」來探討「社會」，可
以說是社會學知識形成的一個特質，一個獨特觀察社會的角度。
在此，就社會學本身的終極關懷及研究目的而言，「社會」當
然是被解釋項，而「經濟」應是解釋項，藉以來說明社會的形

態和特質。當然,就社會實體及研究方法而言,我們不能忽略
這兩者之間辯證互動的關係。而就研究的不同旨趣而言,亦可
以反過來從「社會」解釋「經濟」,以經濟作為最終的被解釋
項,而以社會作為解釋項。就本書的研究性質而言,既然是屬
於社會學的研究,對於台灣中小企業的探討,當然是採取以
「經濟」來探究「社會」的策略。以台灣社會形態及基本特質
的掌握,作為研究的最終皈依。而在這個基本的立場上,我們
首先要對於本書所運用之研究方法及知識觀點加以說明,並略
為回顧東海大學「東亞社會經濟發展研究中心」研究台灣企業
之歷程及成果,以闡明本書理論基礎發展之脈絡。其次,既然
本書研究的策略性對象是台灣的中小企業,我們有必要對於台
灣中小企業的相關研究文獻,作一扼要之回顧,以凸顯本書研
究上的問題意識與基本觀點。

一、理論觀點的回顧與反省

　　首先,我們對於同樣是植基於「東亞社會經濟發展研究中
心」研究成果而寫成的三篇著作,加以概要性的回顧與反省。78
年5月彭懷真完成其博士論文＜台灣企業業主的「關係」及其轉
變——一個社會學的分析＞。6月張家銘完成其博士論文＜經濟
權力與支配——台灣大型企業組織的制度分析＞。這兩篇論文
的研究對象,都是「東亞社會經濟發展研究中心」從76年開始,
所著手進行的台灣紡織、石化及電子資訊等大型企業。而顏建

發於民國79年5月完成的博士論文＜位階結構下台灣企業集團的擴張與躍昇：一個企業中心論的歷史——結構分析＞一文，雖然民國79年「東亞社會經濟發展研究中心」已開始對於台灣中小企業進行研究，但因資料不夠完備，顏建發論文還是針對台灣大型企業進行研究與分析。所以，這三篇論文的研究對象即與本書不同。本書主要是以「東亞社會經濟發展研究中心」從民國78年到80年，近三年來對於中小企業（包括家庭工廠）的研究，做為探討的策略性對象。這個基本的研究對象之不同，透顯了什麼值得注意的訊息呢？

　　無可否認的，對於台灣社會的經驗研究，可以透過不同的途徑進行。「東亞社會經濟發展研究中心」擬定的研究策略與方法，即採取對於企業進行大規模長期性的深度訪談及參與觀察，以進行詮釋性的探討與分析。整個研究的目的，從個人的觀點來看①應是對於企業所立基之社會（日常生活世界）特質的掌握。是以，「從企業到社會，社會到企業，最後再從企業到社會」，這個來回的辯證過程，一直是我們研究上具體問題意

---

①「東亞社會經濟發展研究中心」是由高承恕老師創辦，而對於台灣大型企業及中小企業整個研究計劃的進行，亦是由高老師主持及負責。雖然任何研究工作的進行，包括訪問問題及目的的設定、實際訪問、訪問之後的討論、年度性研究報告的寫作與討論、研究方法及目的的討論，都是集體參與。但整個研究的最終目的，應屬主持人高老師最清楚。本文的反省及對於研究目的的看法，純屬個人意見，特此說明。

識形塑及變換的主軸。然而，我們必須承認，這樣的研究取徑與方法，是在黑暗中摸索前進的過程；社會形態及特質的掌握，並非觸手可及。本書的寫作可說是在這個黑暗道路的摸索過程中，企圖點燃的一盞小小光明，希望藉著這些小火花能略爲照亮通往「社會」之路。而在這個摸索過程中，時間決定了本書所能看到的景致。

前面說過，彭文、張文及顏文都只能以大型企業作爲論文的探討對象，這對於「以企業來探討社會」的研究策略及目的而言，是相當不足的。因爲，在台灣大型企業太有限了，穿梭交織在台灣社會經脈的是數目繁多的中型企業、中小型企業、小型企業及小小型的家庭工廠。從大型企業到中小企業這個研究對象的轉換，絕非意味著只是研究對象數量上的擴充而已，它代表的實是對於社會認識邏輯的轉換，以及形塑社會學知識背後價值理念的更替。這一點我們將會在本書中進一步說明，在此我們要強調的是，「從企業到社會，社會到企業」這個研究的初步過程與「最後再從企業到社會」的結晶化工作，實是兩個極爲不同的發展階段。如此，所謂「從企業到社會，社會到企業」這個初步過程與「最後再從企業到社會」的關鍵判別又是什麼？這個分野要扣住「東亞社會經濟發展研究中心」四年半以來，研究方法與階段性成果演進的歷程來看才有意義。

「東亞社會經濟發展研究中心」從民國76年2月開始對十信事件，進行半年的文獻個案研究之後，隨即利用半年個案研究累積出來的問題意識進行大型紡織、石化及電子資訊等企業的訪談工作，到了77年中，我們將研究結果寫成第一階段的年

度報告，這些報告共有十篇，分別就大型紡織業的企業組織與管理、企業文化、人情關係與法律、家族企業、資金籌措及企業與企業之間的互動關係等面向加以探討②。隨後對於同樣主題，在77年底又完成對於資訊業的集體報告③。這兩個階段的研究報告，雖然極為粗略，卻從集體的成果顯現出，想從企業研究出發，以掌握台灣社會特質的企圖。這種企圖結果的未臻成熟，從諸多文章只能流於探索性及描述性的對於所謂社會特質或底層社會結構模糊的勾劃，即可看出一般。這個階段我們可稱之為「初步從企業到社會」的探討階段。

到了78年初，重新就企業訪談及研究社會的瞭解心得，進行十信事件的總結分析與詮釋，完成第三階段集體的研究報告

---

②第一階段的整體報告論文，包括：林寶安〈企業的內部組織與決策〉，馬彥彬〈變局中的經營策略〉，陳介玄〈關係與法令：台灣企業運作的一個獨特面向〉，劉維新〈企業與政府：政府角色的重新定位〉，顏建發〈從發展的觀點看企業的選擇與對外關係〉，翟本瑞〈台灣企業的再出發〉，高承恕〈台灣企業的結構限制與發展條件〉。

③對於大型電子資訊業的集體報告，包括下列論文：張家銘〈依賴與自主之間：我國資訊硬體工業的發展經驗〉，翟本瑞〈政府的角色扮演與電子資訊業〉，馬彥彬〈台灣資訊業中在台外商的角色：由訪問資料中得到的初步印象〉，林寶安〈法律之外：對仿冒問題的再思考〉，劉維新〈資訊業中政府角色的定位〉，涂一卿〈改變企業「封閉性」的可能因素：以國內電腦資訊業為例〉，彭懷真〈創業者的背景及競爭策略〉，顏建發〈台灣資訊業大型化的限制與出路〉，陳介玄〈人情關係秩序：電子資訊業的傳統面貌〉，高承恕〈電子資訊業中的「傳統」因素〉。

④，隨後在78年中將大型紡織、石化及電子資訊整合在一起討論，完成第四階段集體的研究報告⑤。這兩個階段整體來看，可以說是立基於前兩階段的探討基礎，而對於所謂「社會制度基礎」有更明確的掌握，分別從不同的社會面向對台灣大型企業的發展進行分析和詮釋。這點，特別從第四階段，以「中國企業之社會制度基礎」為名的十篇論文取向，可以看出這個端倪。是以，從前面兩階段以企業為研究進路，初步觸摸到台灣社會的一些特質，到後面兩階段，能夠更清楚的以社會制度基礎來

---

④對於十信事件所完成的集體報告，包括下列論文：林寶安〈國泰關係企業的經營策略〉，彭懷真〈十信事件關係人動向〉，涂一卿〈家族與企業：從認知理念的探求看國泰企業的起落〉，劉維新〈十信事件的社會學面向：一個現象學的角度〉，張家銘〈十信金融事件的結構因素剖析〉，馬彥彬〈道德訴求與理性計算：談十信案所呈顯的一些心態〉，翟本瑞〈國泰十信案的後續發展〉，陳介玄〈從道德看法律與金融：十信案中的傳統圖像〉。

⑤以「中國企業之社會制度基礎」為名的十篇論文，包括：高承恕、陳介玄、馬彥彬〈台灣經濟發展與西方資本主義理論〉，彭懷真〈個人風格與企業導向：對企業理念與文化的觀察〉，彭懷真〈企業因應政府〉，翟本瑞〈環保問題、勞資糾紛所反映出的社會運作原則〉，林寶安〈台灣結構的轉變：由企業的因應談起〉，劉維新〈對台灣社會結構的省思：以環境保護抗爭為起點〉，邱家宜〈企業經營的倫理驅力：韋伯命題的辯正，兼及台灣企業研究經驗〉，陳介英〈台灣企業之組織與經營管理的社會基礎〉，涂一卿〈家族企業的概念與實質〉，陳介玄、高承恕〈台灣企業運作的社會秩序：人情關係與法律〉。這十篇文章刊登於「社會與經濟」第3、4期合刊本（東海大學，東亞社會經濟發展研究中心，民國78年2月25日）。

解釋企業的發展現象，我們可稱後兩階段為「從社會到企業」的探討階段。

雖然「初步從企業到社會」再經由「從社會到企業」的探討階段，前後也花了兩年半的時間，但對於台灣社會的研究，從四個階段論文的內容來看，可能也只是醞釀累積了一些對這個社會，比較具體成形的感受（feeling）和問題意識，就如同布勞岱（F. Braudel）在地中海的遨遊，孕育了他對地中海的熱愛，打下了日後寫作《地中海與腓律普二世的地中海世界》一書的「生活基礎」。有了這個生活基礎，才能使研究者對所研究的對象，產生有益於研究的感性與關懷，以及對研究對象鞭辟入裡的問題意識。因而這種生活基礎的有無與深淺，個人相信，長期來講，是影響對於當下社會探討能夠深入與否的重要原因之一。所以，對台灣企業這四個階段的研究，只是對於整體社會的研究打下了必要的生活基礎。換言之，「初步從企業到社會」再經由「從社會到企業」的探討階段，必然要再走向第二度的辯證循環，二度的再從企業來探討社會，才能夠精緻化第一循環的理論觀點，而走向概念化的社會學知識建構。因此，在個人看來，從初步的探索，到嚴謹概念化類型建構的達成，是前述之「從企業到社會，社會到企業」與最後再從企業到社會」這兩個階段最大的分野。而從「東亞社會經濟發展研究中心」前兩年半的研究成果來看，只完成了「從企業到社會，社會到企業」的探討階段，尚未企及「最後再從企業到社會」的概念化建構階段。

以上對於「東亞社會經濟發展研究中心」研究過程的扼要

鋪陳，目的是要釐清前述所謂的，彭文、張文及顏文三篇論文
都只能做到「從企業到社會，社會到企業」這個初步過程，而
無法作到「最後再從企業到社會」階段的背景原因。無可否認
的，三位研究者參與研究的時間、研究的對象和研究的基本觀
點與方法，都侷限在上述「東亞社會經濟發展研究中心」兩年
半的研究時間及架構之內，所以這個限制不是來自於三位研究
者本身，而是其立足的研究母體。這個研究母體研究架構之不
易超越，從三人的核心研究取向及論點即可見出梗概。不管是
彭文對於關係所作的社會學的探討；或是張文從經濟權力研究
模型出發，透過對於「管理模型」、「階級聚合模型」及「資
本集中模型」之反省與批評，進一步提出的「權力制度論」；
或著顏文經由對發展理論、國家論、新重商主義論及制度性結
構論者的批駁而建構之「企業中心論的歷史結構分析」，都只
是從企業本身的角度出發，取得一個較佳的觀察進路之後，再
用社會（或所謂的社會基礎）來對企業的發展現象加以解釋，
而無法在最後達成對於台灣社會特質的概念化建構與詮釋。從
前面個人的分析架構來看，即是只能達成「從企業到社會，再
從社會到企業」這個初步過程，而無法作到「最後再從企業到
社會」的研究階段。

　　經由上面的說明，我們大致釐清了本書在這一脈相承之企
業研究中的位置，主要是希望透過對於台灣中小企業「經濟結
構」的研究，而能夠「從企業到社會，再從社會到企業」這個
初步過程，作到「最後再從企業到社會」的研究階段。是以，
對於台灣社會特質的概念化建構與詮釋，變成本書研究上最主

要的意義所在。然而，既然社會特質的掌握是從中小企業的研究出發的，我們便先要對於作為策略性研究對象的中小企業研究領域有個精確的瞭解，以便進一步凸顯我們研究的取向及觀點。

二、相關中小企業文獻之回顧

前面已經說過，從大型企業到中小企業這個研究對象的轉換，並非意味著只是研究對象數量上的擴充而已，它代表的實是對於社會認識邏輯的轉換。換言之，我們的研究目的若是在於台灣社會文化類型與特質的掌握，單從大企業著手研究是不足的。這一點我們可以從具有社會意義的兩個經濟統計數字看出來。一是中小企業的家數。從歷年的統計資料可以看出，中小企業每一年的家數都佔了台灣企業總家數百分之九十以上；二是中小企業所雇用的員工數。從歷年統計數字來看，台灣中小企業所雇用的員工人數，每一年也都幾乎佔了全部從業人員的百分之七十以上[6]。以這兩個指標來看，中小企業不僅如張炳耀（1983）所說的，在經濟活動中具有非大型企業所能替代的功能（如填補性、配合性、專業性及區域性等功能），它也具有趙既昌（1983）所指出的，在國家與社會經濟結構中具有連結與填充之作用的社會性意義。因而，在我們看來，透過中小

---

[6]參考歷年中小企業統計資料，經濟部中小企業處。

企業的研究，對於當下社會實體的詮釋與瞭解，不但能夠更形深入，而且由此深入瞭解所建構的概念，也才能更具體的掌握具有文化意義的社會特質。

　　從上述之問題意識及研究目的來檢視現有的台灣中小企業研究文獻，可說是相當不足的。這個不足一方面是對於台灣中小企業比較深入而且有系統的研究並不多見⑦。另一方面是這些文獻對於台灣中小企業的研究，泰半集中於下列四個面向：一、對於台灣中小企業定義問題的討論；二、探究造成台灣中小企業發展的原因；三、探討台灣中小企業發展上的缺點與限制；

---

⑦這些較深入又具整體性的探討文章，有：《台灣銀行季刊》34卷第3期中小企業研究專號，互有關聯照顧到各面向的十一篇文章（即白俊男〈台灣之中小企業與台灣之經濟發展〉、張鈞〈台灣之中小企業銀行與中小企業融資問題、台灣中小企業之財務問題〉、周大中〈台灣中小企業與非中小企業財務狀況比較〉、蔡蜂霖〈台灣中小企業之稅捐問題〉、沈西達〈台灣中小企業之產銷問題〉、趙既昌〈台灣中小企業之輔導問題〉、劉泰英〈台灣中小企業投資環境之研究〉、高孔廉〈台灣中小企業合作經營可行性之研究〉、劉水深〈台灣中小企業之內部管理問題〉、王士杰〈台灣中小企業之勞工流動與訓練問題〉）；經濟部中小企業處將散落在各類經濟報章雜誌（尤其是中小企業發展雜誌）有關中小企業之具有代表性的重要探討文章彙編成《中小企業文選》，這本文選分為總體篇、管理篇及技術與策略篇三大部分共收有六十六篇文章。其中較具整體性探討取向的主要是在於總體篇的十九篇文章。另外，張炳耀〈台灣地區企業小型化問題之剖析〉（台灣銀行季刊第35卷第4期）、官俊榮〈中小企業的合理發展〉（經社法制論叢第7期）亦企圖從一整體性的經濟角度對中小企業問題作一詮釋。

四、提出對於中小企業輔導與政策上因應之道。這四個面向整合起來看，可說是相當應用性的取向，而其研究目的主要也是作爲政策制定與執行的參考。換言之，針對中小企業發展之經濟政策與產業政策等技術性問題的討論居多，而較少觸及台灣中小企業所賴以發展的社會基礎，更遑論能由此而開展出對於台灣社會特質類型上的建構了⑧。

　　然而，儘管諸多關於台灣中小企業的研究文獻，並沒有走向個人所關懷的主題來探討，卻在問題意識上能夠深化我們對於經濟現象背後社會運作邏輯的思考。就此而言，對本書論題最有相關之觀點，當推吳惠林與周添城兩位，對於台灣中小企業發展所提出的一個結構性的看法。吳惠林與周添城（1987）認爲：

> 由產業經濟學的觀點言，中小企業之能有效地運作，乃因此等產業並無顯著的規模經濟，也即，平均成本曲線是水平的。在臺灣，這些產業是哪些呢？若由中小企業對臺灣的出口貢獻來看，我們即可得知，這些產業都屬出口導向產業。而由先進國家，如日本、法國和比利時的證據得知，在出口方面，大企業遠比中小企業扮演更重要的角色。因

---

⑧戴西君、張家銘〈台灣中小企業發展之研究——企業社會學的剖析〉（經社法制論叢第3期）一文，雖然希望從企業社會學的角度，對台灣中小企業的經濟、文化和政治制度作一探討。然而，也僅能達到探索性、描述性的對前人的研究做一整合式的論述，而無法進行概念化建構的深層詮釋。

此，臺灣的情況似乎違反了上述一般的原理。於是，接下來的問題是：為什麼臺灣的中小企業不需具有規模經濟，而卻能在出口市場上蓬勃發展，而且具有經營的效率？

原來，出口產業的規模經濟，在行銷階段的重要性遠勝於製造階段。製造階段是否有規模經濟，係依個別產業的特性而定。有些產業具有大規模運作的利益，但是有些則無。因此，我們很自然的可以推論出：不具規模經濟的中小企業只能在不需大規模經營的產業裡存在。一般而言，這些產業係屬勞動密集和技術成熟的產業，臺灣的情況必定是如此。另一方面，國際行銷的規模經濟發生在每一個產業裡，這也就是為什麼一般會認為，大企業在出口上，應該表現得優於中小企業的原因。如果真是如此，那麼，臺灣的中小企業是否為一特例呢？

如上所言，中小企業在製造的階段會比行銷的階段更有機會作有效的經營。這也就是臺灣的中小企業之寫照，亦即，大多數的中小企業只需從事製造，根本不必擔心其製品的市場問題，為什麼？因為臺灣中小企業的行銷責任係由日本商社和出口市場的進口商所擔當。結果是，我們的中小企業與日本商社、跨國商社以及外國進口商合作，從事著「國際分工」，尤其在行銷的階段更是合作無間。在此情況下，臺灣的中小企業可以專業於製造和生產勞動密集的產品，他們一點也不必擔心行銷問題。在臺灣，即使有所謂的「出口貿易商」，也只是提供通信和文書作業的服務而已，而絕無執行行銷的實際功能。

　　由此可知，臺灣的快速工業化和高度的經濟成長，完全是立基於產銷國際分工的型態之上。這就是臺灣的中小企業之所以能免於受到國際行銷規模經濟的限制，而且又仍然可以專業於製造生產的真正原因。這也就是臺灣經濟發展的原動力──出口導向成長的根源。

　　吳周兩人的文章清楚指出了一個常識性的錯誤認知：認為中小企業眾多是台灣產業經濟的特色。中小企業眾多並非台灣獨有的現象，日本及歐美許多國家也都是以中小企業為主。所以台灣企業的特色不在於眾多的中小企業，而是，台灣的出口竟然是以中小企業為主，這就有別於歐美其它國家了。透過這個問題的釐清，他們進一步追問道：台灣以中小企業為主要出口核心的經濟現象如何而可能？在此，他們提出了，台灣中小企業之所以能主導著出口貿易，乃在於其立基於產銷國際分工型態之上。如此，也造成了台灣快速工業化和高度經濟成長。我們之所以說這是一種結構性的分析，乃在於他們從國際性的生產與貿易組合關係，指出了台灣中小企業發展之所以可能的經濟結構。而這個生產與貿易組合而成的經濟結構問題，也正是本書第一篇所要處理的課題。但是，我們必須指出的是，吳周文章對於台灣中小企業發展之經濟結構的探討，是相當粗略的。光是從國際產銷分工的角度不足於完全說明台灣中小企業經濟結構之全貌。我們必須先要對台灣中小企業本身之生產特性與貿易特性深入探討之後，才能看出台灣中小企業本身的經濟組合結構，才能再進一步具體探究其與國際貿易網絡連帶的結構圖像。然而，更重要的是，這一切經濟活動討論之後，必

然要面對社會如何形塑這些經濟活動的問題。這也是吳周文章
所忽略的。而有了在對於中小企業經濟結構這個探討的方向，
對於相應此經濟結構之社會特質的掌握，應該更能切中肯綮才
對。底下，我們概略說明一下對於台灣中小企業經濟結構與社
會結構探討的架構。

三、本書的探討架構

從上面理論觀點與基本文獻的回顧與反省，我們確立了整
個研究的處理架構，並以「東亞社會經濟發展研究中心」三年
來（從民國77年4月至80年4月），針對台灣紡織、鞋業、機械
（千斤頂）及資訊業等中小企業的深度訪談及觀察記錄資料爲
主，就上述之問題意識、研究目的與核心關懷，將論文分成三
部分加以探討。首先是，對於台灣中小企業之經濟結構的分析。
在此，中小企業之經濟結構，指涉的是在諸多中小企業之間，
因其生產技術與管理模式、資金運用特質及貿易行銷類型所形
構成的一種「彈性化協力企業組合結構」。從訪問及實地觀察
中，我們看到台灣中小企業之所以會形成「彈性化協力企業組
合結構」，與其在生產技術與管理、資金運作及市場行銷特質
有很大的關係。是以，我們在論文二、三、四章分別討論了台
灣中小企業在生產技術與管理上，所展現的一種「黑手變頭家
的技術管理整合模式」，和其「創業資本」與「發展資本」運
作的社會特質，以及獨特的「吸納式」外貿網絡。在這前面幾

章的基礎上，我們在第五章進一步說明「彈性化協力企業組合結構」概念建構的實然分析意義，並由此觀照台灣中小企業發展之限制及未來可能的出路。

其次是，對於台灣中小企業之社會基礎的分析與社會特質概念化的建構。立基於對中小企業經濟結構的探討基礎，我們在這一部分將從社會、政治行政與文化等面向分別來勾勒出較總體的社會圖像。在社會方面，我們以「擬似家族團體連帶」及「情感與利益加權關係」兩個概念作為探討的樞紐，闡明台灣中小企業運作中的社會連帶性質。在政治行政方面，則以「包容式行政」這個概念來說明政府行政的特質，並以積極性「包容式行政」和消極性「包容式行政」兩個類型來說明政府與企業互動的關係形態。在文化方面，透過對於儒家文化與東亞經濟發展命題的反省，我們提出文化的考察必須從現實面著手，以此來分析「勤勞精神」的形成，並說明其對於中小企業整體發展上解釋的不足，再建構「勤勞主義」這個概念，來說明台灣中小企業某些發展特性的文化根源。

最後，藉由對於台灣中小企業之經濟結構與社會特質的研究，我們重新檢視前面所謂「最後再從企業到社會」的概念化建構是否完成？並藉由這個問題的說明，簡略反省一下，既有之古典社會學理論對於台灣社會形態解釋的不足，與未來研究進行的方向。

第壹篇

台灣中小企業之經濟結構

第二章　論台灣中小企業之「彈性化協力企業組合結構」

一、前言：「彈性化協力企業組合結構」概念形構之意義

在個人看來，對於台灣中小企業經濟結構的研究，必須從中小企業之間所形成的「協力關係」來加以探討。然而，在未深入討論由台灣中小企業獨特之「協力關係」所形成的「彈性化協力企業組合結構」之前，我們必須先思考一個極關鍵的問題：亦即，台灣中小企業之間這種「協力關係」的探討，其重要意義何在？換言之，我們為什麼一定要從這種獨特的「協力關係」，來掌握台灣中小企業的經濟結構？對於這個問題的回答，必須從台灣中小企業的產業形態談起。謝國雄（1989）利用歷次工商普查報告，整理出1966至1986年生產單位僱用人數的分類表，並指出：

如果以製造業生產單位的分配來看，台灣的產業結構像一個金字塔：少於20人的細小生產單位佔了所有生產單位的大部分，而多於100人的生產單位則只佔了一小部分，介於20人與99人間的生產單位所佔的比例則多於大型生產單位，但仍遠少於細小的生產單位。這是台灣產業結構的橫切面，可以說是一種零細化的產業結構。

從謝國雄的觀點來看，似乎「零細化產業結構」才是台灣中小企業經濟結構的特色，而台灣之所以會形成「零細化產業結構」，乃源之於外包制度的支持，所以他呼籲，對於台灣產業未來的研究，必須探討支持台灣零細化產業結構的外包制度，分析外包制度的運作及其中生產單位的內在動力與彼此間的關係（謝國雄，1989）。但是，「零細化」這個概念，真足以描述台灣產業結構的特色嗎？簡世雄（1988）的研究指出：

即使與其他的工廠有中心衛星關係，絕大部分都與中小型裝配廠發生協力關係，與大企業間的關係，以上下游關係為多，與大企業直接形成日本式之「下請」的中心衛星工廠關係比較少。所以，我國的中小企業縱使是規模很小的企業，絕大部分不會是日本學者所描述的「零細企業」，而是衝勁十足，敏捷靈活的小企業體。

我國的中小企業家數多、規模小，呈底部較寬的金字塔狀。並以經營行銷活動較單純之外銷業務佔多數。而我國中小企業之蓬勃，係賴精細之專業分工，與極具效力之協力關係的活用。而其競爭力之強盛，係由協力關係極為浮動，而非以價格、品質、交期能勝人一籌所致。值得關心的是，

中小企業如何升級和轉型，將來從事較高級或科技性行業時，是否會更需依賴大企業，而步入中小企業的「典型化」，形成與大企業之附屬關係。不過，現今的市場以多種少量為主，有利於中小企業，如果貿易商再次分擔艱鉅的行銷工作，我國中小企業可能更健碩，更為活絡。

從簡世雄的研究，我們看到一個可以彌補謝國雄觀點不足的雛型，那就是我們不能從「零細化」的角度來看台灣產業結構的特色，這一點我們已在〈緒論〉一文強調過了，因為，大部分中小企業眾多的國家，如日本、歐洲，也都有這種零細化的特色。因而，重點可能是如簡世雄所指出的，不要從個別的零細企業來看，而是就其間協力關係所形成的小企業體（用個人的說法是：小企業叢），來觀照台灣產業的結構形態。至於謝國雄認為，對於台灣零細化產業結構的瞭解，要從外包制度下手加以探討，這個觀點是正確的，但是範圍太狹窄了。從我們對於台灣紡織、製鞋、機械（千斤頂）及資訊等四個中小行業田野式的深度訪談及參與觀察發現，對於台灣中小企業經濟結構的探討，若從「協力關係」為研究進路，則不只外包制度需要研究，包括內包制度及成品加工廠也都需要探討。而儘管簡世雄能注意到，對於台灣中小企業的研究，協力廠之間的關係是關鍵所在，但他也只能用「浮動」關係，這樣模糊的字眼來描繪協力廠之間的互動情形，而無法透過更精確的概念建構，勾勒出台灣協力廠之間，深層的互動結構。是以，在此我們對於台灣中小企業協力關係的研究，即透過「彈性化協力企業組合結構」這個總合性的概念建構，以進行結構性的深度詮釋。

　　何謂「彈性化協力企業組合結構」？對於這個概念的界定，透過訪問所得的資料①，我們可從下列幾個方面加以探討。首先，是對於中小企業協力廠種類的掌握。從不同行業別的訪問中，我們發現，若要對於台灣中小企業的經濟結構形態有個適切的瞭解，則先要能分辨在其協力關係之下的不同組合形態。這其中，有的是外包型的代工廠連帶、有的是內包型的代工廠連帶、有的是平行的協力加工廠關係，亦有的只是產銷之間的合作關係。對於這些眾多組合形態的瞭解，是對整體中小企業經濟結構深入解剖的前提和基礎。其次，是對於形成「協力關係」之底層基礎的掌握。透過深度訪談，我們發覺到，這些不同協力組合類型的形成，主要是立基於不同規模之企業，對於生產技術、管理、資金及貿易行銷不同能力層次之間的搭配②。每個企業在這些企業經營的幾個關鍵要素裡，依其自身的能力和資源，與其他業進行互惠的互動關係，因而產生不同的組合形態。最後，是對於形成不同組合之「彈性化」組織原則的掌握。台灣中小企業具有彈性與易變性的特質，多為人所樂道③。但他們所

①參考《社會與經濟》第5期至第39期訪問記錄，東海大學，東亞社會經濟發展研究中心出版。

②有關中小企業之生產技術、管理、資金及貿易行銷等不同面向討論的文獻相當多，可參考台灣銀行季刊第34卷第3期台灣中小企業研究專集，及經濟部中小企業處所出版之《中小企業文選》一書，所收集有關討論台灣中小企業問題之代表性文章。以及林茂山（1985）、高孔廉（1983）、張炳耀（1984）等人論文。

③如李國鼎（1989），及訪問記錄 T7《社會與經濟》第5期。

標定的彈性化，大部分侷限於中小企業個體對於外在環境變化
的敏銳反應上，而甚少注意到中小企業之間的「彈性化」組合
形態。若從鉅視的角度來看，這是台灣中小企業更值得注意的
一個特質。而這種彈性化組合在台灣中小企業場域的運作，乃
是依據台灣社會「利益與情感加權原則」而進行的④。從上面的
分析，我們看出所謂的「彈性化協力企業組合結構」，乃是在
技術、管理、資金及行銷基礎上形成之協力關係，因其彈性化
組織原則而構作成諸多協力廠類型總合的　個經濟結構圖像。

　　對於「彈性化協力企業組合結構」，在概念上作了以上簡
要界定之後，我們必須在下面更細緻的來勾畫，形成這個組合
結構的幾個關鍵要素。包括協力廠的幾個主要類型、協力關係
形成之技術、管理、資金及行銷等經濟基礎，以及彈性化組織
原則運用的具體狀況。

二、台灣中小企業協力廠類型及其互動模式

1.台灣中小企業協力廠類型

　　從紡織、製鞋、機械（千斤頂）及資訊業的訪問資料裡，

---

④關於這個概念的進一步界定與討論，我們在第七章〈情感與利益加權
　關係——論台灣中小企業運作的實質連帶〉一文，會有進一步的說明。

我們大致可以把台灣中小企業協力廠的類型分爲底下四種。

(1)內包型代工廠連帶

所謂「內包型代工廠連帶」，指的是母廠提供給這些小型的代工廠廠房、土地及原物料，而工作機器及員工則由承包之工頭或小頭家自己負責。這種廠內代工的型態，對母廠而言，比較好控制加工貨品的交期、品質，又能免於勞工不足的威脅，減少機器成本的付出。而對代工廠而言，則可以減少廠房及土地的負擔，但相對的，則較少自主性，實際上，這些內包代工廠亦等於母廠的一條生產線。受我們訪問的一家千斤頂內包廠小頭家，曾這樣描述自己的角色和處境⑤：

> 嘉義千斤頂代工廠分爲兩種，一種是內包，一種是外包，我們是屬於內包。內包的條件先天上比較差一點，拓展有限，完全寄生在母公司的體制下，看人家眼色。內包型的發展有限，想走又捨不得，出去以後又跟一些同行卯上。出去發展一定會碰到競爭，這是內包廠商的困難。

(2)外包型代工廠連帶

所謂「外包型代工廠連帶」，又可分爲兩種類型。一種是「不帶料的外包廠」，指的是母廠供應外圍小型代工廠原物料，由這些小代工廠加以加工成階段性成品，再交回給母廠組合或裝配。至於工廠土地、廠房、機器及人員，都是代工頭或小頭家自己所擁有，而工作廠地也與母廠分開。這種「不帶料的外包廠」，嚴格而言，與內包廠並沒有太大的分別，只是廠房與

---

⑤訪問記錄M14，《社會與經濟》第36期，1990.12。

土地自己所有而已。另外一種是「帶料的外包廠」，這種外包廠母廠並不供給原物料，原物料要外包廠自行準備和購買。所以，以代工廠來說，「帶料的外包廠」風險比較大，因爲所有加工之原物料的問題、不良品、報廢品都要自己負責，不像內包廠或「不帶料的外包廠」，只負責自己加工的品質就可以。但相對的，這種「帶料的外包廠」利潤及自主性也都高一點。

從上述內外包廠加以扼要比較，可以說內包廠是完全依賴母廠，是寄生在母廠身上。發展範圍有限，要母廠有發展自己才有發展空間。而外包廠就不同了，它的成長範圍比較廣，不必完全依賴某個母廠，可以同時與數家母廠配合，行動上比較自由。但是，在不景氣之下，大部分的外包廠爲降低風險，減輕負擔，都走向「不帶料的外包廠」形式，而在景氣旺盛之時，又會紛紛趨向「帶料的外包廠」的形式，以獲取更人的利潤[6]。

(3)平行的協力生產加工關係

所謂「平行的協力加工廠關係」，指的是中小企業之間，並不具有如上述兩種內外包代工廠與母廠之間垂直的關係，而是一種「平行的互惠生產關係」。甲廠商的某一個零配件、某一部分的加工工作，而剛好乙廠商有生產，或有從事於這方面的加工工作，那麼甲乙兩個廠商即可互相搭配，形成這裡所謂

---

⑥外包方式在中小企業亦是用來解決目前勞力短缺的利器，受我們訪問的一家資訊業者就提到這樣的情形：「應付勞工短缺問題主要的做法：①外包，有專人收貨，②建教合作，③夜班、薪水加35%，④水湳設分廠，三、四十歲的婦女爲主」。訪問記錄E 22，《社會與經濟》第24期，1990.5。

的「平行的協力加工廠關係」。這種協力廠關係在機械業、紡織業都有，但以資訊業最常見。許多生產PC電腦的台灣廠商，事實上是很多這種平行的協力加工廠在一起生產。

(4)平行的產銷合作關係

所謂「產銷之間的合作關係」，指的是中小企業之間，既非內外包代工廠與母廠之間的垂直生產關係，亦非如第三種類型之「平行的互惠生產關係」。而是一種「平行互惠的產銷關係」。亦即當甲廠商接到一筆定單時，在衡量自己工廠生產量之下，若無法在下單廠商所要求的交期下完成，而只為這筆定單再擴大生產規模並不划算的情形下，它會把吃不下的單子轉出去給同業乙廠商做。這個時候，相對於乙廠商接受甲廠商委託這筆剩餘定單的生產，甲廠商是做行銷工作。同樣的，在下一次狀況可能關係就調換過來，相對於甲的生產，乙廠商是做行銷工作。如此，甲乙廠商就形成了這裡所謂「平行的產銷合作關係」。

從上面我們對於台灣中小企業協力廠的簡單分類，目的是要說明我們在此所指涉的「協力廠」這個概念，雖然是一個經驗性的日常概念，但實是包含著上述四種協力關係的總稱。因為，在我們實地訪問中，發現中小企業業者本身也不區分，凡是與他們發生工作上或零組件搭配上的廠商，皆謂之「代工廠」或「協力廠」。但就我們研究目的而言，作上述的區分是必要的。如此，我們才能細緻而深入的解剖其協力關係形態，並看出我們所指涉的協力關係或協力組合，實包含著內包關係、外包關係、平行的協力生產加工關係及平行的產銷合作關係。換

言之,所謂協力廠或協力關係之形成,最少必須是來自於這四種形態的任何一種情形。而一個企業體的協力廠商可能同時涵蓋著以上四種類型或其中幾種。企業體之間會形成何種協力關係,達成什麼形態的組合,端賴其形成協力關係之基礎及組合原則而定。我們首先針對協力廠形成「協力關係」的基礎加以分析。

三、台灣中小企業協力廠形成「協力關係」之基礎

從上面協力廠類型的討論,我們可以看出來,構成這些諸多不同協力組合類型的基本條件,乃在於台灣獨特的生產及商業貿易體系。陳明璋(1988a)曾指出台灣中小企業,這兩個體系運作的特色:

> 其實,個別企業的創業主雖強,但仍不夠「壯大」,我國真正強大的,乃在已建立嚴密配合的產銷體系,每一件產品的裝配與加工,前後緊扣著甚多環節。成本要低,品質要好,又要準時交貨,除了肯拼命的業主,專業經理人及工人外,尚要有外圍的衛星與軟硬體的支援體系。多年來的逆向發展與市場的開拓,已使上、中、下游建立牢不可破的關係,大家勤奮的拼命趕工,彼此搭配,方有今天的成果。

就陳明璋的觀點而言,台灣中小企業,從單一個別企業的角度

來看，是無法瞭解其強處所在的，一定要將每一個中小企業鑲進嚴密的產銷體系之後，才能看出眾多中小型企業組合之後的相乘力量⑦。但是，對我們來講，在此一個更關鍵的瞭解重點是，這些所謂嚴密的產銷體系是如何形成的？若以我們前面的分析架構來看，這個問題則是：台灣中小企業之諸多協力廠類型，是立基在什麼生產特質與銷售體系形成的？對於這個問題的討論，我們必須從台灣中小企業的經營規模層次加以解析，才能明其究裡。

從我們對於紡織、製鞋、機械（尤其是千斤頂）及資訊業的深度訪談及觀察資料顯示出⑧，對於中小企業在每一個行業之內（如機械），或在某一個行業某一個單一產品的體系上（如機械業裡的千斤頂產品），大致可以按照「貿易網絡、生產產品、生產零配件及加工能力」等四個標準，將其經營規模區分成下表這四個層次：

表一：從貿易網絡及生產內容看工廠規模大小

工廠規模	工廠規模大小之判準
中型工廠	有貿易網絡、生產產品、生產零配件、加工
中小型工廠	生產產品、生產零配件、加工
小型工廠	生產零配件、加工
家庭工廠	加工

在大廠裡,它當然有基本的加工能力，能夠生產各種零配件，也

能夠把各個中小型廠或代工廠所送回來的零配件，裝配成產品或自行生產產品。但最重要的是，它擁有對外的貿易網絡，換言之，它能從國內貿易商或直接從國外貿易商買主手中，接到單子。在中型廠裡，它除了沒有大廠對外的貿易網絡之外，具有加工、生產零配件及生產產品的能力。而在小型廠，則只具備生產零配件及加工能力。至於小小型的家庭工廠，則只具備有加工能力而已。上表的分類，主要是以生產及商業貿易這兩個整合的判準來作區分。一個必須再強調的重點是，在某個行業或某個產品生產的協力體系內，中型廠底下之中小型廠、小型廠及家庭工廠，當然也有所謂的接單活動及能力，但這種接單與上述中型廠的接單意義不一樣。這些中小型廠的接單，指的是向上面母廠或高它一級的廠拿到代工工作，或是向國內貿易商要到一些加工機會，而非直接跟國外貿易商或買主建立網絡拿到訂單。在同樣對於這幾個企業規模的劃分，我們必須再從整體企業經營的關鍵要素加以比較，才能更週延的來分析，

---

⑦這種協力組合的好處大都為中小企業之業者所肯定。一為受訪的資訊業者就指出：「台灣最強的就是協力廠分工精細，加上競爭強，不好就換，於是成本就低。大陸為了預防台灣反攻，當年工廠都不設在沿海，且沒有分工，一個地區可能形成一個工業大城，從各種零件到成品都做，因此生產起來比台灣還貴，付出的代價相當大。」訪問記錄E22，《社會與經濟》第24期，1990.5。

⑧參考下列訪問記錄　T9C、T10、T11、T12、T13、T14、E23、E24 E25 、E26、C8、 C9、C10、M7、M8、M9、M10、M11、M12、 M13 、M14、M15、 M16、M17A、M17B、M18、M19、O4 、O8、O9 。

各中小企業會形成協力關係基礎所在。我們透過訪問所得的資料，再把這個區分羅列如下表：

表二：從企業經營關鍵要素看工廠規模大小

工廠規模	工廠規模大小之判準
中型工廠	貿易網絡、資金運作能力、管理制度、生產技術
中小型工廠	資金運作能力、管理制度、生產技術
小型工廠	管理制度、生產技術
家庭工廠	生產技術

從表二我們可以看出來，中型工廠擁有最齊備的企業經營要素。它不但有生產技術，也有因應其大量員工數所必需的管理制度。對於資金操作能力與外貿網絡的掌握，更是其獲利之道。而中小型廠則少了外貿網絡的擁有，但對於資金有一定的運作能力[9]，而管理制度及生產技術在它們來講，是不可或缺的。在小型廠則只具備有管理制度、生產技術，資金則只需要一位管財務或會計的人員即可，不需要再設立一個部門來負責運作。至於家庭工廠最重要的則是在於其生產技術的擁有了。

---

[9]對於資金運作能力的差別，我們可以一位受訪的資訊業業主提到的實務經驗為例說明。他認為自己的公司在財務方面，要從「以稅務導向為主，轉向財務導向的路子，還要有一段時間及計劃」。從稅務導向到財務導向的分野，或許亦可做為小型廠、中小型廠與中型廠資金運作上的一個區分基準。訪問記錄E23，《社會與經濟》第30期，1990.9。

　　在表一我們說明了中小企業不同規模層次，其主要的生產
工作之性質。在表二我們再度從企業經營之關鍵要素，來說明
表一所呈顯的：一個企業會停留在那一個規模位階，能從事那
一個層次的加工，端取決於其對不同企業經營要素的掌握能力。
但是，相反而言，不管你是位於那一個經營規模層級，在表一
及表二所呈顯出來的經營規模位階結構，從我們所訪問過的企
業來看，沒有一家能自外於這個位階結構，沒有一家能夠不與
其他廠商配合。在這裡，我們就看到了台灣中小企業形成諸多
協力關係的根本原因了。爲了說明方便，我們再借用謝國雄
（1989）利用歷次工商普查報告，整理出1966至1986生產單
位僱用人數的分類表來作說明：

表三：製造業單位數按僱用人數分

單位：%

	1966(a)	1971(a)	1976(a)	1981(a)	1986(b)
10	71.6	68.7	68.1	69.6	63.3
10-19	13.6	13.3	12.8	12.2	
20-49	9.1	9.7	10.0	9.9	27.9
50-99	2.7	3.7	4.3	4.2	4.8
100-499	2.5	3.8	4.1	3.7	3.6
500-	0.5	0.8	0.6	0.5	0.4

資料來源：a:歷次工商普查報告，1966:11-2，1971:56-7，
　　　　　1976:50-1，1981:8
　　　　b:《民國七十五年工商普查初次報告》，pp.18-9
　　　　*.上表資料引用自謝國雄（1989）

從謝國雄整理的製造業單位僱用人數表，跟我們訪問企業規模資料作一比對，剛好可以透過這個總體性的數字分布，將我們上面兩表的企業經營規模，依僱用人數這個指標，勾勒出一個「概略」的範疇⑩。我們將兩筆資料整理成下表：

表四：從製造業單位僱用人數看工廠規模大小

工廠規模	1986年僱用人數	百分比
中型工廠	100-499	3. 6
中小型工廠	50-99	4. 8
小型工廠	10-49	27. 9
家庭工廠	10人以下	63. 3

表四的整體企業規模的指標，若再與本論文所探討之紡織、製鞋、機械及資訊等四個中小行業別企業規模之分布情形作個對照，即會更清楚看出，這四個中小行業的百分比雖與整體製造業統計所得有所差距，但以家庭工廠、小型工廠及中小型工廠為主的分布現象則是沒有不同的。

---

⑩這裡所謂的「概略」乃意味著我們在此並非以人數的量做為絕對的劃分標準。譬如49人的工廠一定就是小型廠，而50人的工廠以一人之差即擠入中小型廠。這種絕對數量的判準並非我們在此所採用之區分中小企業規模的精義，否則我們就不需要從表一及表二以質的判準加以界定了。人數這個量上的標準，在此的採用，毋寧只是給我們對於所標定之四個層級的中小企業規模，對其規模之概略性有個相對性的瞭解基礎而已。

表五：1988年中小紡織、製鞋、機械、資訊業單位數按僱用人數分

單位：%

	紡織業	製鞋業	機械業	資訊業
10	39. 2		62. 7	31. 4
10-19	23. 3		21. 3	26. 3
20-49	23. 2	34.	13. 3	27. 3
50-99	9. 5	25. 2	2. 1	9. 2
100-499	4. 6	37. 4	0. 6	5. 3
500-	0. 2	3. 4	0. 02	0. 5

資料來源：a:紡織、機械及資訊的資料引自1987年中小企業統
計經濟部中小企業處編印

b:製鞋部分的資料引用自王瑞拱《我國製鞋工業
經營管理實務》

*.製鞋業之資料是得自897家的調查資料，是以
和紡織、機械及資訊所得資料不同。其詳細的
員工人數級距是：50人以下：33.98，51-100
人：25.17，101-150人：12.58，151-200
人：7.2，201-300人：11.55，301-400人：
4.46，401-500人：1.6，501-600人：1.37，
601-700人：0.57，701-800人：0.57，
801-900人：0.11，901-1000人：0.57。由
於製鞋是高度勞力密集的行業，一條生產線即
需要為數眾多的員工，所以雖然員工數從調查
資料看出與其它四個行業顯著不同，但以企業
規模而言仍然是以中小為主。參考王瑞拱《我
國製鞋工業經營管理實務》一書的討論。

　　無論是表三謝國雄透過歷年工商普查所取得的資料、表五我們從紡織、製鞋、機械及資訊業所整理出來的數據，或是從我們近三年來對於中小企業，尤其是小小型的家庭工廠所獲得的資料，都說明了50人以下的小型工廠和10人以下的小小型家庭工廠，是佔絕大部分的企業單位數⑪。從我們前面分析架構來看，這些數字隱含了豐富的詮釋內涵。在表一及表二，我們已看到了，這些佔有絕大比例（整體製造業之91.2% 或紡織、製鞋、機械、資訊四個行業平均之75.5 ％）的小型工廠及家庭工廠，它們能做的工作都是基本的加工工作或零配件的生產，擁有的企業經營要素，只是簡易的管理方法及某一部分專精的生產技術。嚴格來講，這些龐大的小型工廠及家庭工廠是沒有獨自之生存能力的。一個企業要有獨立的生存能力，則生產技術、管理制度、資金的搭配及市場行銷網絡的掌握，這幾個企業經營的關鍵要素缺一不可。是以，我們看到，在底層這些數目繁多的小企業與家庭工廠，一定要附著在一個堅固的網絡及鷹架裡，才能生存和發揮它的力量。而這個網絡及鷹架的搭建，就要靠擁有更多企業經營關鍵要素的中型工廠及大型工廠了。

　　相對的，這些能串連起協力網絡及鷹架的中型廠及大型廠，也不能沒有這些眾多小型廠及家庭工廠的配合。主要是他們本身也未達企業集團或眞正大型企業規模經濟生產的層次。加上，儘管這些中型廠及中小型廠能直接從國外買主或國內貿易商那裡接到訂單，然而，國際間主要的行銷貿易網絡，仍然掌握在

⑪同⑧。

國外的貿易商手中，國內這些能夠接單的中型廠商，有些還是處在被動、依賴的角色⑫。從我們對於紡織、製鞋、機械（千斤頂）及資訊業的訪談裡，此種現象無一例外。在這種接單情況之下，上面的這些中大型廠便需要有眾多的協力廠，來應付這些不穩定的工作流量，以減少廠房機器等固定成本的支出，以及原物料及員工薪資等變動成本的消耗。如此，我們看到，台灣中小企業協力關係的形成，是在「有限資源之下求最大生存與發展」的壓力下使然。從小小家庭工廠到上面中大型廠，各類型的頭家，大部分是黑手技術出身，彼此在「生產」上努力工作，用心配合，以求取國外買主源源不絕的定單。這種略帶悲壯色彩的苦幹精神，也說明了外貿網絡這個生存關卡被人宰制的殘酷事實。但是，長期發展及磨練下來，並非沒有我們的長處。從上面表一、表二及表四的資料，我們看出來，台灣中小企業之貿易、生產結構，若從單一的個別企業或是每一個位階層的單層企業叢（如家庭工廠層、小型工廠層、中小型工廠層、中型工廠層）來看，固然是一種「弱體質結構」的經濟形態⑬。但是，若從底層家庭工廠到上面大型廠，所形成的協力關係這整體結構來看，台灣實是一種「韌體質結構」的經濟形態⑭。

---

⑫此即周添城（1989）將中小企業對外之「行銷」改成「推銷」之意。但是，在此也並不意味著台灣中小外銷廠商沒有其主動性的可能，這一點我們在第五章〈吸納式出口外貿網絡〉會進一步深入分析。

⑬此即很多人所說的短周期生命經濟、游擊隊經濟或淺碟經濟的指謂。

⑭台灣中小企業的韌性，是一般業者普遍的評價。參考訪問記錄E22，《社會與經濟》第24期，1990.5。

從以上的討論，我們發現，在台灣中小企業不同經濟規模
的位階分布之下，因其不同經濟規模所擁有的企業經營關鍵要
素的不同，若要生存、獲利及長久經營，勢必要彼此互相搭配。
以別人的資源來彌補自己的不足（如小廠無法接單，則由大廠
負責接單再轉包給小廠做），以自己的長處來成就別人獲利能
力（如內外包代工廠苦幹活拼的效率，比大廠在自己廠內專設
一個事業部來經營，要高很多。如此，中大型廠就可充分利用
這些內外包協力廠來從事加工及零配件的生產，以節省成本）。
在這種情況之下，一張複雜的協力關係網就交織起來了。現實
的需要、利益的需要，是使眾多中小企業廠商營構出這張「協
力關係網」的動力。而各層級規模企業所能掌握的生產技術、
管理方式、資金能力及貿易網絡之間的差落與相互支配情況，
使得彼此能在利潤上有著互補與共生作用，是形成這張「協力
關係網」的基礎。然而，各個行業的眾多協力廠之間，或者協
力關係盤根交錯的不同經營規模企業之間，到底遵循著什麼原
則建立起互動關係？這是底下我們所要處理的課題。

四、台灣中小企業協力廠「彈性化」組合之機制

對於台灣中小企業特性的詮釋，散見於一般討論中小企業
的文章[15]，其中李國鼎先生的看法（1989），頗有助於我們對
於上述問題的瞭解。李先生認為：

　　臺灣中小企業具有分散性、易變性與堅韌性的特質，從最
　　近幾年來臺幣大幅升值而我國對外貿易仍能繼續維持出超
　　的情況來看，其中部分原因，即在於此種特性的發揮。
這就誠如陳明璋（1988b）指出的「經過匯率風暴，大家都對
中小企業有更多一層的認識，且更肯定其對經建的重要性」。
陳氏所言對於台灣中小企業有更多一層認識，從我們觀點來看，
指的應該是更能明白到李先生所說的，台灣中小企業之分散性、
易變性與堅韌性等特質。然而，這些特質的描繪雖有助於我們
對台灣中小企業的瞭解，卻是相當局部而零碎的。若從我們前
面的分析架構來看，就能夠比較清楚，台灣中小企業在分散性
之下，為何同時又有其堅韌性？這是因為背後有著一張協力關
係網，來收束其分散性並同時交織出堅強的韌性。然而，在此，
李先生解釋上的最大不足，而留給我們一個相當重要的詮釋空
間，就是「易變性」這個特質了。

　　顧名思義，所謂易變性是指小規模經營的中小企業，在面
對求新求變的市場情勢下，能利用其生產組織形態的輕巧特色，
靈活的變化其生產的產品，以符應外面市場的需求。然而，對
於台灣中小企業整體結構的瞭解，每一個中小企業個體這種易
變性的掌握，固然是重點所在，但更值得注意的是，這種中小
企業個體的易變性，如何反應到與其它協力廠商的互動關係上
？對於這個問題的探討，就必須銜接回去我們前面的問題：協
力關係盤根交錯的不同經營規模企業之間，到底遵循著什麼原

⑮同②。

則在互動？因爲，每一個中小企業，在面對自己的加工來源、市場需求、利潤幅度等生存空間的考量下，它的求變，便會影響到與其它相關協力廠的互動關係。是以，我們要掌握眾多協力關係廠的互動原則，便需要從這個角度來衡量。

從我們針對紡織、製鞋、機械及資訊等四個行業的訪問所得，大致可以將此問題分成兩個層面來探討。一方面是從作爲諸多內外包代工廠之母廠的角度來說明；另一方面則是從內外包代工廠本身的角度來考量。就母廠而言，雖因行業別而有所不同，然而一旦它必須有內外包廠加以配合時，最關鍵的是，它能接到多少定單以下給內包廠或外包廠來做？若是母廠本身接的單子夠，則不只內包廠，甚至連外包廠也能與其維持穩定的關係。但是，若單子不夠多，除了核心的內包廠仍然會忠心耿耿的專職做母廠的工作外，一般外包廠則會另謀出路，轉做其它廠的工作或兼做其它廠的工作，如此，母廠與代工廠之間，就處於比較「計件式」的關係，即因有了工作才會產生一種斷斷續續的連帶。其次是，母廠本身主其事者的風格。從訪問資料反應出，比較「惜情」的業主，容易與一些核心的內外包廠建立起長期而穩定的合作關係。但是，這個關係必須與前面的條件一起考慮才有意義⑯。

另一方面，從內外包廠本身的角度來考慮，上面兩個條件，也是構成其與母廠互動的基本原則。代工廠本身的生存、獲利與和母廠相處的感情等因素，是形成代工廠與母廠互動形態的

---

⑯我們所訪問的M14個案，即是這種組合的典型例子。

準則。在此，我們看到了利益原則與人情原則在中小企業協力關係場域運作的情形。利益原則，指的是協力廠之間，在產品生產或加工的交期、品質及價格所決定的互動可能性，這是一種雪中送炭的邏輯；而人情原則，則是在這些生產過程中，合乎雙方營利需求之長期搭配累積起來的感情連帶，這是一種錦上添花的邏輯。就中小企業協力關係的組合模式來考察，雪中送炭的現實邏輯與錦上添花的成就邏輯，是形成不同協力廠搭配模式的必備條件。然而，這兩個原則，在台灣中小企業協力關係組合中，到底如何互相作用與影響呢？

　　從前面的討論，我們可以發現，在生存及圖利的壓力下，中小企業必然要求變。在求變的前提下，也必然會使得中小企業的協力關係，處在一種動態的組合過程中。而這個組合的原則即是我們前述之企業的利益與頭家（無論是大頭家還是小頭家）之間的感情連帶。值得再深入注意的是，利益原則與人情原則，在動態的協力關係互動中，有相互增強或抵消作用，我們稱此現象為「利益與人情的加權原則」。這種原則有兩種運作情形。其一是，在協力廠的互動過程中，因彼此利益的互惠，也增進了感情連帶的深度[17]，進而可以在不損及協力廠雙方之間的生存利益下，由此感情的連帶，彼此自願犧牲部分盈餘利益以完成某一「事頭」工作[18]。這種情形是，在原先利益互動原則

<hr />

[17]如一位資訊業者就指出：「台灣的協力廠彼此間是合作的關係，有些原來就是朋友，有些是因為合作而成為朋友，關係相當密切。」訪問記錄E22，《社會與經濟》第24期，1990.5。

[18]關於單一事頭工作概念援引自謝國雄（1989）的用法。

所建立的穩固基礎上，雙方因情感連帶而抵消了利益幅度（不管是母廠或代工廠利益受抵消）。其二是，在協力廠的互動過程裡，也可能因原先雙方利益與感情連帶的深度，加強了協力工作的穩定性及工作額度，增進了兩造之間的利益。這種情形是，在原先利益互動原則所建立的穩固基礎上，雙方因情感連帶而增加了利益幅度（不管是母廠或代工廠利益增加）。

就以上的討論，我們可以清楚的標定，台灣中小企業協力關係組合的機制，即是我們上面所談的「利益與人情的加權原則⑲。也由於這種原則的運作，使得協力廠的組合形態形成一種

⑲對於台灣中小企業協力企業組合的機制，除了我們文中所提出的這種「利益與人情的加權原則」之外，我們不能忽略由此延伸出來的一種變形式的組合原則：權力原則。基本上，我們認為企業之間的權力關係是來自於利益的運作，所以我們不把權力原則放在正文討論，免得妨礙了我們所掌握之組合原則的純粹性。但是，企業之間的組合或合作關係，也有可能是「反事實」的存在，協力是表象，擠壓與剝削則是事實。這種情形從作為母廠的中型廠對於底下代工的小型廠、家庭工廠，握有絕對支配力的關係形態，亦可以看出來。譬如，我們訪問的一位機械業者就指出：「目前協力廠中，屬於同業者有三家，其中有一家係員工自行創業；其它相關工業約四、五十家左右。通常是從交易中尋找並培養長期的合作夥伴；在資金、機器設備與利潤上儘量配合對方的要求，相對地，也要求對方必須遵守將各項工作做好，不讓我操心為原則，只要雙方的合作關係良好，寧可將所省下的管理費用轉做協力廠商的利潤。對於無法達到工作要求的廠家，隨時淘汰、取消合作關係。」（訪問記錄M12，《社會與經濟》第31期，1990.9）另外一家中型的千斤頂母廠，當我們問到其與協力廠的關係時，提到

相當「彈性化」的特質。這種彈性化，來自於協力廠彼此互動時，利益與人情的加權變化幅度。利益與利益、利益與人情，結合的越深厚越穩固，則變化的幅度小，不同經營規模廠商之間的協力關係也就越持續而穩定；相反的，利益與利益、利益

底下的狀況：「企業要合併相當難，我們是扮演很重要的角色，也可說我們是用一種半強迫性的角色。企業要合併牽涉到資金，牽涉到整個機械上的投資。比方說我們雖然本身有塑膠廠，因為生產達飽和點，需要幾家協力廠的配合。為了達到更好的產能，我們要求這兩三家塑膠廠合併的話，比如說它要投資機械，我們會提供資金，而且我們用強迫性的。剛剛我也說過了，為什麼會淘汰一些協力廠？就是沒辦法合作起來的廠。沒辦法合作我們就不要。我們輔導他們，也要投資很多資金、人力及技術下去。我跟各位報告，我們現在的協力廠商，仕嘉義地區幾乎全部一對一（約80％）。因為我們花了這麼多心血，投資這麼多的精力。我們今天做到這個地步，而你還要做其他廠商的工作，那是說不過去的。但是，最重要一點是，今天甲乙廠商合併起來，我是不是能夠養活他？工作量是不是能夠完全供應他？而且要求的品質他是不是能達到？這都是我們要去考慮的。」（訪問記錄M17a，《社會與經濟》第37期，1990.12）

從以上兩個例子我們可以看出來，這是一種立基於利益所形成的一種「權力原則」式的協力組合關係，其間的複雜變化機制，我們不妨也可稱之為：「利益與權力加權原則」。在這種情況之下的協力關係，會隨利益與因之而衍生的權力互動幅度而變化。除了上面兩個例子之外，一個典型的反面例子是，一家受訪的中型千斤頂廠（ M4 ），面對其廠內一家表現很差（加工品質不好，交期不穩）的內包廠，不敢予以處罰或裁撤處理，因為，這家中型廠找不到第二家願意做的內包廠，為了這一部分加工工作能繼續運作的前提下，只好忍受其存在。

與人情，結合的越淺薄越短暫，則變化的幅度大，不同經營規
模廠商之間的協力關係也就越脆弱而易斷。如此，我們除了瞭
解台灣中小企業協力關係，彈性化組合的機制之外，似乎也隱
約看到了台灣中小企業經濟結構運作下的社會邏輯，而這正是
本書在第二篇所要處理的重點，也是本書的核心關懷所在。

五、結語

透過上面幾個小節的討論，我們大概釐清了，台灣中小企
業「彈性化協力企業組合結構」概念建構的意義，以及其基本
內涵。從此，我們可發現到，台灣的協力廠商類型，既非日本
式的上下主從關係，亦不是歐美利益導向的浮動關係。而是立
基在對於生產技術、管理方式、資金調度及貿易網絡等幾個企
業經營關鍵要素，不同的掌握層次上所形成的一種「組合式」
的協力關係。這種協力關係的組合邏輯，又是來自於傳統文化
及社會條件參與作用的「利益與人情的加權原則」，因而呈顯
出一種彈性化的動態性，充分說明了台灣中小企業經濟結構的
獨特性[20]。然而，對於營構出台灣獨特之「彈性化協力企業組合

[20]這種協力組合的獨特性透過一位機械業者的描述，我們可以看得更清
楚：「我覺得機械業是蠻適合台灣的，而且應該走向中衛協力體系。
因為中衛協力體系是蠻適合台灣的民情（喜歡當老闆），資金少人力
少的可以做為衛星廠，只要它有特色，其實獲利不會比中心廠差。但
是如果本身條件不到，硬是要做中心廠，可能擾亂市場，對自己也沒
有好處。」（訪問記錄M13，《社會與經濟》第33期，1990.10）。

結構」的幾個企業經營關鍵要素，如生產技術、管理方式、資金調度及貿易網絡等面向，事實上是我們真正瞭解台灣協力關係，這個組合結構的極重要部分，所以我們要在下面三章細部而深入的來處理這些問題。

第三章　論台灣中小企業「黑手變頭家的技術管理整合模式」

　　從第二章的討論，我們對於台灣中小企業所形成的協力關係，以「彈性化協力企業組合結構」做為分析的核心，並指出，要對於所謂「彈性化協力企業組合結構」，乃至於中小企業協力廠之間的關係，再深入瞭解的話，必須對於台灣中小企業經營之生產技術、管理方法、資金運作及貿易網絡四個重要面向，進行細部探討，方為可能。本章基於這個前提下，主要是針對台灣中小企業生產技術及管理方法的細部討論。希望能由此掌握台灣中小企業在這兩個方面的獨特性，以及這種獨特性對於「彈性化協力企業組合結構」形塑的力量所在。所以，本章的具體問題乃在於：台灣中小企業獨特之生產技術與管理模式，與其協力組合結構的形成，有何關係？

　　對於這個總問題的回答，我們必須先從下面三個相關問題著手探討：一、台灣中小企業生產技術與管理模式的獨特性何在？二、為何台灣中小企業生產技術與管理模式的獨特性，能

用來說明其協力組合結構的形成？三、形成台灣中小企業生產技術與管理模式獨特性發展的企業經營空間與產業發展脈絡為何？唯有透過這三個重要問題的釐清之後，我們才能進一步來說明，台灣中小企業獨特之生產技術與管理模式，與其協力組合結構形成之間的關係。而就分析的策略及順序而言，我們在底下，首先要探討的是，造成台灣中小企業生產技術與管理模式獨特性發展的企業經營空間與產業發展脈絡；其次，則是說明台灣中小企業生產技術與管理模式的獨特性所在；最後，才闡明台灣中小企業獨特之生產技術與管理模式，與其協力組合結構形成之間的關係。

一、中小企業獨特生產技術與管理模式發展的空間

當我們開始思考台灣中小企業生產技術與管理模式之獨特性時，必然會觸及一個上一章已經提過的現象，即台灣50人以下的小規模工廠，佔台灣總企業數百分之九十以上。這個數字說明了台灣擁有為數眾多，大大小小各種不同類型的企業家①。是以，當我們在追問，台灣中小企業獨特生產技術與管理模式

①這裡我們對於企業家的界定，暫時採取一個最寬廣的定義，包括各類型代工廠的頭家、內外包廠的包頭、自營業者的業主及中大型廠的負責人。

發展的空間何在時？我們可以先從，台灣有著什麼樣的企業經營空間與產業發展脈絡，使得爲數眾多的各類型中小企業家得以生存和茁壯？這樣的問題作爲探討的策略，對本小節的核心問題作具體而深入的分析。

在此，我們所謂的「企業經營空間」，指的是提供中小規模企業創業可能性的產業形態和市場區位。台灣幾十年來經濟發展的壞境，對於企業家的養成與茁壯所可能提供的空間，沈柏欣（1979）提出了值得參考的研究：

> 由於一個國家在發展之初最缺乏的就是企業家，因此進口代替發展策略之目的就在於創造本國企業家階級。當然，這就需透過管制政策的運用，人爲的擴大企業家的利潤以利本國企業家的培植。換言之，進口代替的發展對管制政策的依賴遠勝於對自由市場的依賴；因此，企業家所得到的利潤與他們的效率並不相稱。但這種無效率是建立企業家階級所必須支付的代價。若採用進口代替的策略，則企業家將更趨於講求效率，那麼管制政策就可逐步放鬆，企業家精神也可充分的發揮。進口代替政策的主要特徵是犧牲初級產品出口生產者的利益，而將此出口利潤移轉至國內企業家。在推動工業化的大前提下，新產業的發展自然選擇各種不同的進口代替工業。事實上，這也涉及過去傳統進口的工業消費財，由於有既存的市場，所以這些產業是適合於經驗不足的企業家發展，況且由於初級產品出口而產生對消費財之購買力，也使新企業家所面臨之市場風險達到最低。

上述沈柏欣的研究，雖然只是從政策、市場及產品型態的總合角度來說明，而不企及社會及文化面向的討論。但無疑的，已能就我們所說的企業經營空間的觀點指出，台灣企業家的眾多（包括中型廠的業主、內外包廠的小頭家、代工廠的工頭及家庭工廠的老闆），有其特殊的生存環境②。如果說，台灣早期經濟發展之策略，就在於創造本國企業家階級，那麼它必須要能創造出適合這些剛要起步的創業者，企業發展的機會和空間。在此「進口代替工業」就是台灣中小企業主發展的初步機會和空間，與後來的出口擴張期相互輝映，共同給予中小企業主茁壯的時空場域。因為，誠如沈柏欣指出的，對於經驗不足的企業家而言，這種工業，既有市場、風險又能減到最低，無疑的，是最好的生存發展場域。如此，這個策略，或說在台灣經濟發展這個歷史階段所孕育出來的環境，對於中小企業業主的培植有達成其效益嗎？沈柏欣（1979）指出：

> 總之，進口代替發展策略是具有經濟管制的特質，在關稅保護和利潤移轉等措施下，新興企業家有了作決策的經驗，經過幾年經驗的累積，企業家更成熟，而尋求一個有效的經濟組織。當企業家透過效率的成長而能面對競爭時，自由市場體系就逐漸建立及發揮功能，此時進口代替發展策略就宣告結束。進口代替成長結束是因為國內市場的需要

---

②對於社會文化面向的討論，可說是本書重點所在，在此，我們只是先純就一個企業經營空間有無的角度，來看企業家存在的可能性，並非我們認為在台灣企業家的培植與蔓延（或通俗話所說的：中國人喜歡當老闆），只單從經濟的面向就可以完全解釋的。

已達飽和，由初級產品出口所產生的購買力，逐漸從進口
消費財的購買移轉至國內進口代替工業之產出上。在進口
代替時期企業家的企業精神是否能成功的培養是關係今後
發展的決定性關鍵。在這一期間若能成功的培養企業家，
企業家就有能力開拓新市場而導致另一成長階段的來臨。
否則就會使生產能量剩餘或有資本逃避等現象發生（如菲
律賓）。（沈柏欣1979）

從台灣今天中小企業業主的龐大數量來看，無疑的，這個階段
（指進口代替）的特殊企業經營空間對於台灣中小型企業家的
栽培是成功的，否則可能我們無法再走向下一步出口代替階段。
沈柏欣（1979）很清楚指出在這個轉折過程，台灣企業家經營
能力與台灣經濟實力，同步發展的過程：

在台灣由於進口代替時期中，企業家經由工作學習而獲得
知識與機會，故在進口代替結束時，工業生產能力之擴張
方向由國內市場而轉變為國外市場。換言之，也就是國際
貿易中首先有工業品之出口，而且工業品出口數量快速的
增加，甚至超過農產品之出口，使國際貿易的基礎由農產
品轉變為工業消費品，這一時期的來臨在經濟發展學上稱
為出口代替。出口代替時期製造業發展的方向由進口代替
時期之內部導向轉變成外部導向，這種轉變可由貿易在
GNP 中所佔之比率得知。此外，這一時期由於出口的快
速擴張，使進口能力也隨之增加，因此，此一時期不但製
造業的成長率加速提高，就是整個經濟成長的速率也增加。
在出口代替時期，企業家已趨於成熟，因此能充份有效的

利用農業部門所放出來的剩餘勞動，以開拓國際貿易機會。所以，這一時期經濟運行的重心是透過人口的成長和勞動在農業及工業部門之重分配，以擴張勞動的供給。在出口代替時期，雖然人為移轉的措施已不再適用，但由於經濟社會有剩餘勞動存在，故工資低，而資本則因農產品及工業消費品之出口而快速累積，使勞動之吸收加速，而且因勞動集約之創新使勞動邊際生產力提高，在工資低（固定不變）的情況下，因素所得分配對資本家有利，又加速資本的累積，所以很快的就將剩餘勞動吸收盡。當無剩餘勞動可供吸收時，工資就會隨勞動邊際生產力之提高而提高。這意味著該經濟社會已不能再享受到便宜的勞動。此時，工業消費品出口的比較利益就減低，此時在國際貿易上就需要發掘一新的比較利益因素，如技術勞動、技術或資本。（沈柏欣，1979）

從進口代替到出口代替，農產品與工業產品在外貿上的更迭，常為一般經濟學者所討論，並無特殊之處。在此，重要的是，沈柏欣將台灣這個主要的經濟發展階段，從培育台灣企業家成長的角度來說明，使得我們瞭解到，孕育大部分中小型企業家成長的這個空間，不是技術及資本密集的高級產業領域，而是「農工初級產業之低技術低資本的高勞動力經營部門」。然而，我們必須明白，就此觀點而言，沈氏對於台灣中小型企業家成長空間的描繪，只是粗略的勾勒出其骨架而已。

在謝國雄對於台灣製造業階級流動問題的研究中，對這個問題則有比較深入而細部的討論。謝國雄在〈黑手變頭家：台

灣製造業中的階級流動〉一文中，利用「黑手變頭家」這組概
念指出，影響台灣中小型企業家形成的原因，有下列三點：一
是，依賴資本主義之特色。此包括外銷產業之特性（如生產過
程簡單、可分割；創業資本不多；勞力密集），外來定單之特
質（如1960和1970年代，國外買主的訂單十分龐大而且源源
不斷；以及在配額制度下，為消化配額使得一些接單廠以外包
形式來擴張產能），及國際經濟變化所帶來的關廠。二是台灣
本地特有的勞動體制（此包括，母廠內部升遷管道、廠內的生
產政治、受僱生涯之保障、薪資水平及勞動力再生產之保障）。
三是勞動者本身的年齡與婚姻（謝國雄，1989）。謝國雄的討
論儘管較全面與細緻化，然而，若就我們上述所關懷的核心，
純就企業經營空間的觀點而言，他的研究與沈柏欣的看法並無
二致，同樣指出了「農工初級產業之低技術低資本的高勞動力
經營部門」是提供中小規模企業創業可能性的產業形態和市場
區位。

　　以上的討論，我們從「農工初級產業之低技術低資本的高
勞動力經營部門」，說明提供中小規模企業創業可能性的產業
形態和市場區位。固然是解釋了台灣各類型中小企業家得以生
存和茁壯的空間。實際上，同時也闡明了台灣中小企業獨特生
產技術與管理模式發展的空間。因為，有了這些為數眾多的中
小型企業家，我們才能看得到，附著在這些中小型業主身上發
展出來的獨特生產技術與管理模態。而知道了這些企業家存在
和發展的位置之後，才能明瞭其生產技術與管理模式可能的發
揮空間與限制何在？這一點從我們對於紡織、製鞋、機械（千

斤頂）及資訊等四個行業的深度訪問研究裡，看得很清楚。越是大規模的公司，在其生產技術上越有「集體」研發及向上升級的能力，在管理模式上，越往制度化的軌道邁進；而越是小型的工廠，則其生產技術及管理模式，越往負責的業主身上靠攏。因而，這些中小型廠的生產技術及管理模式，一方面是往負責的業主身上靠攏，一方面又是處在農工初級產業之低技術低資本的高勞動力經營部門，其獨特性所在也就不難掌握了。

二、中小企業生產技術與管理模式的獨特性

從上面的討論可以看出，台灣中小企業生產技術及管理模式的獨特性，來自於往負責的業主身上靠攏，及處在農工初級產業之低技術低資本的高勞動力經營部門，這兩個條件。但是，我們如何在概念上，將此獨特性予以更貼切更具體的描述和分析呢？在此，我們透過「黑手變頭家的技術管理整合模式」，與「班底的運用在技術與管理上的串連」兩組概念來加以說明。「黑手變頭家的技術管理整合模式」比較是針對第一個條件的說明，著重在解釋中小型企業主對於中小企業生產技術及管理模式獨特性的影響；而「班底的運用在技術與管理上的串連」，則是比較針對第二個影響條件的說明，偏重於解釋，在面對其生存的市場區位及產業特質之下，中小企業如何運用組織的力量來獲利，並進而凸顯其生產技術及管理模式的獨特性。若以

工廠經營規模來講，「黑手變頭家的技術管理整合模式」比較是針對家庭工廠及小型廠的分析；而「班底的運用在技術與管理上的串連」則是針對部分較大的小型廠、中小型廠及中型廠的討論。底下我們分別針對這兩個概念加以說明。

1.黑手變頭家的技術與管理整合模式

　　對於台灣經濟發展所涉及之生產技術與管理方法，一直是經濟及企管學者與政府官員所熱衷的話題。尤其對於生產技術與生產力的討論，更被視為台灣未來經濟發展所不可迴避的一個課題③。吳家聲（1983）即指出：

───────────────

③這方面的研究很多，比較重要的是吳家聲對於台灣生產力與生產技術等相關問題的討論。吳氏就曾利用與日本在技術發展上的比較，指出台灣的技術發展問題與應努力的方向：「日本經濟企劃廳經濟研究所，曾根據1955-1968年資料，利用 E.E. Denision之推算方法，說明每年GNP平均實際成長率 10.1% 之原因所在，其結論認為影響日本經濟高度成長各項因素中，最顯著者為技術進步率、資本增加率及勞動增加率。在這段期間，日本經濟年平均實際成長率，相當於同期英、法等歐洲國家成長率的兩倍，美國的三倍，據此計算，在日本經濟成長率超過歐洲成長率之 5.3% 中，約一半即2.7% 係由於技術進步為主所引起生產力之提高。就目前台灣工業發展情形，在裝配與加工方面，技術也許已有相當水準，但在發明、創新與自製三方面之技術則火侯尚嫌不足，欲使本國之工業更上一層樓，唯有謀求技術瓶頸之打破，摒除往昔過份依賴廉價勞力之觀念，致力資本及技術密集工業發展。（吳家聲，1977）至於台灣整個製造業總要素生產力快速成長之

原因，吳家聲（1982）曾歸納以下幾個原因：「首先是1960年所實施之獎勵投資條例，其目的是藉此以吸引國外資本，主要之誘因策略包括減稅、加速折舊、進出機器設備。關稅之免除、出口產品進口原料商業稅之免除、出口加工區之設置及基本設施之充份提供等。從41年至68年，外人及華僑私人投資總數達到新台幣2,252萬元，其中在製造業部門之投資，幾乎佔總投資之76.37％，一般而言，國外直接投資及技術合作是技術移轉之一個主要來源，因為資本與技術之內流將導致新設備與新生產方法之引進，最後將使總要素生產力顯著的增加。同時，一般而言，台灣之國外投資產業相對國內產業更具技術密集與資本之密集化，因此在政府積極之鼓勵引進外資下，使製造業部門之產業與技術結構更趨向資本密集與技術密集化，例如民國50年至60年間電子及石化工業在台灣之生根是引進外資成功之顯著例子。第二個導致總要素生產力快速成長之因素為40及50年代美國對我國之技術及財務援助，這些援助皆投資於基層建設、人力發展與技術之改良上，從40年至54年平均每年大約100百萬之美援，此對台灣50年代及60年代快速成長頗有助益。至少它為60年代經濟發展奠定了堅固之基礎。

　　第三個因素為50年代及60年代初期，政府積極鼓勵及強調工業化與出口導向工業之政策，使許多已建立且較具基礎之產業漸漸擴展國外市場，導致生產規模之擴大，經由外部與內部之作用，提昇生產力之水準。第四個因素是政府針對生產過程較為複雜之產業給與租稅減免與低利貸款，其目的在於提高產品之附加價值及生產力。第五個因素為勞動品質之改善，通常有兩種測度勞動品質改善與否之教育指標，一為初級及中級教育水準之入學率，此一比率代表國家之一般教育水準，另一為就業人口之教育水準，根據資料從41年度至68年度初級教育學齡人口之入學率及初級教育畢業後進入次級教育之百分比率已有顯著之提高，特別是次級教育入學率上升之幅度相當大，而就業者之教育水準亦有相當大之改善；另一方面，政府為提高教育與技術之水準，義務教育亦自民國57年起由六年延伸至九年。

在一個高度貿易依存度之國家，其經濟之成長有賴對外競
爭能力之維持與提升，然產業之對外競爭程度，除視其現
行生產效率之高低外，還須視其產業結構之調整速度，自
1950年代初期以來，技術變動或生產力在經濟成長所扮演
之角色，已是一個熱門話題，特別是近幾年生產力之緩慢
成長與通貨膨脹之加速，真實工資之降低同時發生，更值
得我們探究技術或生產力變動的趨勢。（吳家聲，1983）
由民國50年至67年間台灣整個經濟總要素生產力之平均每
年成長率（包括蕭條期在內）為3.4％，此僅次於日本自50
年至62年總要素平均成長率之4.5％。同時我們了解製造業
之產出佔整個經濟GDP 之比重相當大，因此製造業部門
生產力之提高是生產力成長及台灣經濟成長之主要決定因
素。（吳家聲，1982 ）

從吳氏的觀點我們不難看出，生產技術及生產力這個問題，在
探討台灣經濟發展的重要性。但是對於台灣整體工業發展上，
生產技術及與其相關之管理模式所扮演角色的解釋，又極為紛
歧且流於表面化及抽象化。張炳耀及吳再益以下的看法即是一
例：

自1972-1980 年期間，台灣製造業生產力的提高相當快速，
此可歸因於勞工素質及技術水準的普遍提高，企業經營管
理的合理化及現代化，以及新機器的設備與新技術的引進
等。（張炳耀，1982）
整個工業結構中，規模較小、技術較低、附加價值不大之
初級工業佔大多數，因此缺乏發展前途，難以擔負促使經

　　濟現代化之任務，亦難以保持工業本身及整個經濟之成長
　　率。（吳再益，1985）

上面張炳耀及吳再益兩人的看法，一方面是對於台灣製造業技
術水準及管理合理化的肯定，一方面又是籠統的對於台灣初級
工業低技術發展的質疑。這些紛擾的觀點，除了更清楚的點明
生產技術對於台灣經濟發展的重要性之外，更重要的是，逼使
我們去尋找一個比較深入而具體的策略點，來解析這個問題。
這也是我們將焦點集中在中小企業，期使我們的分析對象先不
流於寬泛，再以「黑手變頭家的技術與管理整合模式」這個概
念，來挖掘解釋上的深度，及整個研究策略運用的意義所在。
是以，我們底下就轉而從這個概念來作細部討論。

　　在解釋「黑手變頭家的技術與管理整合模式」這個概念之
前，我們先要說明，何謂「黑手變頭家」？這個概念在謝國雄
（1989）的研究裡，曾作如此的界定：

　　黑手變頭家原指的是修理機車或是機械的工人，在受僱數
　　年後，自己也開一家修理廠。出來開業的模具廠或是機械
　　廠的技工，也可稱為黑手變頭家。但廣義來說，凡是受僱
　　數年後自行創業（不管那個行業），都可稱為是黑手變頭
　　家（甚至攤販的主人都可被稱為是頭家）。本文所稱的黑
　　手變頭家指的則是製造業中受僱者自行創業而成為自營作
　　業者或是小僱主的過程。

在本文所謂的「黑手變頭家」，則指製造業中受僱者自行創業
而成為自營作業者、小僱主或是中型企業主的過程。換言之，
即從受僱者變成第二章表四所列四種中小型工廠之業主（即家

庭工廠主、小型企業主、中小型企業主及中型企業主）的過程。
在我們所訪問過的紡織、製鞋、機械（千斤頂）及資訊等四個
行業來看，大部分的業主，幾乎都經歷了黑手變頭家的過程④。
從我們對於這四個行業的訪問及觀察資料來看，不同規模的企
業主，就其本身條件而言，之所以能從黑手變成頭家，一個共
通而普遍的要素就是，擁有自己行業或某一單一事頭工作的技
術（如針織、染整、千斤頂外管、底座、高爾夫球頭、螺絲牙

④在我們所訪問過的中小型企業之業主，大致都歷經了黑手變頭家的過
　程。請參考《社會與經濟》（東海大學，東亞社會經濟發展研究中心
　出版）第21期至39期之訪問記錄。底下我們引用--機械業者的話，作
　爲代表性的說明中小企業發展的歷程：「我們公司是在62年成立的，
　那時候很小，只有兩三部機器，有五、六個人，資本額80萬，做了四、
　五年後就慢慢成長，遷到此處是第五次。租了一個樓房，上面住員工，
　下面二十坪，兩部機器這樣做起來的。我們實際的資本是162萬，原
　來80萬，一直增資做到現在這個規模。十幾年來，前半段大家都很認
　眞的在做。後半段從160幾萬做到現在這個，規模表面上看起來有賺
　錢，實際上十幾年來我們也賺了不少。大家都有個滿足感，所以在經
　營方面我們就碰到好像有點瓶頸。現在碰到的最大課題是經營方面需
　要替換，原來這麼小的規模、這麼小的資本額、這麼小的機器、這麼
　小的地方，幾十萬的小規模，現在成長到這場面也是原來那一班人馬
　在經營，中小企業我看都會碰到這個問題。我經常跟我的股東講，大
　家是高中程度，出個大學的測驗題，做不來的，大家都做不來的。所
　以現在我也登報在徵求經營者，因爲現在這規模我們幾個也經營不來，
　我想一般中小企業，政府對這個方面也應該注意一下，很多工廠是這
　樣。中小企業大都是從家族小工廠，這麼做起來的。」（訪問記錄M10，
　《社會與經濟》第31期，1990.9）

或PC的外殼等）。這個情形在家庭工廠及小型工廠尤其明顯。可以說單純從事加工及零配件生產的家庭工廠及小型工廠，只要有了技術再加上少部分必要的資金，以及母廠（指中型廠）給他的一些單子，他就可以出來做，從黑手躍升爲頭家。一個千斤頂的內包廠頭家就告訴我們，因爲自己有技術（做千斤頂的內管），剛好母廠也有需要，他自己從親朋好友那裡標了五十萬的會，就開了這家內包廠⑤。

當然我們並不忽略，管理能力、資金有無及其調度能力以及對外貿易網絡的掌握等因素，對於黑手變頭家的重要性。這些因素對於要從家庭工廠、小型工廠茁壯成中小型廠或中型廠的頭家來講，無疑是重要的，但對於佔所有企業單位數百分之九十一點二的家庭工廠及小型工廠而言，其賴以組成一個內包廠、外包廠或家庭代工廠的單一事頭技術，還是最關鍵的。是以，對比例上佔絕大多數的家庭工廠及小型廠來講（從發展歷史的角度來看，中小型廠及中型廠也是從這些小型廠發展出來的），小頭家的單一事頭技術，不但是其生存之道，也是其管理之道。這怎麼講呢？從我們實地觀察訪問中可以看到，這些以夫婦兩人爲主的家庭代工廠，四、五個或十來個人的內外包廠，以及二三十人或三四十個人的小型廠，並不需要形式化或制度化的管理辦法，大部分是小頭家帶著做，整個效率就會出來。「你一定要有辦法自己下去做，不能給底下工人吃死死的」、「自己要有技術，才不會給底下工人吊胃口」，這些道理可說

⑤訪問記錄M14，《社會與經濟》第36期，1990.12。

是這些小頭家的心聲，也是他們掌廠的法寶。因而，對一家庭
代工廠或小型廠而言，若要經營的有效率及獲利，在「單一化」
的生產形態下，最簡單的管理方法即是：頭家帶頭做，並以自
己的技術水平作爲員工在加工及零配件生產上，品質要求的標
準。像這樣的情形，我們稱之爲「黑手變頭家的技術與管理整
合模式」。

　　上述台灣家庭工廠及小型廠之「黑手變頭家的技術與管理
整合模式」，亦反應出台灣這些龐大的小型企業，在生產技術
上極爲講求「單一性」、「手感性」、「操作性」及「經驗性」
的特質。換言之，是一種不太需要理論邏輯規劃及科學實驗驗
證的技術形態；而在管理上，則傾向於以「頭家眼色爲技術依
歸」，以「頭家臉色爲工作依歸」的特質。換言之，即是以頭
家的技術水準作爲生產效率的最終評鑑，以頭家待人的態度及
自己對工作本身的投入程度，決定員工的工作態度及成效。然
而，一旦生產規模慢慢擴大，這種在生產技術與管理合一附著
於頭家的情況，必然要作某種的調整，才能因應整個工廠運作
及經營的需求，這就必須走上「班底」的運用方式了。

2.班底的運用在技術與管理上的串連

　　在訪問過的一家中型紡織廠，當我們問到大頭家，對於台
灣中小企業生產及管理模式特質的看法時，他提出了一個很精
闢的見解。在他看來，台灣中小企業之生產與管理，有很強的
機動性，所以效率很高。但是，這種機動性及效率，是「人拼

出來」的,而非制度的合理化弄出來的[6]。在此,針對我們現在所討論的重點,值得進一步追問的是,就中小企業的生產技術及管理方法而言,中小企業機動性及效率,怎麼「拼出來」?若以家庭工廠及部分小型工廠來說,因其規模小,透過前述之

---

[6]《社會與經濟》第36期,訪問記錄T14。對於台灣中小企業這種打拼的幹勁,從我們訪問過的業主而言,可說是極為常見。我們再引用兩位業者的自白,來作為代表性的說明。一位是壓鑄業頭家,他告訴我們:「我約16年前進入相關行業,開始時只是外務員,但因股東人多話雜合不來而解散。客戶鼓勵我自行創業,當時就以8萬元慢慢做起來。當時一部機器要十幾萬,資金大部分來自借貸,要三分利,生產過程全需用手操作。開始創業時因缺少資金不能僱用很多人,我早上四點就得起來工作,員工上班後,開始送貨,中午員工休息再來接班;機器不能停,將僅有的一部機器當作兩部用,直至九點才休息。」(訪問記錄M12,《社會與經濟》第31期,1990.9)一位是做千斤頂底座代工廠老闆,他描述自己辛苦經歷如下:「我十二歲當學徒,一天賺2元,一共作了三年四個月的學徒,領80元。後來去修汽車引擎,每天可以賺105元,但被老闆冤枉偷錢責打,第二天逐離開。又去『建南』做了三年的冷凍,一天賺15元。後來又被一個自己想搶生意的師父慫恿,曾經到高雄待一陣子。回嘉義之後,又回原廠,三個月後到『春木』,一直待到當兵,表現優異,一天可以賺到26、27元,一般同事約一天賺18、19元,當時一斗米才16元。因為表現好,一直被升級,升到比娶過老婆的同事還高,過意不去,請老闆不要再升了。退伍後,又回原廠,而且標了1萬元的會,7,600元買了一台台中『建安』的車床,晚上下班後自己做,接了裕隆煞車棒的零件訂單,拼命做,天天加夜班,加到上廁所也打盹。甚至還曾經拼到盲腸炎開刀的傷口迸裂出血,也是自行吃藥,繼續做。如此做了五年加工,才想出來自己做。」(訪問記錄M16,《社會與經濟》第39期,1991.3)

「黑手變頭家的技術與管理整合模式」，我們比較能掌握其打拼的方式與特質。但對於較大規模的小型廠、中小型廠及中型廠則不能作如是論了。如此，我們如何找到其打拼的機制呢？

　　從我們對於紡織、製鞋、機械（千斤頂）及資訊四個行業的研究，尤其是對於每個行業所選定的一家工廠之深入的長期追蹤發現⑦，中小型廠及中型廠這個打拼的機制，即在於透過「班底」的運用，經由生產技術與管理的串連，達成生產的效率與機動性。在此，所謂「班底」，指的是能完全執行及貫徹企業主的意志及命令之一群圍繞在企業主身邊最核心的幹部。而「班底」的形成，是要經過長時間來培植的，一位受訪的染整頭家就指出：

　　一個企業主沒有班底，要來經營一家有規模的工廠會相當的辛苦。你會感覺分身乏術使不上力。有了班底，你就輕鬆多了，工廠的事情交待下去，他們會幫你去安排，去實行。但是，班底又不是一蹴可成的，你要慢慢去栽培，平常多留意，那個員工比較勤奮，那個員工對工作比較有興趣比較投入，你就多給他專業訓練，多給他鼓勵及獎賞，慢慢的你就知道，那些人叫的動、那些人叫不動，叫的動

⑦對於紡織、製鞋、機械（千斤頂）及資訊四個行業的研究，除了運用東海大學「東亞社會經濟發展研究中心」對於這四個行業的深度訪談資料之外，個人再從這四個行業訪問過的個案中，各找一個個案（這四個個案分別為T9、O4、M4及E7）進行為期三年多的長期參與觀察與研究，此處所作的分析與概念建構，除了運用集體訪問所得資料之外，還參考了針對這四個個案所做的訪問與觀察筆記。

　　的大概就是可用之材，也就是你班底的人選。我做了三年

　　多，培養了三年多，現在慢慢有個小班底了。染色部門兩

　　個、後處理部門兩個加上事務組一個，共有五個人，在生

　　產及管理上都很好做了⑧。

但是，這些企業家如何利用「班底」，達成生產技術與管理上
的串連呢？這就要先來探討「班底」組成人員，在不同企業經
營規模的工廠裡，其不同專業人員搭配的情形。我們以下表來
作說明：

表一：不同企業經營規模之班底組成份子

工廠規模	班底專業人員組成份子
中型工廠	貿易專員、資金運作專員、管理專員、生產技術專員
中小型工廠	資金運作專員、管理專員、生產技術專員
小型工廠	管理專員、生產技術專員
家庭工廠	生產技術專員

我們利用表一將中小企業不同企業經營規模所需要的班底人才
組合，依企業經營的四個關鍵要素，很粗略的分成四種類型：
在家庭工廠裡，如果有班底的話，則只需要具備生產技術人才
就夠了；在小型工廠裡，就必須有事務性管理人員加進來（如
生管人員）；在中小型廠裡，除了生產技術及事務性管理人員

之外，要再加上資金運用專業人員（如財務課長之類人才）；
而在中型廠裡，除了前面三種人員皆需要之外，還需要再加上
外貿人員（如外貿行銷主任之類人才）。就這四個不同中小企
業的經營規模工廠來講，構成其運作班底的最共通性人才，是
在於生產技術人員部分。以十人以下的家庭工廠或二十人以下
的小型工廠，就我們訪問所得來看，在老闆本身的帶領下，即
可運作，實不需要班底的設計。但二十人以上的小型廠、中小
型廠及中型廠就不同了，單靠老闆本身鞭長莫及，必須靠班底
的運用來達成生產及管理的績效。從上面四種不同企業經營規
模之班底組成分子類型的分析，我們可以進一步說明，企業家
如何利用「班底」，達成生產技術與管理上的串連。

　　從我們的訪問研究看出，企業家利用「班底」，達成生產
技術與管理上的串連方式，大致有兩個步驟：首先是責成班底
人員的分工與高度協調默契；接著是要求班底人員「帶頭做」。
當中小的企業規模越大，越需要不同專業人才所組成之班底人
員的分工與協調，才能在生產及管理上產生默契，而在「帶頭
做」之後，才有效率。至於較小規模的小廠或中小廠，不需要
太多不同專業人才組成的班底，對於生產及事務性的簡單管理，
由於每天都在接觸容易有默契，這個情形只要班底能「帶頭做」，
就會有生產效率了。班底「帶頭做」之所以有效率，一方面是
我們前面說過，這些中小型廠的經營空間乃在於，「農工初級
產業之低技術低資本的高勞動力經營部門」，簡單而言，即是
以勞力工作為主。身為核心幹部的這些班底人員，若能親自下
去現場督導甚至從事工人一樣的勞動，無疑的，能大大激勵士

氣，並喚起同甘共苦的感覺，增加工作的效率。所以我們訪問過的一家中型紡織廠頭家就說道，他所要找的加工協力廠，一定要這家加工廠的頭家自己能夠下去現場督導，下去做，這樣才敢跟它來往，自己產品的交期與品質才有保障[9]。另一方面就是底下我們要談的，作為一名班底人員本身被公司及企業主，賦予怎樣的成就感，而能為公司打拼？

　　上面的問題換一個角度來問即是：為什麼企業家能夠利用「班底」，達成生產技術與管理上的串連，以發揮出工廠的生產效率？從我們對於上述四個行業的訪談與觀察研究[10]發現，最關鍵的一個道理，就是頭家們對於底下所運用的班底，一種「自己人意識」的掌握與培養。前面我們說過，「班底」，指的是能完全執行及貫徹企業主的意志及命令之一群圍繞在企業主身邊最核心的幹部。在這種班底的判準之下，是不是自己人就很清楚了。反過來說，只要與頭家的連帶與互動關係，已經締建出「自己人的感覺」，也就是說底下員工在廠裡的表現能得到頭家的「感心」，而被頭家視為自己貼心人員，則這個人即算是這個工廠頭家的班底人物了。我們訪問過的一家小型染整廠的頭家娘，就曾這樣說過：

　　公司生管及總務部門有一位王小姐，來了公司兩年多，能力很強、工作很賣力、更重要的是很有規劃及安排事物的能力，很多工作經過她手中，都安排的好好的，什麼時候

⑨訪問記錄T14，《社會與經濟》第39期，1991.3。

⑩《社會與經濟》第21期至39期各期訪問資料，以及T9、O4、M4及E 7的訪問與觀察筆記。

要出那一家的布都清清楚楚。而每當生管總務這邊工作有空閒，馬上去幫忙包裝成品布。像這樣的員工，我們做老闆的實在很「感心」，所以今年的年終獎金，我給她最多，甚至全廠的獎金明細表都給她看，當她是自己人，她又是高興又是感激，一直說會對公司全力以赴⑪。

從這裡我們可以看出，所謂「自己人」與否，其判準並不是來自於眞實的血緣連帶，而是來自於底下的過程：員工本身能完全執行及貫徹頭家的意志及命令，而能得到頭家的「感心」，被其視爲自己貼心人員⑫。因而，在此所謂「自己人」的運作原則，無疑是比較接近我們所稱的「擬似家族團體連帶」，這一點我們將在第六章進一步具體討論。在此，我們也看到一般學者，任意用「家族企業」這個名詞，來褒貶台灣中小企業經營現象之不當⑬。從我們這個研究角度來看，任何一個頭家在掌握

---

⑪同⑧。

⑫換個角度講，我們也可以說這是一種權力支配關係，但就我們在此所強調的重點而言，這種班底形成的機制：一種自己人意識的培植，只是希望從一個「形式」面，來掌握台灣中小企業內部生產與管理文化運作的一個特質。

⑬如黃光國及陳明璋對於台灣家族企業的討論，往往傾向於用價值論斷式的預設前提來界定家族企業，再由此論述其發展的優劣。黃氏文章可參考〈家族企業的結構〉見於韋政通、李鴻禧編《思潮的脈動》；〈中國式管理探索〉，《中國論壇》，第16卷第9期；〈中國式家族企業的現代化〉，見於《中國人的權力遊戲》，巨流圖書公司，民國77年。陳明璋文章見於〈家族文化與企業管理〉，《台銀季刊》，第8卷第1期；《企業升級之經營管理》，台北聯經出版事業公司。

其企業經營的班底時，主觀上，家族成員當然是其最優先的考慮人選；但客觀上，常常無法如願（這個原因可以很多，如：家族成員少、與外人相比能力不夠、對此行業沒興趣、敬業精神不如別人等等）。所以很多工廠，這種擬似家族團體連帶下的「自己人」，常是其「班底」的主力。這說明了有關家族在台灣中小企業運作的情形，必須再深入探討⑭。如此，中小企業的實際運作，與其說是靠家族，不如說是靠班底。這裡，關聯於上述問題，我們所獲得的一個重點是：中小型企業家能夠利用「班底」，達成生產技術與管理上的串連，以發揮出工廠的生產效率，主要是透過對於班底「自己人意識」的栽培，並賦予精神及物質上的餽賞，以強化「自己人」的認同感，及其對班底的歸屬感。

經由以上的討論，我們大致說明了，台灣中小企業生產技術及管理模式的獨特性，乃在於「黑手變頭家的技術管理整合模式」，與「班底的運用在技術與管理上的串連」。接下來，我們必須在前面這兩小節的討論基礎上，來回答本章的核心問

---

⑭有關家族企業的問題，是討論台灣企業發展之社會特質一個很重要的面向。關於這方面的討論已有不少文獻，除了⑬引用之資料外，尚可參考黃紹倫（1991）、陳翠英（1988）、陳其南（1985， 1986，1988）、陳其南、邱淑如（1985）、Benedict（1979）、Cohen（1976）Barnes,Louis B. and Simon A. Hershon（1976）。除此之外，「東亞社會經濟發展研究中心」對此問題曾做過長期追蹤研究。這方面的討論可參考涂一卿（1989a，1989b）的論文。本書將在第七章針對這個問題，再深入討論。

題：台灣中小企業獨特之生產技術與管理模式，與其協力組合結構的形成，有何關係？

三、中小企業獨特之生產技術及管理模式與其協力組合結構的關係

從前面的討論，我們可以看出來，對整個中小型的工廠而言，尤其是佔絕大多數比例的家庭工廠及小型廠來說，最關鍵的生存之道，還是要擁有較專業的單一事頭生產技術。誠如一位中型廠的管理幹部指出的：「國內廠生產高價值的產品，至於低價值的產品則交給協力廠及國外部門去生產，國內協力廠商的技術非常好，水準相當高」[15]。協力廠的技術好是其母廠或同水平工廠，願意將工作交給他們做的主要原因。而我們上面所談的中小型工廠，在生產與管理上的兩個特色：「黑手變頭家的技術管理整合模式」與「班底的運用在技術與管理上的串連」，也是從中小型廠（尤其是家庭工廠及小型廠）技術的優位性，來說明其管理上的奧妙。這種技術與管理上的定位，一位受我們訪問過的「中小型廠」的幹部，曾這樣說明：

對製造業而言，管理是很重要的事，其他的機器、技術都可以買得到；但是管理不能，所以最重要的是能夠發展出良好的管理。但初期發展還是要有技術，要能夠到一定層

---

[15]訪問記錄M3，《社會與經濟》第14期，1989.9。

次;當技術有了之後,研究、開發等其他就需要管理的層次,要一層一層累積上去才有可能。達到了技術層次後才能發展管理的層次;許多事項都是互相關連的,不能切開來討論。如果硬要分開,則技術先,管理後⑯。

　如果換一個角度,從一個企業所擁有的經營資源來講,作為一個中型廠或是中小型廠之協力廠的家庭工廠、小型廠,本身所擁有的資源是相當有限的。這個有限的經營資源,對龐大家庭工廠及小型廠而言,主要就是其單一事頭生產技術⑰。我們上面所講的「黑手變頭家的技術管理整合模式」,與「班底的運用在技術與管理上的串連」這兩個特色,即是他們盡其所能的對於自己這個經營資源,做最淋漓盡致發揮所開展出來的結果。而這也是在台灣各種經營環境要素日趨惡劣(如勞力短缺、台幣升值、環保社會成本的支付等)之下,他們猶能相濡以沫,互相生存之道。受訪的一位做高爾夫球頭的中小型廠頭家,在為我們分析台灣高爾夫球頭、球桿鑄造行業加工分布情形時,就告訴我們:

　　南部大部分都是做球頭;南部集中在高雄地區。由於粗料到磨光配合要很密切,故不同廠間距離大多不算太遠。有

----

⑯訪問記錄M6,《社會與經濟》第26期,1990.6。

⑰是以中小企業除了用在於生產的人力之外,要儘量減少管理費用的支出。一位受訪的資訊業者就指出:「大公司通常保有相當完善的管理制度,相對而言,其投注於維持經營管理的經常費用亦較高(通常約佔 30 %的成本),小公司則可省卻這項費用,而且較能彈性經營。」(訪問記錄 E26《社會與經濟》第30期,1990.9)

些產品自己生產不伐算，所以外包；可能是廠房不夠大或
勞工短缺，或是不值得做，或是沒有意願做，故外包給其
他人，於是分工日益精細。我們只作毛胚，其他勞力密集
者我們不做了。協力廠有些只有兩、三個人就可以做了。
協力廠由自己員工設立的話，相處久了關係就比較深入。
有些品質可能會因外包而無法保障，因而許多工廠就將最
重要的部份由自己來生產。如果能找到既有技術，在管理
上又能保障品質的當然是最好。外包一般說來都是一些品
質不重要的項目，與目前人力缺乏直接相關。有些部份因
爲員工不容易留住，尤其是有技術性的員工，因爲他們也
知道出去絕對比在公司裡領的錢多，既然廠内人才難留不
如交給這些有技術出去開外包廠的員工做⑱。

　　到這裡，我們可看出台灣中小企業「黑手變頭家的技術管
理整合模式」，與「班底的運用在技術與管理上的串連」，這
兩個生產與管理上的特色，對於中小企業協力組合結構的形成，
不只是道盡了協力廠之間，不同單一事頭生產技術彼此合作的
「必要性」。更說明了，由於有這種特色，所以協力廠之間的
技術合作更具有「效率性」。因爲，不管是頭家本身帶頭做也
好，或是班底帶頭做也好，生產效率，透過這兩個機制的運作，
同樣都可以「拼出來」。而在諸多小單位高生產效率的協力廠
整合之下，這個加總起來的效果也就驚人。這也是台灣協力組
合下的生產系統，能具有國際競爭力的原因。一位受訪的腳踏

---

⑱同⑯。

車業頭家就說道:

> 腳踏車跟汽車、機車一樣是裝配業。現在我們只是做車架,
> 自己噴漆,然後買其他零件來搭配。如果什麼都自己做,
> 不會很專精。要有專業的零件工廠配合。這些協力工廠要
> 開模或怎樣都很快。所以做腳踏車到國外的話,一定要有
> 零件業的配合。要不然你整個裝配的東西都要載運過去,
> 但成本不符。目前腳踏車獲利差不多10%,到國外去差
> 不多便宜個5%,但是你運費,報關,通關,算算差不多啦。
> 所以腳踏車對零件工廠依賴很大[19]。

台灣腳踏車業在國際上的競爭力,實得之於上述「有效率」的
協力廠之間的配合。而這種「有效率」協力廠搭配之秘訣,即
來自於「黑手變頭家的技術管理整合模式」,與「班底的運用
在技術與管理上的串連」。經過我們長期追蹤研究的一家染整
廠頭家,就曾為我們道出與一家外銷成品布之織布廠配合的辛
苦情形:

> 為了趕出關,自己和太太帶著員工(尤其是幾個核心的幹
> 部)做到半夜,是常有的事情。曾經在緊急的時候,連續
> 一個禮拜,通宵為他們趕貨。那真是一段不眠不休的苦日
> 子,但是,工作到早上,看到貨櫃車將通宵趕出的貨裝載
> 完畢,送往海關,又很有成就感。因為準時交貨了,國外
> LC會再下來,我們就有工作做。與這家外銷織布廠,若彼
> 此能密切配合,雙方都有好處[20]。

---

[19]訪問記錄M7,《社會與經濟》第30期,1990.9。
[20]同[8]。

　　是以，對於台灣中小企業這種生產特色，我們不能只從單一廠的角度來看，而應就協力關係之整體經濟生產效率來觀照。這就如同吳榮義、莊春發的研究指出，對於國內技術員工的流動，我們不能從單一企業的角度來看一般。他們認為：

　　關於技術普及方面：由於技術員工離職後，轉移到同業的其它公司工作或自行重新設立工廠，以生產相同產品是技術普及的重要方式，所以技術員工之異動雖對原工作廠商產生不利的影響，但對於技術普及而言，卻有促進的作用。因此，就經濟全體而言，促進技術轉移到其它廠商對產業技術的提升是很重要的。換言之，技術人員的訓練及培養對經濟全體而言是十分重要的，因為這些技術員工，也許從甲廠轉移到乙廠，或丙廠，雖對甲廠不利（包括技術人員的損失及技術機密的洩漏），但對於社會而言，這些工人只要繼續工作都對生產有所貢獻，因此，技術員工之移動並不能完全從個別廠商之利害觀點來衡量而忽略其對社會技術普及的貢獻。因此技術員工之異動率太高，雖然會增加廠商之訓練及招募成本，但對技術普及而言卻有正的效果。（吳榮義、莊春發，1984）

技術員工的流動，不只帶來技術的普及，更帶來了協力代工廠發展的活力。台灣中小企業生產技術與管理模式的獨特性，一方面固然提供了協力組合「必需性」與「有效性」的基礎；另一方面也說明了，我們必須從協力關係總體結構的角度，來看這種生產技術與管理的整合模式，對於台灣中小企業經濟發展的意義。從生產技術與管理模式的獨特性以及協力關係總體結

構來看台灣中小企業的發展，我們希望掌握的是其底層的運作法則和邏輯，如此也才能看到它真正的限制和長處。以單一角度來看，中小企業可能會弊病百出，不符合規模經濟標準。但是，若從環環相扣的多元制度角度來觀察，則有其生存與發展之道，我們會在第六章進一步討論這個問題。

四、結語

台灣中小企業生產技術與管理模式的討論，並非只從上面我們的分析策略即能進行的，不少的學者已從不同的角度，為此問題作出了自已關懷下的研究與解釋[21]。本文的分析若有其獨特性與限制性，實來自於對台灣中小企業經濟結構關懷方式的不同。台灣中小企業協力組合結構，若是我們關懷所在，則生產技術與管理模式的分析，便應該彰顯出與這個組合結構銜接上的質素與特殊性。除此之外，便非我們分析重點所在了。是以，本文集中力量闡釋，台灣中小企業生產技術與管理模式的獨特性，乃在於「黑手變頭家的技術管理整合模式」與「班底的運用在技術與管理上的串連」。而這個獨特性的發展空間，來自於「農工初級產業之低技術低資本的高勞動力經營部門」，所提供之創業可能性的產業形態和市場區位。最後再說明，台

---

[21]這方面的研究，可舉底下數人為代表：吳家聲（1982）、劉水深（1983）、蕭峰雄（1985）、張炳耀（1983）、吳惠林（1980）、劉芬美（1987）、楊瑞東（1978）。

灣中小企業生產技術與管理模式的獨特性，如何提供了協力組合「必需性」與「有效性」的基礎。但是，台灣整體彈性化協力企業組合的基礎，並非生產技術與管理模式所能完全解釋的，我們必須再從資金運作及貿易網絡的特質來探討這個問題。

第四章　台灣中小企業「創業資本」與「發展資本」的分析

　　在第二章對於台灣中小企業彈性化協力企業組合結構的討論，我們提出了不同企業規模之資金運作條件，乃是形成這種協力企業組合結構的一個基礎。本章將延續著這個問題，再予以深入討論。對於台灣企業經營中之金融及資金籌措和運作方式，雖然一直是我們關懷的面向之一[1]，而國內學者對於這方面的研究，不管是針對政府金融政策、貨幣市場與資本市場的發展或是中小企業資金運作與輔導問題的探討，亦為數良多[2]。但

---

[1]「東亞社會經濟發展研究中心」對於企業的訪問研究，金融面向一直是關心的課題之一。但卻是比較難以掌握的一環。受訪的業者，在其企業的資金運作方面，皆不太願意細談。這也是往下研究要繼續追蹤的一個課題。

[2]這方面的文獻很多。與本文的研究最相關而值得參考的文獻有：陳麗常（1983）〈台灣中小企業財務問題〉、張鈞（1983）〈台灣之中小企業銀行與中小企業融資問題〉、張鈞(1989)〈金融緊縮下中小企業

本章的討論，由於是扣連於台灣中小企業「彈性化協力企業組合結構」的形成，這個核心問題，因此，將不旁涉過遠而只集中於與我們主題相關的幾個重要的面向來討論。

從紡織、製鞋、機械與資訊等行業的訪問中，我們發現下面幾個重點是我們討論中小企業資金運作，與其協力組合結構形成的重要議題。首先，我們需要明白的是，中小企業在本身創業及發展上，其資金的來源及運作的情況。在這一部分我們利用台灣中小企業資本形成兩重化的情形，亦即利用「創業資本」與「發展資本」這組概念來加以說明。其次，我們需要明瞭的是，就一個企業發展資本籌措所必要交涉到的整個銀行體

理財策略〉、周大中（1983）〈台灣中小企業與非中小企業財務狀況比較〉、陳旭播（1986）〈台灣中小企業融資問題之探討及改善途徑〉、郭崑謨、梁世安、詹毓玲、徐純慧（1986）〈台灣地區中小企業徵信調查作業之探討〉、林茂山（1985）〈台灣中小企業之發展現況與輔導措施〉、侯金英（1988）〈金融自由化下中小企業的融資問題〉、黃惇義（1988）理性因素對中小企業融資輔導之影響——以分析層級程序法為實證研究〉、李哲欽（1989）〈中小企業營運資金的管理〉、彭百顯、鄭素卿（1985）〈台灣民間金融的資金管道〉、蔡宗義（1982）〈台灣經濟成長過程中勞力與資本利用之研究〉、張炳耀（1985）〈台灣地下金融活動之分析〉。至於較一般性論題而與本文亦有所關聯，可當背景參考之文獻有：陳永華（1984）〈台灣金融市場之發展與檢討〉、黃石生（1984）〈台灣地區貨幣市場之研究〉、彭百顯、鄭素卿（1986）〈台灣金融中介機構在資金管道的個體角色〉、鍾隆毓（1980）〈台灣信用分配之分析〉、黃建森（1980）〈現代企業經營與銀行授信問題〉。

系和證券市場，與台灣中小企業在那些面向上產生關聯？換言之，銀行體系與證券市場之運作所形成的「金融信用」，到底中小企業能夠運用到什麼層次？中小企業在與這些制度化金融管道互動的空間在那裡③？最後，立基於前面所討論的基礎，我們再從中小企業之間在資金上的互動所形成之「商業信用」，來說明中小企業在資金上的互動與其協力企業組合結構形成之間的關聯。

一、資本形成之兩重分化：創業資本與發展資本

以較嚴格意義來探討企業運作之資金需求及運作問題，即是「資本形成」問題。資本這個概念相對於「資金」這個詞的使用，有更明確的實際及理論上的意涵。從馬克思（1975）觀點而言，資本意味著能夠「創造價值」或「創造剩餘價值」；而資金可能比較容易與貨幣混淆，意味著只是支付及流通的中介。企業的職志既然是要賺錢，要獲取利潤，所以我們這一小

---

③相關於這方面問題的討論，在註②所提及的文獻已有不少研究。如陳麗常（1983）、張鈞（1983）、陳旭播（1986）皆分別提到中小企業融資的空間問題。本章不再重複這些研究，而著重在，從創業資本及發展資本的角度，參酌受訪業者的意見，來看中小企業在金融信用（非民間金融的資金管道）上的「形式空間」何在？並指出在此形式空間下，其資金運作與協力組合結構形成之關係。

節的討論便採取較嚴格定義的「資本」這個概念。前面提過，對於台灣企業經營中資本形成的問題，一直是我們（指「東亞社會經濟發展研究中心」）關懷的一個課題。然而，不管是問題的形塑及最後的討論，我們並沒有將此概念，扣住實際的社會脈絡再加以深入區分。因為，若從個人現在觀點而言，對於台灣企業資本形成的探討，起碼應該再區分為「創業資本」與「發展資本」這兩個階段及兩個面向。為什麼要做這個區分？以及，這個區分的探討意義何在？我們留到第三部分解釋，在此我們先要就「創業資本」及「發展資本」各自之意義加以說明。

1.創業資本

顧名思義，所謂創業資本意指企業家要從事企業投資最先需求的第一筆資金。這是從無到有的過程，所以創業資本是企業「無中生有」的資本。從我們訪問的問題來看，對於受訪業者所問的問題，可以說都是有關於「創業資本形成」的問題。從訪問所得我們可以清楚看出，不管是大企業或中小企業，其創業資本都是來自於前面說過的「親朋好友」這個範疇，是父母親所給的有之、是兄弟姐妹集資的也有，是同學朋友合夥的亦不少④。譬如，一位做模型飛機的業者就告訴我們：「企業開

---

④關於中小企業創業資本來源，所謂傾向於「親朋好友」這個範疇，是較社會學的講法。這種情形在中小企業，不管是較傳統的紡織、製鞋

始時是玩的性質，姐姐給我兩萬元一直做到現在。」[5]另外一位從做毛衣轉作螺絲模子的業者，也告訴我們他轉業的原因是朋友需要他資金支持：

> 我當初在毛衣廠當經理，我有一個朋友，他在62年那個時候開了這個廠，好像做得不太好，快垮掉，主要還是資金不足，他就來找我，希望我給他投資，就這麼給它投資下去。所以是到六、七年前才轉業過來[6]。

總之，在創業者未成為企業家或資本家，不具備任何社會聲望所累積的社會信用之時，敢於義無反顧而不計較任何風險，予以這些「白手者」伸出援手的，總是在於這些有血緣連帶的親戚或有擬似血緣連帶的朋友。在這個層次上，我們說台灣企業經營所需之創業資本是來自於個人連帶（personal tie）構成的社會基礎是有道理的，因為在這個形式的資本形成上，就訪問過的企業而言，沒有一家是來自於貨幣市場或資本市場這些制度性的管道。但是，當我們觀照一下企業經營所需之發展資本，情形就不太一樣了。

或是新興的資訊業都是一個普遍的現象。如一位受訪的資訊業者就指出：「剛開始三年，絕對還是親朋好友的幫助。這也是何以台灣中小企業特多之因。同樣的，現在親朋好友來了，也不太能夠拒絕。」（訪問記錄E20，《社會與經濟》第12期，1989.8）至於從經濟金融的角度而言，所謂來自於「親朋好友」範疇，指的是：企業需求的資金來自於民間金融的資金管道中之家庭部門。這方面的研究，可以彭百顯、鄭素卿（1985）的論文為代表。

⑤訪問記錄m5，《社會與經濟》第26期，1990.6。

⑥訪問記錄m10，《社會與經濟》第31期，1990.9。

2.發展資本

　　所謂發展資本是指，當業者歷經了創業資金的籌措而成立公司之後，要將這家公司按原規模永續經營下去或繼續擴大經營所需之資金。這是從有要再更多的過程，是資本累積的過程也是利潤累積的過程。所以發展資本是企業「繼續或擴大增值」的資本。在我們訪問裡雖然並沒有直接碰觸到這個問題，但從業者與銀行來往的情形及其對股票市場之看法等問題的訪談裡，卻也可以歸納出，構成企業發展資本的幾個來源。首先是，「原資本的累積、孳息和增值」；其次是，「制度性管道：貨幣市場與資本市場」，貨幣市場包括商業本票、銀行承兌匯票及公司債，而資本市場主要是指證券股票市場；最後是，「親朋好友資金再投入」。從這三個方面來看，企業經營之發展資本的構成形態，要比創業資本來的複雜，為說明方便起見，我們用下面的簡表討論。

　　從我們訪問所得的資料，以下表而言可以看出，以企業經營所需之發展資本，大致上是以「原資本的累績、孳息和增值」及「銀行及股市」為主，因為親朋好友的再投資，實際上已轉化在「原資本累積、孳息和增值」，所以對企業經營所需的發展資本來說，其形式上的意義及作用已不顯著了[7]。然而，值得

───────────────

[7]對於中小企業發展資本的討論，不少學者是從一般融資的角度來探討
　這個問題，並提出一個看法：就中小企業而言，其運作資金的來源，

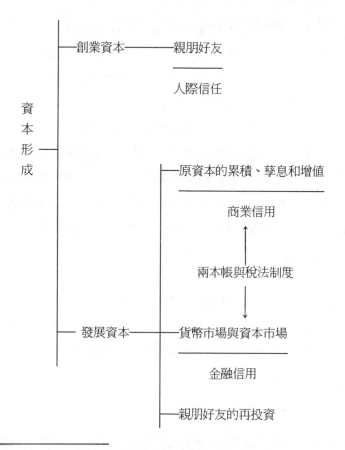

大部分是得之於民間金融的資金管道（如融資性分期付款、融資性租賃、民間互助會、存放廠商、遠期支票借款、質押借貸、信用借貸），少部分才得之於正式金融的資金管道（如銀行、資本市場、貨幣市場），相關文獻請參考彭百顯、鄭素卿（1985）、陳永華（1984）、黃石生（1984）、郭崑謨、梁世安、詹毓玲、徐純慧（1986）。本書在此的討論將企業「原資本的累績、孳息和增殖」看成是，民間金融資金管道形塑的一個主力（另一個是廣大的民間儲蓄，但就每一個能健全的經營下去之中小企業而言，前者無疑是更重要的）。

注意的是，台灣企業發展資本之籌措，在原有資本之增值與銀行股市資本之間，因稅法制度的關係，在比重之間常會有微妙的伸縮⑧。除了少數上市公司，否則在稅法規定企業經營所得利潤要繳交百分之二十五的稅款之下，他會在「原有資本增值量」與「銀行資本之借貸使用」之間有個取捨。當一個企業，尤其是中小企業，它想創造較多的「原有資本增值量」除了擴大生產或買賣之外，在一定利潤率限制之下，只有靠消極的節稅，想辦法把公司變成一個負債或是穫利非常少的公司，而這個具體的做法，就是透過兩本帳來轉移。然而，在兩本帳之下，固然「原有資本增值量」因少了稅款的支出而增加了，卻也因此少了跟銀行借款的籌碼。但從另一方面來說，若公司並不想急劇擴張或再投資，以早期企業經營之高利潤情況下，靠原有資本之累積已綽綽有餘了。是以，當我們在探討銀行與企業的關係時，不能不考慮企業對於發展資本需求的實際狀況，以及累積發展資本的方式。

---

⑧對於中小企業在因應政府之稅法制度時，所採取的很多策略，實是我們瞭解台灣中小企業經營必須打開的一個黑盒子。一位受我們訪問的千斤頂協力廠業者，就跟我們抱怨這一點：「政府對越悠久的公司課稅越高，實在不合理。為了節稅，本公司由『益昌？』開始，換名『進興？』，再為『嘉隆』。現已不再更名，希望建立產品的品牌。現在課稅到 6% ，加工很少有發票，收據太多也不行，說我們造假，乾脆不拿。甚至被倒賬也必須到法院告訴，才能抵減稅金，結果倒的賬收不回來，還要繳訴訟費。」（訪問記錄M16，《社會與經濟》第39期，1991.3）

3.資本形成兩重化之探討意義

從上面的論述，我們可以看出將企業資本形成過程，區分成「創業資本」與「發展資本」，其意義乃在於使我們更清楚掌握中小企業資本形成、運作的特質。我們從底下幾個方面來探討這個特質。

首先，藉由這個區分使我們瞭解，所謂企業資金運作立基之社會特性，從創業資本來看，「人際信任」透顯的人情連帶與關係當然極為清楚。但是，整個企業經營資本形成並非只在於這個面向，發展資本這個面向對企業經營亦極為關鍵。然而，對於發展資本之形成及運作，我們不能籠統的說也是立基於人際連帶上。它必須有個轉折，換言之，我們必須從形成發展資本之「原資本增值」與「銀行股市資本」兩者，在其「商業信用」與「金融信用」等運作基礎上所展現的特殊性，來看這個問題。如果台灣企業在其發展資本賴以運作的「商業信用」與「金融信用」上，亦透顯出非法制化的人際信任特色，我們才能更深入說明台灣企業資金運作某種獨特的社會性格[9]。

其次，藉著創業資本與發展資本兩者的區分，我們可以進一步由此來說明台灣企業基本形態，以及形構這種形態的社會特質。從創業資本及發展資本的構成形式來看，台灣企業會以中小的形態為主體是很自然的事。不但在創業資本這個原始積

---

⑨這一點我們將在第九章再繼續深入討論。

累是有限的，在發展資本上，客觀面受限於不夠發達之貨幣市場及資本市場，主觀面牽制於業者本身考量其自身利益下之兩本帳制，使其不容易走向制度化的公開管道來形塑。這種企業資本形成及運作方式，可說是農業社會節約與保守性格的延續及最大的發揮。然而，儘管它淋漓盡致的發揮亦可給企業帶來大筆利潤，其心態與做法畢竟離眞正資本主義運作方式及心態尚遠⑩。但從另一個角度來看，就資金面向而言，這可能亦是台灣中小企業不能不走上協力組合結構的一個機制。這點我們底下會繼續探討。

最後，從這個概念的區分，我們可以藉以觀照社會變遷的方式與方向。對台灣當前社會而言，創業資本與發展資本構成形式及運作模態，以及社會所能給予的空間、機會都不同於往昔了。很明顯的是，未來要靠前述方式之創業資本起家已是不容易了，這說明了整體社會結構的變動。社會中，企業資本形成在這兩個面向的改變，我們很容易從其改變方向看出社會的變遷方向，從這裡或許我們更能掌握一個公司股票上市及當前證券市場發展的社會意義。而這也是我們底下要繼續探究的主題。

從上表來看，發展資本與創業資本之間有一個很大的不同。創業資本的形成來自於「親朋好友」的提供，是立基於「人際信任」來運作；而發展資本的形成主要來自於「原資本的累積、

---

⑩這裡我們強調的是，金融的運作有其層級性，在日常生活中的貨幣使用與作爲企業之資本使用當然有相當大的距離。

孳息和增值」及「銀行及股市」，是立基於「商業信用」及
「金融信用」來運作。在此，所謂「商業信用」及「金融信用」，
從馬克思的觀點來看，「商業信用」是指從事再生產的資本家
互相提供的信用，這是信用制度的基礎；而「金融信用」是指
銀行家或貸款人所提供的信用（馬克思，1975：542，548）。
就本文的討論而言，「商業信用」是指，中小企業業主之間，
彼此在企業經營的互動過程中，因對方的經營能力、償債能力
所產生的雙方資金融通之信用⑪；而「金融信用」則泛指，中小
企業業主與銀行、證券市場這些制度化金融管道互動的空間。
而這一部分是我們下面要繼續討論的主題。

二、中小企業與「金融信用」

從上面的討論我們可以發現到，對於中小企業資金運作的
瞭解，透過「創業資本」與「發展資本」的分析，是一個基本
面向的掌握。但是，影響中小企業資金運作的制度性管道與人
際連帶的深一層結構，則必須再從中小企業「發展資本」賴以
運作的「商業信用」與「金融信用」這兩個面向來加以分析。
是以，底下我們即針對「商業信用」與「金融信用」，在台灣
中小企業資金運作及其經營所產生的影響，進行說明。就分析

⑪有關商業信用的界定，可參考張鈞（1989）在〈金融緊縮下中小企業
　理財策略〉一文的看法。

的策略而言，我們在這一小節先探討中小企業業主與銀行、證券市場這些制度化金融管道互動的空間。描繪出這個空間之後，我們在下一小節再來說明，中小企業業主之間，雙方資金融通的「商業信用」，在運作上如何與其協力組合結構的形成，產生關聯。

　　對於金融信用的討論，我們將其再區分為，中小企業與銀行互動的空間，及中小企業與證券市場互動的空間兩方面來說明。

1.中小企業與銀行互動的空間

　　從我們對於紡織、製鞋、機械與資訊的訪談資料顯示，影響中小企業與銀行互動關係的因素有下面幾個：第一是，中小企業本身的生產特質，尤其是家庭工廠及小型廠，是屬於第三章所說的「農工初級產業之低技術低資本的高勞動力經營部門」。這些中小企業，誠如劉水深（1983）指出的：「由於自有資本不足，故傾向進入勞力密集之企業，且在經營策略上亦常以人力彌補資本之不足」，是以與銀行並不常往來。第二是，企業主本身經營態度亦某種程度決定了與銀行來往的關係⑫。一位壓鑄業的業主就指出：

　　　　許多公司的經營者本身之投資額度並不是很多，多利用

-----

⑫關於這點，陳麗常（1983）曾做過精闢的分析：「由於中小企業的規模小，各項條件較差，信用地位，沒有大型企業穩固，在商業信用方面吃虧，在金融市場取得資金也不容易。銷貨，拿的是期票，進貨給

　　銀行融資供給公司所需的資金，經常在其回收一定利潤
之後，多半不會再用心經營，反倒是一些歷時長久並成
功經營者多屬獨資事業。獨資經營者多半將公司的安定
性視爲第一要務，著重公司的收益率與成長率，故儘量
避免向銀行借太多資金[13]。

　　第三是，台灣公營銀行本身的保守性格[14]。莊春發在紡織業

的卻是現金，這在營業週轉上一定發生困難；商業信用是企業營運的
根本條件，創立初期的中小企業，常在應收與應付之間，發生時間上
的差距，造成資金的困難，這種情形，經過一段時間的調整或可適應。
但是進一步融資卻相當困難，其主要原因之一是信用地位尙未建立，
一般金融機構總認爲中小企業的體質較弱，信用風險較大型企業爲高，
在最高利率的限制之下，信用分配對中小企業顯然不利。

由於內外在種種因素的影響，很多中小企業，在支付的習慣上都用遠
期支票，把遠期支票作爲信用的工具，很多負責人甚至利用個人支票，
卻很少使用公司的本票、匯票。

由於客觀環境的限制，利率的管理以及金融市場的未臻健全等種種因
素，中小企業者所需要的資金無法全部向金融機構借到，因此轉而向
民間黑市市場借貸。而民間借貸的利率偏高，因而使得中小企業的加
權平均資金成本，高於一般大型企業」。

[13]訪問記錄M5，《社會與經濟》第26期，1990.6。

[14]這一點已經爲許多企業主及學者所指出。如陳麗常（1983）即一針見
血指出中小企業融資困難及銀行保守的原因：「中小企業本身所能提
供的擔保品極其有限，而國內金融機構的貸款向來重視擔保品，財團
法人信用保證基金成立以來，解決了一部份擔保品缺乏的難題。銀行
未能合理承擔信用風險是金融機構貸款重視擔保品的原因，而銀行之
所以未能合理承擔風險，這和銀行的公營形態以及審計單位對呆帳的
打消標準有關，與利率管理亦不無關係。」

對於無梭織布機引進狀況的研究，就指出：

> 國內織布廠購買國產無梭織布機向金融機構申請80%的
> 貸款，並非「統統有獎」，一定可以貸到所需款項。根
> 據問卷調查，六家已購買國產無梭織布機的織布廠，只
> 有三家獲得金融機構的貸款，其餘者購買織布機的款項
> 需全部自籌，由於無梭織布機的單價不便宜，因此一次
> 要付清價款，對織布廠而言這是一項非常龐大的負擔。
> 即使獲得貸款，辦理手續的繁複也常使得織布廠對於購
> 買國產無梭織布機的興趣打折扣，因而影響國產無梭織
> 布機的銷售。織布廠商購買無梭織布機，向金融機構貸
> 款時，除需以該廠之廠房，土地為擔保外，尚需由出售
> 機器之製造廠家負責人背書擔保。因此，如果購買之織
> 布廠一旦倒閉，若貸款未償清者，需由製造廠商負責人
> 負責償還之。這條規定對出售織布機的製造廠商無異又
> 加重一層負擔，不敢輕易出售其產品，造成無法以市場
> 為導向的技術生根。（莊春發，1983b）

一位接受我們訪問的機械業主，向我們描述到要跟銀行借款時，
為符合其連保的規定，而調整其股權分配的情形：

> 本公司創辦的時候是我自己一個人100%的股權。但是
> 一個股份有限公司的發起人差不多要有七個人，大部分
> 都是你自己啦或是太太，太太方面的親戚或是我這方面
> 的親戚。那麼最起碼要有七個股東，三個董事的兼差。
> 若是要到銀行借錢的話，一定要董事之間的連保，這是
> 一個規定。這常常要蓋章啊，我父親就說兄弟的話，蓋

章沒有關係啦，從小一起長大。但是另一半會嘰里咕嚕
叫「莫喫到湯，喫到粒」啊，你賺的時候也沒有給她一
點紅利啊，利潤啊，有沒有？沒有啊。萬一你倒閉了，
她要連帶賠償，所以「莫喫到湯，喫到粒」。因此，要
爲先生蓋章，另一半會叫啊。所以乾脆開放一點給她，
順理成章她是股東，她要連保。她想想也有道理啊。那
麼兄弟目前是「父親債」他可以蓋章，那一輩子都是
「父親債」要蓋章，所以就開放一點股份給兄弟⑮。

這種保守性格使得中小企業透過銀行來籌措創業資本和發展資
本的意願和能力大打折扣。第四是，企業主本身有無能力獲得
銀行信任的資產與經營能力，以及所從事的行業別。中小企業
能夠善用銀行資金的，大凡是某些能超越「農工初級產業之低
技術低資本的高勞動力經營部門」，而走向資本密集和技術密
集生產的企業。這些企業本身擁有相當的資產，而企業主又具
有深得銀行信任的經營能力，如此，融資並非難事。一位中部
非常有名的機械業主，就跟我們指出：

銀行的幫助很大，因爲我們這個行業屬於資本密集與技術
密集的行業。我們的產品生產週期長，如從鑄造原料進來
到成品出去約要四、五個月，一年大約轉了三轉。因爲我
們的加工層次多。一台機器做出來有幾千個零件所組合，
很多層次都要囤積很多零件。我們不像加工層次很少的東
西，如紡織業。加工程序多造成資金需要大，回收慢。一

⑮訪問記錄M7，《社會與經濟》第30期，1990.9。

台機器就是一千萬二千萬。整個過程有再製品、半成品等等。我們公司貸款一向沒有什麼問題。貸款額度也沒有問題[16]。

第五是，社會人情網絡的影響。一位千斤頂業者就跟我們坦白指出：

我自己有一投資公司，資本額兩億，但銀行也不大肯借錢，因為它還是較喜歡有抵押或是製造業。有人說：銀行就像酒家女，越不理她她越纏你。在去年營業外收入不輸營業內收入。我一年前才開始財務的投資，這幾年企業若沒在股市、金融或房地產上賺到錢是少賺了一些。我認為中國人在金融方面實有天份。目前公司的業績下降，但借得到錢，甚至運用技巧，可以多方信用融通，不須抵押。但旗下的投資公司雖然資金運轉頻繁，卻不易向銀行借錢。銀行對生產事業較有信心。只要你自己是在做生產事業又有一定的網絡，借錢沒問題。譬如，當上省議員就可有五千萬借款的信用額度[17]。

---

[16] 訪問記錄M8，《社會與經濟》第30期，1990.9。對於企業家本身有旺盛的企圖心及經營能力而最後終能獲致銀行信賴的例子，在資訊業很常見。如一位中型廠資訊業者就說明自己的例子是：「剛成立的前三年，借錢非常困難，但是之後便非常容易，因為長期以來所提出來的計劃案，都有不錯的結果，這使我們有良好的信用。而且我們的做法是，常常邀請他們到公司來了解公司計劃與推行情形。」（訪問記錄E20，《社會與經濟》第12期，1989.8）

[17] 訪問記錄M4a，《社會與經濟》第21期，1990.3。

　　從上面五點的討論，我們可以看出，中小企業與銀行互動的空間並不大。其原因所在，一方面固然是公營銀行本身的保守性，壓抑了這個互動空間的幅度與彈性；另一方面也是中小企業本身的生產特性、經營能力以及在前述借款與節稅對沖利益之考慮下，縮小了對銀行融資的可能性。當然，社會人情網絡的有無與強弱，亦是影響中小企業能否向銀行融資的關鍵。但這個關鍵，就經濟的角度而言，必須在一定的企業經營（尤其是生產性的製造業）成就上，才成立的。有了這個成立的前提，中小企業業主自會善用這個企業經營的資源與其社會網絡，調整其經營策略來獲取銀行的融資。因而，誠如一位千斤頂業者所指出的「企業合併之後，從銀行所獲得的信用額度（credit loan）並非加總，反而減少」[18]，這樣，為了獲得更好的融資，他當然不會輕易把一些小公司合併成一個大公司了。

2.中小企業與證券市場互動的空間

　　談中小企業與證券市場互動的空間，我們所採取的策略從下面兩個角度著手。其一是，對於極少部分有能力將股票上市上櫃的中小企業，這樣的上市對其公司而言，意義何在？其二是，對於大部分沒能力上市上櫃的中小企業，證券市場的發展，對他們而言，意義又何在？

---

[18]同上。

(1)企業升級的空間

對於前面的問題，我們可引述一家準備上市的機械業業主的看法來說明。他在接受我們訪問時指出：

我們的組織有優點也有不完善的地方。目前的總管理處，在財務監督這方面管得還可以，但還沒辦法做到對這些企業內部去做稽核的工作。一般中小企業，除非想要股票上市，否則很少做內部稽核的工作，因為那有很多繁複的工作。最近正好我們公司正準備上市，為此我們也做了一套內部稽核與內部控制的制度。因為這種內部稽核內部控制是在五大循環上。採購、銷售、營業、融資、人事，這五大循環若能做好，對於整個內部的控制就能夠很嚴密。所以現在我們計劃先從母公司做起。做了一段時間不錯之後就將它推展到子企業去。讓總管理處發揮功能去執行這些子企業的內部循環的事情。另外有一點我們還沒有做到的是年度預算的功能，這也是一般股票上市公司要做的。因為最近我們想將股票上市，所以我們也想進一步去執行這些工作，進一步把年度預算這種功能也延伸到我們的子企業去。不然現在這個子企業的狀況是比較靠一種人的維繫。因為這個人在公司待很久彼此相信，大家很能信任，大家彼此信任，我相信你，你相信我，我也相信你對公司很有向心力，以這種狀況在維繫，沒有辦法做到一種真制度化。當然內部有制度，但是沒有辦法真正去執行，譬如，我個人到這些公司也只是看一看而已，沒有辦法真正去監督[19]。

---

[19]同[16]。

對於能上市的中小企業而言，上市除了是公司獲取資金另一個
管道的開拓，更是整個企業經營往上提升的一個轉機。所以從
財務到整個內部管理的制度化是在此前提上必然的發展。而這
個發展在得到證券市場資金的實質支持下，又能使公司進一步
茁壯發展。所以他在比較台灣與韓國發展情形時，就指出這個
重點：

> 韓國和我國的競爭越來越強，它們是一種大企業方式的發
> 展，都是配屬大企業的一個部門，如汽車工業就一方面做
> 自己的機械，但也同時在市場上出售。但他就不像台灣有
> 這麼豐富的中衛體系。但台灣的發展會有瓶頸，因為我們
> 的資金要再做進一步的研究發展，像我們這樣每年靠自己
> 的公司賺個幾千萬來投資發展，在這個機器工業上是不足
> 的。一定要有個突破，所以我們現在就用股票上市，日本
> 大型的工具機廠都是股票上市的公司，而且像韓國現在也
> 可以講大型公司都是股票上市公司。所以我們台灣有這個
> 機會大家對股市這麼瘋狂，政府應該政策性的讓這些資本
> 密集技術、密集的產業股票上市，不要讓那些雜七雜八的
> 公司上市，沒有意思，它們只是去亂搞。因為這些資本密
> 集、技術密集的公司需要長期性的培養，才有辦法走向大
> 型化，因為再來這些工具機廠若不能走向大型化，到最後
> 會完蛋。再來台灣能發展什麼？就是機械、電子、資訊、
> 自動化什麼，其他都很難跟人競爭[20]。

---

[20]同[16]。

一般而言，已發展到中型廠的業主都有這種危機意識，如一位資訊業

然而，就中小企業而言，能得到這種與證券市場互動的機會太少了。我們更應該去注意的是，對這些數量龐大無法直接進入證券市場去獲取資金的中小企業而言，台灣目前股市的發展，其意義何在？

(2)經營權與所有權分離的中小企業經營空間

就證券市場之一般經濟層面的討論（如行政院經濟革新委員會有關之金融研究報告），及社會層面的探討（如張家銘博士論文：「經濟權力與支配──台灣大型企業組織的制度分析」第五章〈企業與金融體係的關係〉）已有不少文獻，本書不再重複。從我們的訪問觀察資料可以看出，對於一般沒有能力上市的中小企業而言，股市的發展對他們最重要的意義，就在於開展了企業經營上，經營權與所有權形式上分離的可能空間[20]。

_____

者也指出從證券市場獲取資金對企業朝國際化發展的重要性：「台灣中小企業如果沒有股市的資金支持，就沒有辦法國際化或與人家競爭，所以我們公司的股票上市是為了永續經營，希望從正常的資本市場取得公司營運的資金。」（訪問記錄E25，《社會與經濟》第30期，1990.9）

[21]台灣企業發展最為一般學者詬病的，就是「家族企業」的經營形態，而其中最關鍵的又在於企業為家族所有（黃光國1988c），換言之，即所謂企業經營權與所有權不分這個事實上。因此，這些學者認為要使台灣企業經營邁向現代化發展，應該接受韋伯指涉下的西方「形式理性」的理性精神，而讓外人共同參予企業的經營與所有權的擁有。表面上，這樣的說法堂皇而正確，似乎也為台灣企業未來發展理出一個方向；實際上，這又是用西方的標準硬套到台灣社會，所得出來的一個不切實際的應然判定，其最大危險是又模糊或膚淺化了我們對自

在這裡，我們若要對此問題深入討論，亦即彰顯證券市場對於
企業經營權所有權分離之結構位置，回到韋伯探討西方資本主
義的脈絡，會有一個較清楚的對照點。對韋伯而言，西方現代
資本主義的發展，曾得到兩個有利條件的資助，一個是家計與
營利的二分；一個是證券市場的發展。這二個條件在討論韋伯
談西方現代資本主義發展的文章中，常被提及，卻甚少將兩者
放在一起深入討論其彼此之間的關聯。事實上，從西方歷史脈
絡來看，十五、六世紀因長程貿易之需要而成立的合夥法人公
司，以及由此而使得家族以外的人可以參加這些商業活動，確
立了經營權與所有權分離的雛型，可以說是與證券市場的發展
同步前進的。因此，社會大眾的資金可以透過這個制度性的管

己社會的認知與瞭解。在個人看來，探討台灣企業經營權與所有權的
問題，其重點不在於，企業之經營權與所有權「應不應該分離」，而
是在於，台灣企業經營權與所有權之分離「如何而可能」？其社會結
構條件何在？這樣的分離就台灣企業本身之經營而言，是否有其必要
性？而對整體社會來說有沒有文化上的意義？換言之，我們應該從實
然的角度，以及立在這個基礎上來看這個課題。

我們之所以認為企業之經營權與所有權不是「應不應該」分離的問題，
乃是認為對這個問題討論必須扣住社會結構的面向來思考，若整體的
社會結構及組織制度沒有提供這樣的可能性，則任何應然的討論只是
徒勞的膨脹了思想在解釋社會實體上的詮釋分位，並不能增進對這個
問題的瞭解深度。因此，我們底下的討論不從企業經營權及所有權問
題本身著手，而是從提供這個分離可能性的社會結構為何？這個角度
來探討。所以策略上，我們以這兩三年台灣證券市場發展作為說明社
會結構條件的線索。這一點我們亦會在第七章繼續討論。

道，進入到商業的運作網絡內，並取得法律的保障。所以所有權的分散，及其與經營權分離的可能，乃在於經濟制度必須先立基於實際需要，創發出一套規約的方式與運作的語言，慢慢得到社會的容納與接受才有可能。股票即是在這種需求下，創發出來的有效工具。就此而言，它既是經濟的，也是社會的。因此，惟有在證券市場能健全發展的前提下，所有權與經營權的分離，才會取得法律形式的保障並於經濟活動中徹底實踐。

　　從這個觀照角度來思考台灣這兩三年證券市場發展的情形，可以有很好的啓發。在我們訪問的資料裡，有一個做玩具飛機模型的業者，曾精要的提到這兩三年股票市場對台灣企業發展的意義：

> 如果以前社會是所有權與經營權分開，則台灣中、小企業就會更茁壯。如果以前「股票」有現在這個規模，則企業形式會不一樣。以前往往有了所有權（即出資金成爲公司股東）就想要參與經營，如安插自己的親人到公司內，這樣給公司造成很大的難題，因爲這些人公司不一定能用。現在不一樣了，放了三、四百萬在公司，他可能根本不管你的經營狀況，甚至邀請他們參加股東大會他都不來。對他們來講，可能明天所買的股票上漲就賣掉了[22]。

這位業者這一段話透顯出台灣中小企業經營上相當普遍的困擾。一位千斤頂業者也說到其公司發展前期這種困擾情形：「公司創辦人是一個外省的退伍軍人，接收原名『全序』的千斤頂工

---

[22]訪問記錄M5，《社會與經濟》第26期，1990.6。

廠。接掌以後，找了許多退役的軍人、將軍入股。股份越高，給予在公司中的職位也越高。」㉓這些看法，透顯出相當豐富的意涵，我們可以據以作爲詮釋的線索。底下即分爲四個面向加以論述。

　　一、經營權與所有權的分離確實有利於中小企業的發展。其緣由乃在於這兩者的分離，一方面能免於在經營上受到不當人事的干預；一方面又能得到較充裕的資金，因爲在擁有所有權者，可以「放心」的把錢交給經營者去運作之下，資金比較容易籌措。但是，爲什麼擁有所有權者會想到安插自己的人到公司？爲什麼不能只是作爲某一公司持有股份的股東？反之，爲什麼擁有所有權者可以「放心」將錢放到公司，而不聞問日常的經營？我們可以說，惟有在這些問題得以解決的前提下，才有可能在「形式結構」與「形式制度」上，出現了眞正經營權與所有權分離的發展。而這就導引出我們第二個重點了。

　　二、在「形式制度結構」上經營權與所有權分離之眞正前提，乃在於「形式制度結構」上證券市場之健全發展。對一般企業者而言，台灣這兩三年股市的狂飆，固然帶來許多負面的因素，諸如工作倫理的斷喪，價值觀念的混淆皆是。但就一個形式制度結構面來觀察股市發展的情形可能更有意義。而這個觀察就誠如上引文這位業者指出的：「如果以前『股票』有現在這個規模，則『企業形式』會不一樣。」這段話清楚的說明了，關鍵不在於台灣長期以來有沒有股市的交易活動及制度，

㉓同⑰。

而是股市的交易活動與制度有沒有到達一定的「規模」，而足於改變經濟運作規律，成爲企業經營的支配性原則，進而轉化了企業經營形式。台灣這兩三年股市的發展就此而言，其重要性不在於量的增加，而是在於質的轉變。也由於股市發展上這個質上的轉變，使得企業經營上，經營權與所有權的分離，有了形式結構上的可能性。如同這位業者所講的，好幾年前唯一跟他合資的股東要移民美國，這位合夥朋友想到自己往後千里迢迢遠在國外，無法親自參與，實在不放心把錢放在公司，只好退股。在這位業者看來，當時這筆資金（台幣五百萬）對公司經營、發展極爲重要，但是沒有辦法加以挽留。他認爲如果當時公司股票已上市，而股市又到了今天的規模，這位朋友就不會把資金抽走，只要轉而持有公司股票即可。從這裡我們可以看出，爲什麼我們在前面強調，股分擁有者能將錢「放心」的交給公司運作，而自己又不必然要涉及公司的經營，實在是企業經營權與所有權分離之形式結構上的前提，因爲在這種情況下，擁有所有權者可以透過「有法律保障的制度管道」來追求他的實際利益。然而，在透過「有法律保障的制度管道」來追求利益，進而達成經營權與所有權分離之形式上的可能，卻必須在主客觀的配合上才能取得經濟上全面性的發展，以及社會性的文化意義。

　　三、客觀環境與主觀認知的配合，才能使社會大眾在面對股市及企業經營上，形成集體社會心態結構的改變。從我們三年多的企業訪問及研究很清楚的可以看出，包括大企業家在內，如統一企業及奇美公司負責人，對股票的定位及定性，在這兩

三年內即有戲劇性的轉變。從保守性的不願公司上市讓外人分享經營利潤，到積極的準備上市上櫃，所在多有。而就社會一般大眾來看，販夫走卒以至於家庭主婦年老阿公阿婆，股票經都可以朗朗上口，眞可謂是全民運動。是以，我們從企業家及一般社會大眾，看到的是普遍性的「主觀認知」上的改變。另一方面，從證券公司如雨後春筍一般到處林立，及各類證券投資顧問公司的設置，也十足說明了制度上整體客觀環境的改變。主觀認知與客觀環境互相配合之下，證券市場的發展已非吳下阿蒙，不復當年情況所差可比擬的。這個時候，企業家認知上，不再把上市當作與外人分享既得利潤，而是利用外人來幫自己創造利潤；一般大眾不再認爲社會中的企業運作，與自己生活的世界完全不相干，而是可以純粹借由股票的購買變成公司股東之一，進而也創造自己的利潤；政府也相應提供更多制度性空間以利於這種新的營利活動之進行，這些都說明了，主觀認知與客觀環境的搭配，不但使經濟整體發展的形式走上了新的層級，就社會性的文化意義而言，更意味着社會創造價值的方式已經改變了。而也唯有在這種「整體社會心態」及「創造價值方式的改變」之下，才能更進一步推動企業在形式上經營權與所有權分離的可能。

　　四、「形式」上企業經營權與所有權可能分離的意義。上面的討論我們一再強調，所謂制度結構上證券市場確立後，得以提供企業經營權與所有權的分離，只是形式上的可能，甚至也可以說只是一種形式上的討論，乃在於個人並非天眞的認爲，一旦台灣證券市場能達成類似西方一般的成熟發展，就能確實

帶來企業運作上經營權與所有權的完全分離。如果這樣判定，則不但無視於潛存在中西社會及文化之間，對經營權與所有權分離之發展，會造成影響的許多關鍵性不同因素，更會喪失了我們藉由分析層次的釐清所欲達成的理解深度。儘管在證券市場的普遍運作中，台灣企業家還是可以輕易的既擁有所有權又握有經營權。所以對我們而言，重要的不是企業運作之經營權與所有權是否能因而完全分離，而是，在某一「程度」的經營權與所有權的分離，若確實如上述業者所言，對企業的發展會有相當大的幫助，會使得台灣中小企業更茁壯，那麼這個發展的可能性在那裡？所以上面所強調的企業經營權與所有權之分離在「形式」面發展的情形，正是要點明某種「結構空間上可能」的意義。就一個社會及文明的發展而言，在形式上有沒有這個發展的結構空間，其意義是完全不同的。從西方的歷史經驗來看，證券市場的發展不但在形式上提供了經營權與所有權分離的可能，實質上，在其它制度的配合下，確實也使得西方企業經營走向兩者分離的形式理性之發展形態。所以對我們而言，有了這個形式結構上的可能，毋寧已開展出一線契機，這一線契機如何進一步發展，固然需要其他社會制度的配合，但就其本身而言，在個人看來已透顯了相當大的文化意義。

企業經營權與所有權應分離或結合，就這個問題本身而言並無探討意義。甚而西方兩者分離之理性事實，亦不足以來說明我們兩者合一之不理性的缺失。討論企業經營權與所有權「分」「合」之意義，應扣住不同社會脈絡，視其對各自之整體經濟發展影響的情形而定[24]。以台灣企業發展的狀況而言，經

營權與所有權之間，可能是某一程度的「合」加上某一程度的「分」，較貼近中國社會脈絡下的理性企業經營。而就本文的分析旨趣而言，在此我們要指出的是，這兩三年來台灣證券市

㉔如一位業者就跟我們提到，他們企業在這方面的調整：「需要去調適。早期是我父親創業與一位股東在做，後來我叔叔加入，所以主要創業者是三個。第一代經營也是我父親為主。後來第二代介入，是以我們兄弟為主，我叔叔有兩個兒子在這裡，不過他們主要在現場。另外我們那個股東的第二代就沒有再參與。事實上股權也是我們比較多。有一點比較好的狀況是，我們這個家族只有男人介入，上一代就是這樣一直下來，我們這一代也是這樣，所以家族化的過程就比較不複雜。因為女人介入問題很多。雖然我們是家族，因為我們也有其他的股東存在，所以我們在開始財務就很獨立，財務協理是一個東吳會計系畢業的。所以我們公司一開始就有一個制度，不像家族公司買菜、買什麼都用。我們要拿錢都要經過一定的程序。我們只是在負責掌管一些比較高職務的工作，總經理是我二哥、我三哥擔任副總經理、我擔任協理。經營權和所有權是有結合，股票上市後，經營權與所有權要漸漸分開。這幾年我們公司一直在強調一點，就是所有權的人假如你沒有能力經營，就不要去參與經營的事情，你只是純粹的所有權。但若有能力經營，則兩者結合會很強。我們現在是經營權與所有權結合（兩權合一會發揮很大的力量），經營者若有能力則會很強。但若有所有權而無能力，則對公司不利。漸漸的我們也會有第三代出來，我個人是有一個想法：當我們公司開放到一個程度，我們要走向一個專業經理人的時代。有一天，也許我們自己本身的第三代，我讓他擁有股權，若他不感興趣，就不要參與，包括其他都是一樣的情形，這樣才能避免富不過三代，不見得能保證下一代也有這個經營的能力。我也是漸漸的把這個觀念帶入我們家族。我父親很開明。我想如果台灣要繼續發展，一定要讓公司大眾化（訪問記錄M8，《社會與經濟》第30期，1990.9）。

場的發展，對於眾多之中小企業而言，其企業經營權與所有權之間，某一程度的「分」，已有其出現可能之形式上的結構空間。

上面的討論，我們透過對於中小企業與銀行互動的空間，中小企業與證券市場互動的空間，來說明台灣中小企業金融信用運作的情形。不管是中小企業與銀行的互動也好，與證券市場的互動也好，我們發覺到，就經濟的實質利益而言，這個空間實是非常狹小的。再仔細分析，與銀行或證券市場的互動，相較於龐大小型廠及家庭工廠而言，對某些中型廠，或是中小型廠來說，其比較利益越發突顯，其互動幅度越顯得寬廣。而對這些龐大小型廠及家庭工廠而言，銀行與證券市場的資金融通，就顯得有些天高皇帝遠了。這說明了，銀行與證券市場的發展，就現階段整體中小企業的經營而言（尤其是小型廠及家庭工廠），有形式結構空間的前瞻意義（如經營權與所有權分離的空間），而比較缺乏當下的現實意義。就此而言，中小企業之間的商業信用之運作，可略為彌補這方面的不足。

三、中小企業商業信用的運作與協力組合結構形成之關係

從前面對於中小企業創業資本和發展資本的討論，我們看出中小企業創業資本主要來自於親朋好友，這個社會人際網絡的範疇，因而，就資本的規模而言，是有其限制的。而就發展

資本的討論，我們也發現，大部分中小企業，能從金融信用的管道獲取融資可能性的空間，亦是相當狹小的。固然我們從金融信用對整體中小企業未來發展所可能提供的資源，說明了銀行與證券市場對於現階段中小企業經營上的意義。但就現實而言，我們更需要關心的，毋寧是，中小企業如何在有限的創業資本及發展資本之資源下，求生存與發展？要瞭解這一個關鍵點，我們就必須針對中小企業的協力組合結構及其在商業信用方面的運作情形，加以討論。

對於中小企業之間，在資金上互相搭配的情形，我們可以從靜態結構與動態過程兩個角度來討論。所謂靜態結構的資金搭配情形，指的是中小企業之間，當形成協力關係時，雙方在生產的固定成本，因生產過程的互相搭配，得以減輕資金投入的負擔。這一點受我們訪問的一個千斤頂業者就曾明確指出：

> 台灣的廠，是種分工合作的關係，這是非常好的優點。由於有很多的協力廠 (subcontractors)，而使得企業固定資產的投資部份被它們分擔掉了，減輕許多的負擔㉕。

> 中小企業籌措資金不需多，反正協力廠多，分工合作可以節省固定資產的負擔，形成相互的連帶，不致過胖，也提高投資報酬率。何況，中小企業合併時，可能反而減少個別的「信用融資額度」㉖。

> 我們中小企業的特色是資金不大，而且以我們公司為例，

㉕同⑰。

㉖同⑰。

有一些部份是內包（即提供廠內場地由外人投資某種部份
的製造設備）──如此可以降低固定的資本，也因爲固定
資本不高所以很有彈性。過去投資報酬率高的原因是很多
固定資本被協力廠商分掉，以致於不需太大的固定資本。
因此要賺回成本就很容易[22]。

以上面這幾段話來看，台灣中小企業這種靜態結構的資金搭配
情形，可以說是其協力組合結構形成的一個基礎。在大部分家
庭工廠及小型廠的自有資金有限之下，每個頭家只需要投資單
一事頭生產工作所需要的機器設備、簡單廠房設施（內包廠甚
至可省掉這筆支出）及少數員工薪水等資本就夠了。其它生產
過程的投資，由搭配的協力廠吸收與負擔。反過來看，也惟有
從協力組合結構的角度，我們才比較容易瞭解，爲什麼在上述
中小企業有限的創業資本籌措網絡，及發展資本的形塑空間下，
中小企業還能夠生存與發展。

　　對於台灣中小企業協力組合結構形成的基礎，在資金運用
方面，除了來自上面所說的靜態結構資金搭配的方式之外，另
外一個重要的方式即是前面提到的，動態過程的資金搭配方式，
亦即我們所指稱的商業信用的運作方式。顧名思義，所謂動態
過程的資金搭配方式或商業信用，指的是，在中小企業之間，
取決於生產流程上協力搭配需要而來的資金互相融通方式。這
種資金的融通，一方面固然是符應於協力廠兩造之間，在追求
生產或產銷利潤極大化上所必要的一種權宜之策；一方面也必

---

[22]同[17]。

須搭配的協力廠之間（特別是在母廠要融資給代工廠時）有值
得對方信賴的企業經營能力。我們長期追蹤研究的一家染整廠
頭家，就跟我們提到底下的狀況：

> 昨天跟我們配合的一家做橡筋成品布外銷的紡織廠大頭家
> 請我和太太吃飯。他聽到我做得很辛苦，不太想做的風聲，
> 趕快鼓勵我說，今年他們才真正的要起飛，美國那邊的單
> 子非常的多，一定要好好的做下去。如果資金有什麼困難，
> 他隨時可以給我五百萬的融資額度。另外，除了我現在做
> 的棉紡品之浸染線外，最近壓染的外國定單非常多，所以
> 他鼓勵我一定要再增闢這條生產線。三百萬壓染機器設備
> 的投資，我工廠可以先不要負擔，由他來出這筆款，等以
> 後再從工角慢慢扣回去㉘。

從這段話我們可以看出，外銷成品布的織布廠要跟這家染整廠
的配合是不遺餘力的。一方面固然是他們本身的利潤所在；一
方面也是這家棉紡染整廠和他們搭配已有三年了，而在RC布及
橡筋布的染色上，這家染整廠在品質及交期上已達一定水準，
加上同樣加工的價格比大廠低很多，要再找到這樣經營水準的
染整小型廠來搭配並不容易。所以，前述之成品布外銷廠少不
了這家染整廠的配合（他自己再弄一家染整廠來做成品布，以
現有社會成本、勞力成本及勞工短缺的情形估算，就資本的投
資報酬率來講是不划算的）。這樣的情況，我們也在機械業看
到。一位千斤頂業者就這樣告訴我們：

㉘訪問記錄T9c，《社會與經濟》第9期，1989.5。

經營一個工廠最重要就是品質的問題，我們的工廠隨時隨刻都在輔導外包。輔導外包必須要注意一件事情。今天甲的廠商，我們本廠無法做的事要讓他做，最重要的是他的機械是不是夠？資金是不是夠？這一方面，在我們嘉義地區這個地方我們做得很用心，例如投資一部機器要兩百萬三百萬，他的資金能力不夠，我們便投資這一部機器給他用，分三年五年看他還債能力，把款項收回。這個目前在嘉義地區我們做得不錯。而且更重要一點，我們是隨時隨刻在淘汰比較差的廠商。五年前我調回來這邊，當時我們的協力廠商將近四百家，現在則只有一百多家的廠商。我們現在最重要的工作就是廠商合併，我們現在可以說做得很成功，我們曾經有十幾個廠商合併到一個廠商。我們將來要走的就是建立一個中心——衛星工廠的體系。這個我們已經與美國RSI顧問公司有合作一段時期過㉙。

從上面的討論我們可以看出來，在資金運用方面，除了靜態結構資金搭配的方式之外，動態過程的資金搭配方式，即商業信用的運用，亦是台灣中小企業協力組合結構形成的一個基礎。不管是內外包型代工廠連帶、平行的協力生產加工關係或平行的產銷合作關係，資金的融通是共同創造一個穩定而長期性協力關係的變壓器。當然，就協力組合的構成而言，它不像第三章所談的生產技術與管理模式特質，那麼關鍵。但是，透過它，卻可以強化彼此的協力關係。做為一個變壓器，它可以

㉙訪問記錄M17，《社會與經濟》第37期，1990.12。

擴大中小企業（尤其是家庭工廠及小型廠）的信用運作幅度，
增加中小企業經營的活力，使得協力關係走向具有實質意義的
企業夥伴組合模式。當然，也並非所有具有協力關係的中小企
業，都有動態過程的資金搭配情形。譬如，母廠提供給底下代
工廠融資的利率，超過了銀行或其它金融機構，以及民間標會
的利率時，在沒有極度迫切的情況下，代工廠不一定會接受母
廠所提供的這種融資或借貸㉚。一般而言，協力關係的形成眞正
的基礎，就資金運作而言，是在於前述之靜態結構資金搭配的
方式。但是，我們不能忽略的是，一旦協力廠之間，有了動態
過程的資金搭配情形，協力關係便是要走上一個長期規劃的角
度來經營了。這個時候，這種協力組合所透顯的經濟意義，即
完全不同於一般泛泛來往的協力關係了。這也是上面千斤頂業
者所說的，四百多家協力廠與一百多家協力廠的不同意義所在
了。因爲，從協力組合的整體效果而言，他要求的已不只是一
個「消極性」的效果，而是一個「積極性」效果。這樣，無論
是就國內產業的升級，或就國外產品的競爭力而言，都具有重
大的意義。

四、結語

　　誠如陳麗常（1983）指出的「目前大多數中小企業，是靠
技術起家的。有技術而後有業務，財務卻是最弱的一環」。對

㉚如一家千斤頂母廠的外包廠（M15）就跟我們提到這樣的情形。

我們來講，探討台灣中小企業的財務狀況及資金運用情形，以及政府面對中小企業極待資金支援的融資輔導問題，皆非本章重點所在。我們在此關懷的是，如果台灣中小企業財務薄弱、融資困難是一個事實的話，那麼這樣的資金狀況，如何影響其協力組合結構的形成？

從我們前面的討論，大致說明了中小企業資金的薄弱，正好是這樣一個協力組合結構孕育的一塊土壤。從創業資本與發展資本來看，中小企業要善用其有限的資本資源，必須與現實的客觀環境搭配。是以，我們看到中小型廠、小型廠及家庭工廠掌握到的，都不是資本密集的生產技術，而是容許小資本經營的單一事頭生產工作或銷售工作。在本章，我們勾勒出這個小資本運作的可能性，也正是寄生在協力組合結構中，才得以生存及茁壯的簡單事實。如此，我們若從應然的判準來指責台灣中小企業財務不建全，是沒有多大意義的。與其從西方理性科層企業的標準來論斷其不足，不如先實在的觀照其實際運作情形。就金融的制度結構面來看，中小企業之創業資本與發展資本形成管道，若沒有突破的話，則協力組合不失為在有限條件下求極大化發展的策略。從此來看，乍然之間，要求眾多的家庭工廠、小型廠及中小型廠走向資本密集的生產方式，是不切實際的做法。可行之道，應是在於促使協力組合朝向更有組織效率方向發展，以求更進一步發揮整體的力量。

所以，中小企業之生產技術與管理模式、創業資本與發展資本的運作，都離不開與協力組合結構的互動與相互形塑。我們必須再問的是，台灣獨特的外貿性格與此協力組合結構的互

動，相較於生產與資本面向，又呈顯了什麼樣的景致？這是我
們下一章所要探討的課題。

第五章　台灣中小企業「吸納式出口外貿網絡」之分析

　　對於台灣中小企業貿易網絡的探討，與第三、四章談生產技術，管理模式和資金運作的基本立場是一致的。亦即，不是就一般學者所研究的重點，諸如台灣貿易結構的變遷、貿易策略的分析及政府貿易政策的演變等問題來討論[1]，而是從協力企

①這方面的研究論文不少，諸如：鐘甦生（1976）〈台灣地區對外貿易策略的分析〉、林泰山（1980）〈台灣地區之外國資本與對外貿易結構〉、陳永華（1976）〈台灣地區對外貿易地域之分佈〉、周大中（1976）〈台灣地區對外貿易產品結構之演變〉張溫波（1978）〈對外貿易依存度的探討〉、郭崑謨、魏啓林（1988）〈台灣貿易成長的經濟策略分析〉、吳淑聰（1988）〈對外貿易與經濟成長〉、古金英（1989）〈台灣地區對外貿易競爭之比較分析〉、林純如（1987）〈六十年代台灣製造業之出口貿易型態及出口競爭能力之分析〉、王景陽（1962）〈五十年來的我國貿易政策及貿易實況〉、陸鼎鍾（1959）〈台灣外匯貿易之農村經濟基礎〉、林向一、謝耀智（1989）〈匯率風險下廠商內外銷數量的調整〉、侯芙芊（1985）〈由固定市場佔有率模式看外銷能力－台灣製造業之實證研究〉、章伯勻（1985）〈貿易在經濟成長中的地位〉。以上幾篇文章對本書的寫作，雖不直接相關，但亦有增進對台灣貿易問題背景瞭解之參考意義。

業組合結構的角度來看台灣中小企業，所面對的貿易網絡問題。
在這裡，我們所說的貿易網絡，具體指涉即是林俊秀（1976）
所謂的外銷通路問題。所以貿易中的內銷或進口問題，並不在
本章討論之內。本章所探討的領域，將集中在與台灣中小企業
發展上息息相關的出口外貿網絡。那麼，我們如何從協力企業
組合結構的觀照點，對此課題加以探究呢？

　　在第二章對於台灣中小企業四種經營規模的類型建構中，
我們發現到，以紡織、製鞋、機械及資訊等四種製造行業來說，
真正擁有外銷通路，亦即接單能力者，只有中型企業。從深度
訪談的資料，我們意識到，這是一個很值得注意的現象。我們
在〈緒論〉一文，曾提到吳惠林與周添城一個重要的觀點。他
們認為，出口產業的規模經濟，在行銷階段的重要性遠勝於製
造階段，中小企業在製造的階段會比行銷的階段更有機會作有
效的經營。這也就是臺灣的中小企業之寫照，亦即，大多數的
中小企業只需從事製造，根本不必擔心其製品的市場問題，為
什麼？因為臺灣中小企業的行銷責任係由日本商社和出口市場
的進口商所擔當。結果是，我們的中小企業與日本商社、跨國
商社以及外國進口商合作，從事著「國際分工」，尤其在行銷
的階段更是合作無間。在此情況下，臺灣的中小企業可以專業
於製造和生產勞動密集的產品，而不必擔心行銷問題（吳惠林、
周添城，1987）。吳周兩人以上的看法，提供了對於台灣中小
企業在生產與貿易運作上的一個核心觀照點，可作為本章問題
意識的出發。

　　吳周兩人的論點，從國際分工的角度指出，台灣中小企業

能在出口外貿上擔任重要角色的特殊性所在，大致上是沒錯的。
然而，更重要的是底下兩個問題：一、外國進口商爲什麼要跟
你分工？二、從中小企業生產的角度來看，台灣本身的外貿特
色何在？爲什麼我們不能自己掌握出口的外貿網絡？這兩個問
題都無法在他們太過於表面化的解釋裡得到答案。因爲，在個
人看來，要回答這兩個關鍵的問題，必須深入探討，台灣中小
企業獨特出口外貿類型與協力企業組合結構之間的關係。從這
個關係著手討論，我們就會發覺，吳周兩人用「國際分工」這
個一般性的概念來解釋就顯得太籠統；而從世界體系的觀點，
以「依賴性」來描繪這種外貿之特質②，也失之於偏頗。所以在
本章，我們重新建構一個概念，用「吸納式出口外貿網絡」來
解釋台灣中小企業在出口外貿上的特性。針對這個概念，本章
探討的重點，著重在下列幾個面向。首先，探究中小企業出口
外貿網之主要承攬者，亦即在眾多細小外貿網絡中穿梭的白手
貿易從業者。其次，說明台灣中小企業在這個出口外貿網絡中，
眾多的白手頭家如何與黑手頭家搭配，在主客觀的條件下型構
出「吸納式外貿網絡」。並在最後解釋，中小企業協力組合結
構與「吸納式出口外貿網絡」之關聯。

---

②參考謝國雄（1989）〈黑手變頭家──台灣製造業中的階級流動〉。

一、中小企業出口外貿網絡之主要承攜者：微血管中的白手頭家

出口外貿對於台灣經濟發展的重要，是沒有人能夠否認的。不同學者也從不同角度，說明出口外貿對於台灣整體經濟發展的貢獻。我們底下以林俊秀、徐義雄及沈柏欣三人的觀點爲例說明。林俊秀（1976）認爲：

> 台灣地區藉著對外貿易的發展，增加就業量、改進生產技術、提高國民所得，進而促進資本形成，達到全面經濟發展。因此，對外貿易可以說是我國經濟發展的領導部門，在經濟發展過程中具有相當重要的地位。

徐義雄（1976）也提出外貿對於台灣工業化發展的重要影響：

> 台灣經濟發展，成果最顯著者莫過於對外貿易之擴張，同一時間輸出與輸入平均年成長率高達25.56%及23.27%，輸出依存度（以商品及勞務輸出佔用國內生產毛額的比例表示），自民國42（1953）年之8.60%提高至64（1975）年之40.66%，62（1973）年景氣高鋒間曾創49.07%的最高記錄。對外貿易蓬勃發展的結果，使國內市場狹小的海島型經濟，得以推行工業化，使台灣經濟發生結構性的變化。

沈柏欣（1979）則從主客觀的發展環境指出，國際貿易乃是我國經濟發展的命脈：

台灣省的天然資源並不充裕，隨著經濟的發展，國內原料的供應很快就受到限制，因此就需仰賴進口原料，為賺取進口所需之外匯，就不得不積極開拓國外市場。同時，也由於國內市場的狹小，常受經濟規模的限制以及技術或資源等條件的限制，無法從事多元化的發展。加之，政府在擬定經濟發展計畫時，首先就採取進口代替產業發展之策略；主張優先發展民生所需的輕工業（如肥料工業之於糧食生產、紡織工業之於衣著、水泥工業之於住宅及建築等），進口原料從事簡單的加工後再出口，所以每單位的產品所能創造的附加價值有限，加之在出口導向的策略下，出口受到種種的獎勵，如外銷退稅、低利融資及貸款、各項租稅的減免，以致出口部門較國內部門更容易發展。這些主觀及客觀的條件就造成今日我國的經濟對外貿易的依存度不斷提高。至民國67年時竟高達110.51％，在民國64年時，台灣為99.25％，英國僅47.58％，日本為25.51％，韓國則為71.80％，荷蘭為96.66％。我國是除了以轉口貿易為主的海港國家如新加坡、香港外，為國際貿易依存最強烈的國家。因此，國際貿易就是我國經濟運行的命脈，不但現在如此，將來也一樣。

上述學者，不管是提出外貿作為台灣經濟之領導部門、工業結構蛻變之關鍵或是經濟命脈所繫的看法，都指明了外貿對台灣經濟發展的絕對重要性。我們肯定了這個外貿的重要性之後，接下來一個重要的問題是，誰是真正在從事這些外貿工作？換言之，到底那些人是台灣極為重要的外貿活動之主要的承

攝者？陳明璋在討論中小企業發展問題時，曾提出一個就探討
此問題而言，值得注意的線索：

> 在有利的總體環境誘因下，很多「黑手」工人投入了零組
> 件生產與加工及代工行業，某些大專生「白手」起家，設
> 貿易公司，積極開拓國外市場，他們在有限的資源條件下，
> 以「初生之犢不畏虎」的開創精神，積極配合美國市場
> 「買爺」的需要，終於在艱困的環境下，打開出一條活路
> 來（陳明璋，1988a）。

陳明璋用「白手」相對於純在生產行列的黑手，指涉著從事貿
易活動的業者，從我們訪問所得到的資料來看，是相當傳神的
比喻。因為，就接受我們訪問的企業主做個區分，從事外貿活
動的企業主（中型廠負責人），所須具有的專業知識及技術特
質，顯然不同於從事生產活動的業者（家庭代工廠老板、內外
包廠的小頭家及小型廠頭家）。所以，我們可以把這些從事外
貿活動的企業主歸類為「白手頭家」，並以這些人做為台灣出
口外貿活動的主要承攝者。

　　現在，一個必須再深入思考的議題是，這些外貿活動的承
攝者，所呈顯出來的總體出口外貿結構為何？從下面表一，我
們可以略窺這整體外貿結構的圖像。大致而言，在外貿上我們
也可以依照製造業大企業與中小企業的範疇，將其分成大的外
銷廠商與貿易商及中小的外銷廠商與貿易商。以外銷金額來說，
中小的外銷廠商與貿易商佔了總金額的67.06個百分比，而製造
業及貿易商中小企業分別佔到70.77及60.16的百分比，可見台
灣出口外貿仍然以中小企業為主。但是，這種現象卻為政府及

表一：七十六年台灣地區中小製造業、貿易商外銷
金額統計

單位：億美元

項目 類別	全部外銷金額	中小企業外銷金額	比率（％）
總　　計	535.34	358.99	67.06
製 造 業	347.97	246.27	70.77
貿 易 商	187.37	112.72	60.16

資料來源：「中小企業統計」經濟部中小企業處編印，民國七十八年

許多學者所憂慮，而一致認為我們必須往大貿易商的體制去改進。是以，我們底下先針對此問題加以反省。

1. 大貿易商

對於國內所存在的外貿上之弱點，即一直要利用外國之貿易網（如日本商社或美國貿易商）來從事外銷活動，固是學者督促政府要加以改進的重點。然而，台灣中小貿易商運作上的缺失及存在之少數大貿易商營運功能之未臻健全，可能更是內部反省的重點。吳家聲針對中小貿易商的經營缺失，也提出必須設立大貿易商的呼籲，並進一步指出現有大貿易商在擴展外銷業務上的不足所在：

我國貿易商中，以中小規模者家數最多。根據民國72年10月底資料，國內中小貿易商多達36,000餘家。這些中小貿

易商之特徵，大部分爲資金短缺、人才不足、拓銷能力薄弱、經營型態落伍，因此很難打開貿易通路，建立起自主性強大之行銷系統。再加上彼此間產品重複、市場衝突，往往被迫相互進行惡性競爭，導致貿易秩序紊亂。甚至尚有不惜降低商品品質，仿冒商標及侵害專利權者，使我國整體貿易形象遭受歪曲。爲改變此種狀況因應國際貿易情勢，以期達到掌握資源，開拓市場，加強三角貿易，產品高級化及多元化之目標，則非要有大規模之貿易機構來負擔起這些任務不可。

國內大貿易商中僅從事進出口業務而未經營產品製造者有三家，而兼營進出口及產品製造業務者只有一家。至於貿易拓展的途徑，以原有客戶介紹或新客戶直接與本公司接洽者最多，所佔比例爲33.33%，其次爲公司自行拓展，其比例爲 26.67％，而委任國外商社及國外貿易公司者亦不低，比例爲 17.78％，其他佔 22.22％。顯見我國大貿易商在拓展外銷業務上仍欠積極，泰半仍靠客戶本身與公司接洽或透過國外外銷管道輸出。至於公司自行拓銷途徑，除利用商業函件連繫外，在其他各項途徑中，以參加國外商展者次數最多，計佔61.70%，參加國外訪問團者，佔38.30%（吳家聲，1984）。

由於台灣大貿易商發展的不見建全，使得有些學者從台灣的特殊環境著手，希望找到適合我們發展的貿易商模式。是以，林俊秀從台灣之外銷市場及外銷通路關係的研究中指出，台灣外銷通路選擇最基本、也是最重要的問題，即是「控制的程度」。

若以控制程度的大小來區分，台灣可能的外銷通路型態，計有：
「專業性大貿易公司」③、「區域性大貿易公司」④、「聯營外
銷」⑤及「獨立外銷商」四種（林俊秀，1976）。前述之「專
業性大貿易公司」及「區域性大貿易公司」主要是針對表二中，
營業實績在500萬美元以上的外銷廠商及大貿易商；而「聯營
外銷」及「獨立外銷商」主要是針對500萬美元以下的中小外
銷廠商及貿易商。但是，從表二，我們也可以看出，事實上，
台灣出口外貿還是以龐大的中小外銷廠商及貿易商爲主。以公
司數而言，中小外銷廠商及貿易商佔了總數的99.4的比例；以
外銷額比例來說，中小亦佔到了67％。可見所謂「專業性大貿
易公司」、「區域性大貿易公司」、及由中小外銷廠商及貿易

---

③「專業性大貿易公司」依林俊秀的界定是指：「國人擁有的大型外銷
　企業（每年外銷實績在500萬美元以上的廠商、貿易商），根據其外銷
　的主要項目，所個別或聯合組成的貿易公司，而以能在海外廣泛的建
　立分支機構，進行正常營業爲標準。」（林俊秀，1976）

④所謂「區域性大貿易公司」，在林俊秀的界定是指：「國人擁有的中
　小型外銷企業（每年外銷實績在100萬美元到500萬美元或100萬美元
　以下的廠商、貿易商），根據其主要外銷市場，所聯合組成的貿易公
　司，經營各種不同的產品，而以能在海外廣泛的建立分支機構　，進
　行正常營業爲標準。」（林俊秀，1976）

⑤「聯營外銷」是指：「聯營外銷公司，乃是在不改變公司所有權並維
　持各公司的行政、財務獨立的原則下，將外銷相同業別的公司聯合組
　成一專業外銷的聯合組織，其業務爲替股東公司進行外銷行銷。」這
　個公司不以建立國外分支機構爲首要目標，而以強化國內的外銷通路，
　爭取國外外銷業者合作，實行間接外銷爲首要工作。（林俊秀，1976）

商結合之「聯營外銷」，就整個台灣外貿活動的方式而言，仍然只能說是對未來一種「應然」的呼籲，而非現有貿易活動的主要角色。形成這個現象的原因很多，我們訪問過的一位千斤頂業者，就曾深切的指出：

表二：台灣地區外銷廠商、貿易商實績分配

實 績	1000萬美元以上	500至1000萬	100至500萬	100萬以下
家 數	48	72	662	19218
佔全國外銷公司比例%	0.24	0.36	3.31	96.09
累計外銷額百萬美元）	999.7	468.7	1359.4	1655.5
佔1972年全國銷額比例		33（大型）	30（中型）	37（小型）

資料來源：經濟部國際貿易局編印，1973外銷績優廠商名錄，重新整理。
＊引自林俊秀（1976）論文資料。

大貿易商只有高林曾經建立真正的倉儲據點，其餘根本未成形。台灣的大貿易商政策乃是想學日本，明知不可而為之的必然失敗。是固有民族性、生活習慣、文化背景的差異使然。日本的民族性難為台灣所學習。事實上，即使美國也沒有像丸紅、三菱的大貿易商。中國人特別善於單打獨鬥，不會團體作戰，專喜走捷徑，更不願意信任或者讓 broker 賺一手。因此，中國人特別適合做中心——衛星體系、利潤中心的生產事業部，或者家族企業，並不適合

合併⑥。

但是，對於台灣為何不能發展出大貿易商的質疑，倒不如從出口外銷為何會以中小企業為主，這個更根本的問題來討論。所以，我們底下就從小貿易商的角色談起。

2.小貿易商

台灣小貿易商林立的現象一直是學者討論及反省的焦點，上面我們已略有觸及。底下我們再從張溫波及林俊秀兩人的觀點探討一下這個重要問題。張溫波透過對於韓國的比較指出我們的狀況：

> 韓國去年出口金額約與我國相等，但其貿易商只有2,100餘家，顯示我國貿易商過多。我國貿易廠商過多的主要原因，即貿易廠商的管理制度不健全。就生產廠商及出口商而言，只要依公司法或商業登記法，向有關機關辦妥登記的公司、營利事業或生產工廠，均可辦理出口廠商登記，取得出口資格，可說沒有任何限制。就貿易商而言，根據「貿易商管理辦法」的條件：第一、申請前一年內，出口實績達十萬美元以上，第二、實收資本額在新台幣五十萬元以上，第三、有固定之營業處所。貿易廠商設立條件偏低，造成貿易廠商過多，因此每一家貿易廠商資本額太小以及營業量偏低，並且彼此惡性競爭，為其必然的現象。

---

⑥訪問記錄M4a，《社會與經濟》第21期，1989.6。

根據統計資料顯示，登記資本額在新台幣五百萬元以下的貿易商佔95%，登記資本額僅達規定的新台幣五十萬元，約佔 75% 。在出口方面，生產廠商直接出口約佔10%，經由國內公營貿易機構出口約佔0.1 %，國內民營貿易公司出口約佔15%，外銷聯營公司出口約佔4%，其餘絕大部份經由外國商社出口有 65%以上。由此可見，我國出口貿易主要受外國商社的控制，特別是日本商社佔絕大多數（張溫波，1977）。

對於台灣中小型貿易商眾多而且有其存在的理由，相對於張溫波從貿易廠商設立條件偏低的角度來說明，林俊秀的研究即比較深入：

根據我經濟部國際貿易局估計，我國現有外銷商約為20,000家，其中領有進出口牌照的貿易商計4,540家。這些數目，與貿易額1972年為我國16.7倍，而同期貿易商才6,600家的日本比較，顯然太多了。國內獨立貿易商、或外銷商固然規模小，家數多，但其所以能存在而不為所謂「淘汰邊際外銷商」所淘汰，究其原因，大致為：

(1)小外銷商規模小，人員設備簡單，營業費用低廉，通常所謂「一個人、一個辦公桌、一台打字機加上一具電話」就是一個外銷商了。若其能利用個人關係，掌握少數幾個國外客戶，代理無外銷能力的家庭式外銷事業，就足可彌補其營運成本了。

(2)小外銷商提供不同產品的選擇，例如最近在我國新竹地區一帶興起的聖誕燈泡業，多屬於家庭手工加工外銷，每

個家庭僅生產少數產品，小外銷商可集合多個生產廠商
（家庭），提供外商不同的產品選擇。

(3)小外銷商代理若干無力自行外銷之生產者外銷，例如最
　近興盛的外銷畫行業，生產者（畫家）無力自行外銷，須
　透過小外銷廠商外銷。其外銷額，以國內較著名的外銷畫
　外銷商馥聯公司爲例，每年外銷額也有100,000美元之多。
　另外，家庭手工藝品、小外銷廠商生產者也都支持小外銷
　代理商生存的理由。

(4)小外銷商規模稍大後，也有承擔賠償外國顧客退貨的能
　力，這不是一般家庭外銷事業或小外銷生產廠所能負擔的，
　因此外國客戶也願與其交易，不願直接與後者交易。

(5)小外銷商有時以外銷在台採購代表、外商在台代理人的
　方式維持其營運成本，這也是它們存在的理由。（林俊秀，
　1976）

從林俊秀的研究，使我們具體瞭解到，爲何這種獨立型的中小
外銷廠商及中小貿易商，就像我們第一章所談的各類型中小型
的代工廠、包工廠一樣，能充斥在台灣底層的企業運作脈絡裡。
透過他的研究，我們看出，容許這麼多小外銷廠商及小貿易商
存在的空間，乃在於台灣獨特的中小生產體系。這種生產體系
下，使得很多自願性或非自願性的出口工作必須透過這些小貿
易商來進行。一位自己早期單純做外貿，而到後期改做生產的
自行車業者，就曾詳細的跟我們分析這種發展情形：

　因爲你做貿易在台灣跟日本方式不同，日本貿易方式就是
　商社，規模很大。它有財力及金融操作能力，對於一般的

製造商，商社緊握著產銷管路跟經濟方面的產品供應，於是把它控制住。所以廠商依賴商社很厲害。而台灣不是這樣的形態。台灣小島對不對？從台北到高雄頂多四、五個小時，很近，全台灣要跑很近，工廠也就這麼幾個。到日本很大，你說要去跑沒有人帶不可能。他們買主來台灣的話，我們貿易商那麼多，你搶我搶提供的都是貿易服務，對不對？一個電話一個桌子就做起來，這是服務競爭，沒有講商業倫理。客戶是我帶去的，然後你硬要說不是，有時候請一個小姐給他打打氣，就這麼搶去了。貿易在台灣沒有根啦。經營工廠與貿易不同。工廠或企業一定要有組織，要有本錢，還要有公司的形象、名氣及歷史，越老越好，因為這樣越醇越香。所以一般員工要取代不可能。但是，做貿易就不同了，我是老闆，底下員工是請的，那麼以後接應客戶或是主辦生意，公司花錢在交際，但是感情是建立在客戶和主辦業務員身上。客戶以後就跟業務人員說，公司這麼大，開銷這麼多，你出來做沒有開銷啊，你給我報便宜一點，我給你單子做。客戶誘拐他，那麼他就抓了一兩個客戶出去了。反正我在公司做是職員，台灣也是做國外客戶的代理，也是職員。有一天我可能變成老闆，只要基本客戶一兩個，然後慢慢擴大，還是可以生存。所以這個心態就是"長江後浪推前浪"。這就是台灣貿易商為什麼會那麼多家的原因。那時候全省可以講有幾十萬家，那時候營業要到達某一程度的進出口才能叫做貿易商。但是那時候當然不能出國，沒有觀光嘛，商務考察可以。所

以有些人有這個本事，沒有營業額，他可以商務考察拉客戶，可以掛一個名字。有些是爲了逃稅的目的，每一家企業都有兩到三家的貿易公司，同一個企業集團至少都有兩三個。因爲把稅金、營業額降低，分散納稅。所以貿易商太多。但是要把它取消的話會反彈。所以有時候知道怎麼做，但要做又是另一回事情。我年歲愈多，體力漸漸不行了，臉皮也慢慢薄了，就不做了。台灣的貿易商好像國外講的寄生蟲，寄生在客戶跟製造廠商之間，像吸血鬼一樣⑦。

從上面的討論我們可以看出來，出口外貿對於台灣經濟發展的重要性是無庸置疑的。而主宰著出口外貿的主要承攜者，並不在於大貿易商，而是龐大的中小外銷廠商及貿易商。這就誠如「三菱」駱震滿指出的，在貿易方面，台灣在進口上對商社的依賴，遠勝於出口。在出口時，日本商社須以獅子搏兔之力，和台灣數萬家貿易廠商，相互較量，是以並無便宜可佔⑧。所以台灣出口外貿結構，可以說是由這些大大小小白手頭家（包括純粹做外貿的中小型業主及中型外銷廠商的老闆），所交織起來的一個相當有韌性之微血管式的網絡。當台灣以這一張網絡去與國外大大小小的貿易商網絡串聯時，台灣也並非如許多學者（如陳玉端，1976；吳家聲，1984；張溫波，1977；、

⑦訪問記錄M7，《社會與經濟》第30期，1990.9。

⑧參考梁芝（1987）編著《台灣經濟剖析第一集》，〈日本商社在台灣的勢力〉這一部分的討論。

沈柏欣，1979）⑨所講的，全然是處於被動、被剝削及依賴的
地位與角色。從我們對於紡織、製鞋、機械與資訊業的訪問研
究發現，只企圖從美國或日本的大貿易商運作型態，來要求台
灣應該往這個方向去努力的論調，不但無助於對我們未來外貿
發展出路之思考，更會模糊了我們自己對現況的瞭解。從我們
對於上述四個行業的田野式訪問調查研究發現，台灣中小製造
業及貿易商，是運用「吸納式出口外貿網絡」來與國外買主互
動，其中我們雖有被動依賴的成分，但亦不乏操之在我的主動
權力，其中的差別，端看每個企業的經營能力了。

二、中小企業「吸納式出口外貿網絡」 之形成

　　何謂「吸納式外貿網絡」？我們將「吸納式出口外貿網絡」
界定爲：台灣中小企業，在龐大代工廠、內包廠、外包廠、小

---

⑨這一點沈柏欣（1979）也從台灣外銷的生產特質提出呼籲：「關於產
品之外銷多屬『訂單生產』而非『計劃生產』，因此業務的興衰幾受
制於人，同時也不重視市場研究，也缺乏商業情報的蒐集，因此產品
外銷多透過日本商社及其它外國人經營的商業機構，如此，在經濟繁
榮時產品銷路無問題，待經濟不景氣時，首遭滯銷的必然是我國產品。
今後爲確保我國產品外銷，除了現已設立之大貿易商制度外，對商情
報導及市場研究尚需加強。在市場方面，過去以美國爲主要市場，今
後除要鞏固既有市場外，對其它新市場的開拓更需努力。」

型廠及中小型廠等黑手頭家，在專精單一生產技術及班底管理模式運用下，能有效率的與中型母廠或各個中小貿易商白手頭家之外銷定單所需求的交期、品質與價格等方面密切配合，使得此種出口產品在國外行銷上具有高額利潤而吸引了國外買主，令其不得不將定單下給台灣中小企業生產，所串連起來的貿易網絡。

　　從上面的解釋我們可以看出來，「吸納式出口外貿網絡」它必須是在主客觀的條件能夠搭配下，才能產生的貿易互動。主觀上，我們的中小企業雖然極想把自己的產品賣給國外客戶，但是，在客觀層面上，要看你的產品吸不吸引人，對國外買主而言，進口這個產品有無利潤可圖，若進貨的單價無利可圖，他便會在中南美、東南亞或大陸找到更低單價的替代者，這樣，他當然就不會把單子下到台灣了。所以，台灣出口外貿的廠商，在面對國際上這張複雜的貿易網絡時，必須要具備有「吸納」這張網絡到台灣來連線的資源和本錢。底下，我們利用三年來長期追蹤訪問的一家鞋廠（O4）經營狀況為例說明。

　　這家鞋廠在民國70年，接到美國一家客戶。這家客戶本身有數條生產線在生產附加價值差別極大的各類型鞋子，但限於美國經營環境的改變（如勞力不足、勞工不願意從事體力勞動），他們不得不將較低單價的鞋子（一雙8.2 美元），下給國外廠商做。因為，他們發現，在美國生產同價位的鞋子的生產與行銷利潤，比不上從台灣進口這類鞋子而純粹作行銷的利潤。當時他們找到了台灣台中大甲這家鞋廠。這筆定單一進來就佔了O4這家鞋廠百分之四十的業務額。一年60萬雙，要用一整條生

產線來生產。但是，這個單子在當時來說，雖是製造流程較複雜，相較於簡單的運動鞋有比較好的利潤，但終究會被取代。所以O4鞋廠早就在準備開發其它更高附加價值的鞋類（如保齡球鞋）。果然不出所料，到了民國75年，這家客戶所下的8.2單價的鞋子就斷掉了。經調查，他們已將這些單子轉到墨西哥，因為那裡單價更便宜。但是，接著他們也發現，O4這個廠無論就生產技術與管理、貨品的品質與交期，在這五年期間又更上一層樓了，他們在美國本廠所生產的較高附加價值的鞋子，自己生產再行銷的利潤，又比不上從台灣O4這個鞋廠進口同類鞋子，再純粹做行銷所獲得的利潤了。因此，美國客戶乾脆把自己國內的這條生產線關掉，而將整個機器設備移到台灣給O4廠。他們只做行銷而由台灣O4廠來生產⑩。

從上面O4這家鞋廠的個案討論，我們已經可以對於所謂「吸納式出口外貿網絡」的運作，有了大概瞭解的輪廓。底下，我們將這種吸納國外客戶定單的過程繪成下表，以利說明。

如果說，美國客戶本身手中握有三種不同價格的鞋類（粗分為低級品、中級品及高級品）在生產的話，那麼台灣這家O4鞋廠，也是以三個階段的生產技術、管理模式、品質的改良及交期的穩定在提升，來吸引這家美國客戶對它業務上的支持，甚至可以說是生產上的依賴。每個階段，當台灣廠取代了美國廠的生產，台灣原來生產的低單價產品，美商即會找中南美、東南亞或大陸的廠商來接替。所以，我們從表三看得很清楚，

---

⑩O4鞋廠的田野訪談及觀察記錄。

表三：台灣中小企業「吸納式出口外貿網絡」形成過程

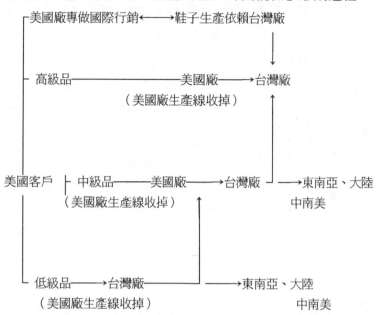

台灣中小企業運用「吸納式外貿網絡」，最大的籌碼乃在於其在生產技術、管理、品質、交期與價格等產品生產能力上的總體表現。而這個生產上的總體表現也並非一蹴可及的，必須歷經好幾個階段的累積和升級，最後才能達到與國外客戶在生產與貿易上的一種「互賴」關係。從這家鞋廠業者的角度來看，O4廠之所以能在生產上走到可以為國外客戶所依賴的地步，主要在於透過「班底」運用在技術與管理上的成功[11]。

⑪同上。

　　他告訴我們，O4廠班底形成已有十年時間，做任何事可以馬上進入情況。他舉一個例子說明。去年年底（民國79年），與公司有往來的一個美國客戶，下給國內另一家鞋廠一萬雙鞋子的單子，結果離預定交貨期已經延後了四個月還交不出來，這個美國客戶急得像熱鍋上的螞蟻，只好來拜託他們。站在服務客戶的立場，公司一下令，儘管明天就是過農曆年了，還是所有核心幹部總動員，放下私人的事情，硬是將這批貨趕出來。所以他認為，今天在很多鞋業做不下去紛紛收起來之時，O4廠還能擴廠，最主要的就是靠「班底」在生產上的運用。因為，舉凡廠內的技術、品管、開發與業務都是要他們去推動，才能做到讓客戶滿意沒有挑惕的餘地。而這也是吸引國外客戶最大的誘因[12]。從這裡，我們會發現，這種「吸納式外貿網絡」的形構，在底層（如表三中的低級品或中級品層次）其吸納力相當有限，也很脆弱。然而，一旦發展到最上層，這種吸納力即相當強勢，具有高度韌性，與國外買主彼此的互賴可以說已經很難說誰能支配誰了，因為已處於互惠互利的地位了。

　　但是，一個有趣而與上面討論相關連的重要問題是，從表三來看，國際上的貿易網絡仍然掌握在美商手中，既然O4廠有能力升級到鞋子生產的頂層，為何他們不企圖去佔有這個貿易網絡呢？換言之，為何他們不遵從政府及學者的指示，在海外廣泛的建立分支機構，進行正常營業呢？（林俊秀，1976）O4鞋廠業主對此問題這樣解釋：

------

[12]同上。

這要看個別狀況，以本公司而言，走的並不是一般運動鞋
的生產路線。一個工廠只生產一種單一產品，這種情況下
國際市場容易打。因為訴求劃一，如nike的運動鞋廣告，
可以向全世界來宣傳，沒有什麼市場區隔的問題。但是，
我們的產品就不同了。走的是功能鞋的路子，產品非常多
元化，有工作鞋、保齡球鞋、登山鞋、高爾夫球鞋等各類
型產品。每一種產品有其不同的銷售對象、網絡及經銷店。
今天，你若要在海外建立分支機構，去併購一家保齡球鞋
經銷店好了。但是，糟糕了，這個店只能賣保齡球鞋，公
司其它鞋類怎麼辦？所以，這是一個不經濟的做法，以前
我們也嘗試這麼做，但沒有成功。在這麼多樣產品之下，
要走國際行銷太累了。每一種產品要投下多少人力、資本
去建立這個網絡啊。所以，我們透過與海外貿易商合作的
方式，利用他們不同的銷售網路來賣出公司所生產的產品，
在現階段人力物力有限的條件下，可能是比較實際的做法
⑬。

就一個企業經營的現實角度來看，以大貿易商方式在國外廣設
據點，掌握國際性行銷網絡，就如同我們上面討論的這個鞋廠
個案，不但無利可圖，甚至是不可行的。從「吸納式外貿網絡」
的角度來看，台灣中小企業倒也不必要打腫臉充胖子，一定要
走向大貿易商形態的經營，而只要能永保其「吸納」外來定單
的魅力與籌碼，即已立於不敗之地了。所以許多中小企業業主，

---

⑬同上。

在運用此「吸納式出口外貿網絡」時，總能運用之妙存乎一心[14]。受我們訪問的一個千斤頂業者，就曾這樣分析：

> 以往是做home-end product，現在希望做ＯＥＭ，目前
> 與美國一家公司合作，成爲其海外生產的提供者。形勢在
> 變，必須不斷找尋生存與發展空隙。客戶希望他們成爲我
> 們唯一的客戶，於是就只好說服他們，接受我們的觀念：
> (1)本公司每年成長40%,除非對方能保証吸收我們增加的生

---

[14]對於「吸納」外來定單，運用之妙存乎一心的例子，我們在不斷要面對新市場挑戰的資訊業看得更眞切。從底下幾位受訪業者的說法可見出這種情形。一位從事不斷電系統生產的業者說到：「同時到海外設據點並不值得，因每個地區數量都不多；故外銷是由我們設計、製造，到海外再掛國外的品牌。」（訪問記錄Ｅ23，《社會與經濟》第30期1990.9）

一位做電腦用變壓器的業者解釋其獨特的外銷策略：「日本很利害，財團規模夠大，他們什麼都做，每一種規格都與歐美不同，當使用者用了以後就必須再用他們的。但台灣本身規模太小，沒有能力去教育使用者，故只能走相容的方向；因爲市場調查人家已做好，我們只要盯著人家走向就好了，跟著第一流的公司之規格，省了廣告費、行銷費、教育費用。所以，我們的外銷策略是：在早期當地廠商都比我們大之下，我們替人家做ＯＥＭ。但做ＯＥＭ產品的價格，比我們以自我品牌賣出的產品還高。同樣東西，以我們的品牌賣出的價錢低ＯＥＭ產品15%；慢慢地人家就知道，既然是同樣品質的東西，又是同一家公司所生產，在比較便宜單價的考慮下，也就接受了我們的品牌。ＯＥＭ都是人家來找我們的。交貨趕不及時，以自我品牌爲優先。所以我們是藉著做大廠的 ＯＥＭ，將市場行銷打開。」（訪問記錄Ｅ22，《社會與經濟》第24期，1990.5）

產；(2)供需間一對一的配對關係只是理想，在現實中由於市場及行銷等問題，是不可能的；(3)此外，我們所提供不同的服務及財貨，亦不見得與對方一致。目前在世界各主要城市均選定一個與本公司類似的公司，做為聯絡合作的對象，以建立國際網絡，成為本企業集團使用的整體聯絡關係。目前在洛杉機、紐約有兼職的據點，在深圳、香港有發貨倉庫，廣州（中山）有一廠（員工有四百人）。本來是以出口為主要業務；但常常與外國進、出口商人直接電話聯絡，已經建立起國際間的分工關係，以後可以彼此互通有無。將來的發展不限於本身業務範圍，可以擴大到與進、出口有關的事務[15]。

另外一家中型廠資訊業者則提到：「剛開始profit均來自製造，鮮有來自行銷的利潤。這個階段完全沒有控制權，亦即貨品一上船，就完全沒了權利義務關係，也就不可能再有任何利潤可言。製造利潤依賴於『效率』，而這與勞工的 cost相關。現在走 innovation profit。例如結合電腦與機械以提高生產效率、降低成本的電子與精密機械（開發了兩年多）。台灣以往只注重製造，但目前也注重行銷。本公司在行銷方面的做法：不打美國，而找自己能力可以勝任的國家、地區，例如北歐的挪威、瑞典。這些地區的行銷廣告費用，大如IBM的花費，我們也付得起。因為地方小，而且該地區禁止上電視廣告，所能花費的行銷廣告費用便相當有限。相對而言，美國的廣告費用就高得驚人，不是我們付得起的。面對南韓此一可能對手，我們的做法是，著重於市場的掌握，特別是中小市場與地區。因為對韓國現代集團來說，三萬部電腦的市場不具意義，但對我們卻很重要。」（訪問記錄E20，《社會與經濟》第12期，1989.8）

[15]同[6]。

同樣的,一位做自行車的業者,當我們問到他,有沒有考慮在日後也自創品牌時,他跟我們提到運用這種吸納式外貿網路的竅門:

當然有自己的品牌,銷售的市場自己在掌握是最好不過。但是要有自己的行銷網絡,你的人力,物力,要相當雄厚。而且自創品牌要馬上有客戶跟你買,那麼你有沒有這個能耐維持下去?所以捷安特是被逼出來的,不得不這樣做。要做自己的品牌,須經得起那段轉變期的考驗。其實,做法可以有很多種,不一定要自創品牌,有自己國外銷售網路才是最好。我們可以向捷安特或美國的客戶買,或參加他們的股份,他們也需要我們啊。那麼我們賣給他們的 iterm ,他們依靠我們。我們怕他們跟台灣別家買,他們也怕我們賣給他美國的同業,這是一種牽制作用。所以我們不自創品牌而買存在的品牌,join-together 也是一樣的,這是一種手段。換個角度來說,我們做OEM也有相當的自主性。因為我們不賣給這家客戶的話可以賣給別家。如果競爭的話,我們体質好啊。所以,還是要靠自己強大起來,別人才不敢欺負你⑯。

以上的分析,我們主要說明的是,台灣中小製造業及貿易商,是運用「吸納式的外貿網絡」來與國外買主互動。這種貿易網絡的運用,從「完全依賴」到「相互依賴」的發展過程中,一方面是企業經營能力的不斷累積、經營理念的不斷提升;另

---

⑯同⑦。

一方面也是面對國外買主商業信用的不斷擴大，討價還價籌碼的加大。當然，也有許多對於歐美日貿易商沒有吸納能力的外銷廠商，將會被排除在此貿易網絡之外。但就此概念而言，無礙於我們對於整體中小企業外貿特色的掌握。對我們來說，必須再思考的問題是，這種「吸納式出口外貿網絡」的運作，與中小企業協力企業組合結構，有何關連呢？

三、中小企業協力組合結構形成與「吸納式出口外貿網絡」之關連

從上面的討論，我們看出，龐大從事出口外貿活動的白手頭家，他們面對國外買主所運用的是一張「吸納式出口外貿網絡」。而這種「吸納式出口外貿網絡」運作的基礎，乃在於我們第三章所提過的「黑手變頭家的技術管理整合模式」與「班底的運用在技術與管理上的串連」。所以，我們可以看出來，台灣中小的外銷廠商及貿易商之所以能運用「吸納式出口外貿網絡」，與台灣中小企業所形成的協力企業組合結構有很大的關係。因為在生產上，「黑手變頭家的技術管理整合模式」與「班底的運用在技術與管理上的串連」，這種台灣中小企業生產技術與管理模式的獨特性，提供了協力組合「必需性」與有效性」的基礎[17]。是以，協力企業組合結構與「吸納式出口外

---

[17]參考本書第三章的討論。

貿網絡」，在此看來形成一種相互為用的關係。

外貿定單利用協力廠的組合來消化與生產的情形，許多受訪的業者都提到。一位做鑄造的業者就說明了這樣的狀況：

精密鑄造的產品變化很大，有些加工利用精密鑄造可以一體成型；量大的話可以省掉許多手續和人工，故有些客戶（尤其是國外）就指定要用精密鑄造。當然，訂單還要經過一連串的TEST過程和往來；前兩年我也到過美國 ICI 廠參觀。現在機械零件還只是一部份，球頭仍為主；此外，貿易商本身就有延伸網絡作用。很多生產信用是累積下來的。大廠訂單接了都外發到家庭工業。家庭工業不是八小時工作，它是一有時間就做，遠超過八小時。賺錢是那些接訂單的大廠及貿易商在賺。它們只賺個工錢。我的毛衣廠就是個典型的例子，那個廠是58年做的，賺大錢賺了十幾年。58年八百萬資本額，一年都要賺個一兩千兩三千萬這樣。台灣的企業報稅資料都是不準的啦。像這樣的廠，台南縣就有二、三十家，它所創造的利潤累積起來的外匯不少。扣掉進口的成本。比如十塊錢的東西，進口就兩塊，剩下八塊，三塊錢給員工，剩下兩塊向國內採購，剩下幾塊錢就是頭家的啦，就這麼來。當時與毛衣廠合作的協力廠廠商有許多家，不過一家是做了好幾個廠的東西，做我們也做其他人的。那時候是三班制二十四小時，一部機器一萬多塊，三個人在做。那時候很勤勞[18]。

---

[18]訪問記錄M10，《社會與經濟》第31期，1990.9。

在台灣，這種以生產起家，挾其龐大協力廠配合的優勢，而能自行去打通外貿關卡，吸引國外買主下單的企業，所在多有，我們訪問過的一家玩具機械業者，就曾這樣說道：

> 十年前，以前是國內銷售。我很喜歡看SHOW，認識很多朋友，打進圈子裡得到生意上的往來。到目前為止我們都是直接與國外買主接洽，不透過貿易商，所以不會有單子被控制的情形。以鞋業來講，它要能掌握設計才能掌握市場；愛迪達的劉老闆當年是基隆的報關員，招待德國老闆而接到生意，現在轉投資西華大飯店，資產可能上百億。有些歐洲大企業成功的例子可能根本不適合台灣中小企業的情況。本公司一年內自動化程度相當高，花費三千多萬；協力廠有一、兩百家。美國市場40%、歐洲40%。技術水準如不算日本就是世界第一。我們有一個產品，性能比日本還好，逼他們降價 25 美元[19]。

協力廠的配合在吸納國外客戶的總體表現上，似乎也變成了台灣中小企業一個值得探討的特色。上述我們長期研究的O4這家鞋廠，就跟我們指出一個協力廠之運用與外銷成長的關聯情形

> 我們這個廠從十年前二、三百人到五年前（民國75年）六百個人，就沒有再增加員工人數了。但是，五年來，在沒有增加員工人數的前提下，以一個勞力密集的鞋業來講，每年又能成長15%到25%靠的是什麼呢？就是協力廠的運用。所有增加的外銷定單，我們轉出去給協力廠來做，不

[19]訪問記錄M5，《社會與經濟》第26期，1990.6。

管是原料的協力廠或半成品的協力廠,都能夠相當密切的配合。而就我們產品的性質而言,我們也一定需要這些協力廠的配合。譬如,我們做那麼多種鞋子,每種鞋子即需要一種鞋底,如橡膠底、發泡底、靜電底、耐滑底等不同半成品東西,如果我們不與各有專業的協力廠配合,自己搞個鞋底廠,成本上是相當不划算的⑳。

從上面的討論,我們扼要說明了台灣中小企業協力組合結構與「吸納式出口外貿網絡」的關係。基本上,我們從台灣中小企業發展的特質來看,協力組合結構與「吸納式出口外貿網絡」的互動,可以說是形塑此特質的源頭。我們可以從訪問研究看出來,協力組合結構越緊密,則「吸納式出口外貿網絡」即越強勢;反過來說,中小企業「吸納式出口外貿網絡」,要能夠對於國外客戶發揮其相對的影響力與支配力,也必須協力組合結構的搭配。所以,我們可以說,就資源並不豐厚的台灣中小企業而言,能夠肩負著出口外銷的重任,實得之於協力組合結構與「吸納式出口外貿網絡」的相互為用。

四、結語

對於台灣中小企業「吸納式出口外貿網絡」的分析,我們從龐大的白手頭家與黑手頭家結合的角度,著手討論。並由此

---

⑳同⑩。

指出，台灣出口外銷的發展，若從實然的立場來瞭解，而不從
「應然」的角度來褒貶，則這種結果實得之於台灣中小企業，
協力組合結構與「吸納式出口外貿網絡」的相互爲用。在這種
發展特色的瞭解之下，台灣外貿網絡的運作情況，實比強調我
們是受世界強勢貿易國家所宰制及支配的依賴式看法，更爲複
雜。一位受我們訪問的自行車業者說得好：

> 做生意就是要賺錢嘛，不到台灣來合作，可以到大陸，香
> 港，一樣可以到別的地方賺錢。同樣在台灣本地，台灣爭
> 取到，大陸沒有。他到這裡找對象合作，但是本地競爭啊，
> 你不要可以找別人。一方面來講是剝削，但某一方面你也
> 有賺，不合作的話，總是zero。一般認爲合作一定要5：5，
> 現在日本多賺一塊，我少賺一塊當然不甘願。但是話又說
> 回來，你不做別人做他還有賺，但你是zero。所以你說是
> 剝削很難講，而是看你滿不滿意，以及用什麼方式來詮釋
> 它㉑。

對我們而言，自主是一個經濟發展所渴望的成就。但是在談自
主性之前，必須要衡量自己是否有這樣的條件，就如同我們對
於大貿易商的憧憬，終究流於不切實際的理想而已。從上面
「吸納式出口外貿網絡」的角度來分析台灣的外貿形態，我們
反而比較能持平瞭解到它的長處與短處。而這些長處與短處都
是與生產技術、管理、資金運作以及協力組合結構，整體企業
經營要素牽連在一起的。因此，從過去到現階段的生產結構來

㉑同⑦。

看，大貿易商政策不能實現，有其底層結構的限制。若未來整體生產結構與外貿網絡的連結方式有所改變，則大貿易商做法亦非不可能實現。但關鍵是，先要瞭解整個中小企業的運作圖像。對於這個中小企業整體圖像的解析，我們在下一章進一步討論。

第六章　從「彈性化協力企業組合結構」

——論台灣中小企業之發展與限制

　　經過前面三、四、五章，從「黑手變頭家的技術管理整合模式」、「創業資本」與「發展資本」，以及「吸納式出口外貿網絡」三個面向，對於台灣中小企業「彈性化協力企業組合結構」形成的基礎加以探討之後，我們在本章即可從一個較總體性的角度，對於台灣中小企業的發展加以定位。

　　從「彈性化協力企業組合結構」的角度，整體性的來探討台灣中小企業發展的問題，很明顯的，我們會看到一種來自於這個結構本身發展上的慣性。因為，從前面幾章的探討來看，這種協力結構實是長期形塑而成的東西。就我們對於紡織、製鞋、機械及資訊等四個行業的深度訪問研究來看，要瞭解台灣中小企業為何在外貿上能扮演重要角色，對外匯的累積，乃至整個經濟發展，有其不可忽視的貢獻，從台灣中小企業協力組合的結構角度加以剖析，是瞭解上的一個重點。是以，本章討論的核心，即在於從實然的角度，對「彈性化協力企業組合結

構」的運作情形，再深入分析，並略為討論這種發展特質的優
勢、限制及未來可能的出路。

一、中小企業「彈性化協力企業組合結構」的實然分析意義

　　就一個國際行銷的角度而言，我們同意周添城與吳惠林所
說的「出口產業的規模經濟，在行銷階段的重要性遠勝於製造
階段，中小企業在製造的階段會比行銷的階段更有機會作有效
的經營」（吳惠林、周添城，1987）。在第五章，我們也指出
了，中小企業「吸納式出口外貿網絡」得以運作，確實是假生
產之效率在善用這個發展的空間與機會。而台灣中小企業之所
以在國際間具備有一定的競爭能力，學者雖已從不同角度加以
探討[1]。但是，從本文探討取向而言，一個必須再強調的重點是，

---

[1]這方面探討的文獻極多，如林泰山（1981），陳俊勳（1983），吳容
義、蕭文宗、陳彥煌（1985），陳定國（1979），林貴貞（1988）
皆有值得參考的觀點。其中林貴貞從東亞四小龍發展的比較研究指出
一個整體性的觀點，值得在此提出參考：「此四國均採取出口導向的
工業發展策略，對外貿易依賴度高，亦即國外出口貿易值占國內生產
毛額之比值高。此四國能順利發展勞力密集財的出口政策，原因之一
是，此四國自1960年代起飛後，亦正是世界景氣熱絡階段，除70年代
的二次石油危機外，先進國家對技術層次較低的工業品需求大，使四
國得以順利擴張出口市場。易言之，是時機正確（right timing）另

台灣如何從國際競爭的外貿網絡到國內出口產品的生產上，建立一個有效的運作體系？就我們研究的角度來觀察，這個體系並非來自於政府所刻意培植的「中衛體系」[②]，或經濟及企管學

―――――――

外一個原因是，四國享受伏屋渥的G.S.P.待遇，例如以台灣而言，在1976年享受G.S.P.免稅輸美金額爲七億二千八百萬，佔美國G.S.P.進口總額23%、佔台灣輸美總金額24%、爾後的10年，享受G.S.P.金額占美G.S.P.進口總額亦保持在25%上下波動，可見G.S.P.對台灣出口擴張之重要性」（林貴貞，1988）。

②對於「中衛體系」的界定及討論，周大中（1984）的研究曾指出：「本來，中心衛星工廠體系是企業間因業務往來而自然形成的合作關係，其次，一般通稱的中心衛星工廠體系定義範圍，原祇限於類似上述汽車裝配之例，但是，鑒於國內現存的少數幾個中心衛星工廠體系成效未臻理想，對整體經濟成長的貢獻亦屬有限，故經濟部爲重整產業秩序、增強業者對外競爭能力，乃主動協助業者建立中心衛星工廠體系。根據72年間經濟部擬訂的『建立中心衛星工廠體系方案』，中心爲衛星工廠體系可按產銷性質、經營規模、依存關係等分成三大類別：一、以許多零組件組成整體產品的工業，例如機械及電器、電子工業，以其最終產品（如汽車、機車、電視機）之裝配工廠爲中心工廠，直接提供其零組件者爲衛星工廠。二、生產中間原料，供應給下游工廠加工製成許多不同的成品（例如石化原料供應塑膠、紡織工業）之工廠爲中心工廠，直接接受上、中游工廠各該原料加工製造最終產品（如成衣、塑膠或皮革製品）等下游工廠爲衛星工廠。三、以有固定廠商支持的大型貿易商或承包整廠工程之公司爲中心工廠，長期委託加工製造或接受指導生產其產品供應中心工廠之廠商爲衛星工廠。上述三類之中，第一類、第二類中心衛星工廠體系是屬於垂直式企業經營合作，第三類中心衛星工廠體系則屬於混合式企業經營合作。中心衛星工廠體系運作的目的，是藉著專業分工以實現生產之集中化與

者所強調的中小企業之間的合併、合作③，而是在於「彈性化協力企業組合結構」。理由何在呢？

　　事實上，不管是政府希望培植促成的「中衛體系」，或經濟、企管學者所倡導的「企業間之合併或合作」，無一不是著

　　專門化，俾提高資本設備的運用效率，結合成為相互依存的嚴密產銷體系，且能共同推動管理與技術之改進，努力提高產品品質、降低生產成本，增強產品之競爭力，以達到各企業共存共榮之目的。經濟部實際的做法，是由志願參加此一體系的中心工廠率同衛星工廠，先至經濟部登記申請評鑑，俟該部會同有關單位評鑑認為合乎標準，且具有發展潛力者予以登錄，協同金融機構、財稅單位與技術、管理輔導單位，給予多方輔導，以作為全國各業中心衛星工廠體系遵循的模範」。

③所謂的合作，在周大中（1984）的研究裡有清楚的界定，他並且舉一個具體的例子來說明企業間的合作運作情形：「工具機業的合作計畫，是統攝水平式、垂直式、混合式等諸種合作方式，可名之為整合式（integrated）企業經營合作，其合作依據來自72年11月經濟部所擬具的『工具機業者自救方案』，內容大致如下：一、由業者聯合設立一大型公司，作為『大』中心廠（中心廠的中心廠）統籌業者產品的外銷、市場拓展、售後服務事宜，並兼顧業者剩餘設備的調配利用，以及產品的開發設計、測試、檢驗等工作，並在海外設立發貨倉庫、服務中心。二、參加合作的 19 家工具機業者對於原所擅長的產品，仍各自裝配生產以發揮其特色，而在國內已有能力生產的重要零組件方面，包括鑄件、軸、齒輪、滾珠螺桿、熱處理、電鍍等，採取專業分工方式交由特定業者生產，藉達經濟規模及收提高品質之效。三、新聯合公司除由業者參加之外，並將吸收國內外大企業（如台塑）、金融機構（如交銀）投資加入，以學習經營管理手法及協助解決業者財務問題，並將與國外名廠技術合作（如與美國通用電器公司合作開發數值控制器），及借重其工程系統經驗訓練國內業者」。

眼於在面對競爭激烈的國際市場，企圖使台灣企業更具整合性
強大外銷實力的做法和呼籲。但從我們針對紡織、製鞋、機械
及資訊四個行業的訪問調查發現，這些做法和呼籲雖然具有前
瞻性的「應然」意義，卻無法「實然」的說明現況運作的情形。
我們用「彈性化協力企業組合結構」這個概念，從前面幾章的
討論，即可看出，比較能週全的說明，台灣從國際競爭的外貿
網絡到國內出口產品的生產上，一個長期以來普遍存在而有效
運作的體系。當我們針對此一體系深入分析，會發覺在「彈性
化協力企業組合結構」運作中，凝聚出一個瞭解台灣中小企業
運作的潛在圖像。底下，我們利用長期訪問所得的資料加以說
明。

　　從第二章對於中小企業工廠規模的區分，以及協力關係類
型的界定，我們整理出下面一個中小企業「彈性化協力企業組
合結構」的圖表。借著這個圖表，我們能夠更具體的來說明這
個體系的運作機制。

　　表一所勾勒出來的中小企業協力企業組合結構圖像，說明
的是目前在中小企業運作的一個相當複雜的分工體系。這個分
工體系之所以形成，我們已透過生產技術與管理、資金的運用
及外貿網絡的特質等三個重要的面向加以說明。現在我們必須
再說明的是，台灣從國際競爭的外貿網絡到國內出口產品的生
產，這個有效率的運作體系，如何從表一的圖示來解釋？

　　對於這個問題的解答，我們必須先從生產與出口外貿這兩
個關鍵面向著手探討。一位受訪的中型廠壓鑄業者曾跟我們提
到，在他看來，生產與行銷的定位，在製造業來講是要特別謹

表一：彈性化協力企業組合結構圖示

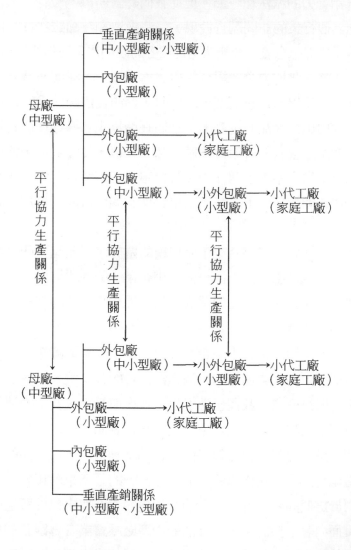

愼的：

> 個人認爲公司的規模不在大，而在於賺不賺錢，如何充份
> 發揮經營管理效益，才是最重要的課題。雖然現在經濟普
> 遍不景氣，個人認爲這只是過渡時期，總免不了會遭遇到
> 一些風暴；其實也怪台灣人太貪，要不是股票市場飆漲得
> 太厲害，許多企業目前也不會這麼累，像我這樣穩紮穩打，
> 還是吃得飽睡得好，根本不去擔心股票市場的變動情形，
> 而專心於自己事業之經營。而且我們經營製造業與從事商
> 品買賣者不同，只要把公司管理好，衡量公司獲利情形，
> 不需擔心市場佔有率的問題，不能爲爭取市場佔有率而在
> 短期內將公司規模過度膨脹，否則遭逢不景氣時，可能將
> 辛苦多年所建立的基業毀於一旦。而是需要有計劃地擴充。
> 只要能妥善管理，所賺取的都是實質利潤。累積一定利潤
> 之後，再逐步擴充經營規模，千萬不要被空幻的市場佔有
> 率所迷惑[4]。

台灣的中小企業家，對製造業的經營不但累積出一套經營理念，
更在某種程度反應出社會大眾的價值觀及企業經營上的獨到策
略。一位中型廠自行車業者，這樣跟我們描述其做自行車生產
的看法和策略：

> 做了幾年出口外貿，回來做生產，感覺比較有一個根啦。
> 所以在1982 年吧，8年前回到生產製造上。當時考慮是要
> 做腳踏車裝配好呢？還是做零件？ "整車"是一個自行車

---

[4]訪問記錄M12，《社會與經濟》第31期，1990.9。

零件集大成的工作，把所有的零件拼裝成一部腳踏車，所
以它的營業額最大。我就從事於這個最後的裝配。爲什麼
做腳踏車？腳踏車在一般落後國家是交通工具。在非洲、
中南美、中共、東南亞，這些落後國家它們都是交通工具。
我們在二，三十年前也是。你去問你們父親就知道，那時
候沒有什麼汽車啊。一部（腳踏車）可以載兩三百斤的蔬
菜啊、米啊。在台灣以前是交通工具，現在落後國家也是
當交通工具用。所以大家一般的觀念中，腳踏車是交通器
材，以後會變成用機車，腳踏車會被淘汰。那麼這就錯了。
全世界腳踏車消費量最多、最大就是美國這個經濟收入最
豐富的國家。一年消費量差不多1,000萬到1,200萬很穩定，
跟汽車的消費量差不多一樣大。日本的消費也差不多600
萬。日本人口是美國的一半不到，差不多是45～48%，但
是若用人口比例來講，600萬除以1200萬比美國多一點點。
西德，英國，義大利，法國也有幾百萬，差不多三百萬。
所以先進國家消費量都很大，而且他們先進國家自己到現
在都還在做腳踏車。大家認爲這是落後工業對不對？但是
美國，日本，法國，英國，義大利每一先進國家他們目前
還在做腳踏車，還是繼續在生產。所以腳踏車不分落後國
家或先進國家都在用，而且歷久不衰。故腳踏車在日本叫
它做「平和產業」。「平和產業」就是說不會消失，百年
不衰。但是沒有很好的景氣。不像電子、電腦這種產業，
一下子很風行對不對？但是生命週期馬上就會掉下去，波
動很厲害。然而，腳踏車是很平和的一個產業。所以我們

就從事於腳踏車生產⑤。

對於自己所從事之生產製造業的體會與認同，是台灣中小企業中型廠的業主很典型的特色。一位中型廠機械業負責人就向我們提到機械業對台灣經濟發展的貢獻：

> 全世界的強國和它機械業的發展有很大的關係。剛開始英國最強，像車床是英國人發明的。後來演變成德國很強，後來美國也很強，現在則是日本最強，銷出數量最多。我們要造出任何東西都要由機械做出來。任何東西的製造，大概都免不了機械業的配合。所以一個機械工業的發達和一個國家的經濟發展有密切關係。我們國內這幾十年來爲何很多產品都具有相當的競爭性，這和機械業默默所做的事情有關。因爲像我們的機器在台灣賣150萬，但賣到國外大約要250萬，所以在相同的條件下，這種100萬的差距是競爭力的來源。我們就是因爲有這些比較便宜的機械供應，所以各個產業就可以降低生產成本來生產外銷產品。日本企業爲何那麼強，因爲他們的機械產業最強⑥。

上述三位中型廠業主的說法，可以說是從不同角度強調了生產製造的重要性。然而，對他們而言，難道外貿行銷不重要嗎？我們且聽聽一家國內最大的千斤頂企業南非廠總負責人的意見：

> 工廠要強，marketing 要強，不強，工廠再怎麼做都沒有

---

⑤訪問記錄M7，《社會與經濟》第30期，1990.9。
⑥訪問記錄M8，《社會與經濟》第30期，1990.9。

用。在這一點我們董事長他的策略跟他用的人員，對 marketing 的掌握與訊息的獲得很快。我舉個例子來說，我們擁有美國市場百分之五十五到六十五的千斤頂佔有率，為何能這樣？我們幕僚人員跟董事長提報告說最好能在美國那邊設warehouse ，我們說服客戶直接從我們的 warehouse 買，雖然貴一點，但對他來講會有利，而且急的時候，很容易調，這樣一來每次調貨都調得到，這種客人就很穩，他就變成非要跟我們買不可。這是一種 marketing 的策略，一個小公司為何能成為一個大公司，這是在銷售技巧上的問題。所以台灣有些工廠沒辦法做到，我們在全世界有很多據點，有很多國家習性不一樣，要如何佈這個網？我們投資很多，我本身進來六年，在美國住了六個月，在澳洲住一個月，歐洲今年跑了三趟或四趟，今年出國已七趟，所以我們董事長對我投資也很大，各方面他很自由的放我出去，出去不是去觀光，而是蒐集訊息分析給他聽。像我今年光跑南非就跑了三趟。出去的時候負責的工作是什麼要認清楚，這樣把智慧貢獻回來給公司，公司當然會慢慢的成長。這方面我們董事長有很好的觀點，這也是我們小公司能成長到這樣規模公司的理由⑦。

從這位開拓海外市場第一線尖兵的意見，我們可以看出來，外貿網絡的建立對一個能達到中型，乃至大型規模的企業而言，是經營上必要關注的重要面向。

---

⑦訪問記錄M17，《社會與經濟》第39期，1991.3。

　　上面我們是從幾個中型廠企業主的觀點，來釐清生產製造與外貿網絡，在每一個「彈性化協力企業組合結構」中具支配位置之承攜者，其價值理念上的看法。從我們對於上述四個行業的訪問研究可以看出，主導著一張協力關係網運作的最關鍵性角色，乃在於作為這張網絡核心之中型廠企業主。這些具支配性位置之承攜者的價值理念，從不同角度賦予生產製造與外貿網絡，在其各自經營的企業體中強勢的發展意義。所以，我們可以說，在表一所顯示的整個「彈性化協力企業組合結構」之所以能夠存在且有效運作，首先乃在於就整個協力網絡中具支配位置的中型廠業主，對於本身行業專精之生產製造與外貿網絡的經營意義，不僅給予企業營利上的肯定，更懷抱著企業經營成就上的價值認同。而這個價值理念，又影響了這些中型廠商與底下或平行之協力廠的互動態度。

　　在生產製造及外貿網絡兩方面同時有所發展，是中型廠經營規模的特色所在。但是，不管是對於生產成本的節省、生產品質的追求、產品交期的穩定等製造要項的執著；或者是對於外貿網絡人員的栽培與資本的投入，在生產製造及外貿網絡開拓上，一個總資源的最經濟使用方式，乃在於透過協力廠商的搭配與運用。一位機械業者在比較韓國與台灣機械業的發展差異時，就明白指出：

　　　目前台灣是量比較大，但是韓國的自製率高，大廠多。如以經濟效率而言，台灣比較好，因為我們採分工體系，降低成本。但是整個韓國國內的條件，台灣比不上，例如政府、大企業的支持，加上其汽車工業與航太工業較台灣有

> 規模，間接促成機械業的市場，本身工作母機都不夠，所
> 以台灣也出口到韓國。韓國是大企業很強，但中層弱、下
> 層更弱。不像台灣的衛星體系的結構⑧。

這位業者所指出的分工體系或衛星體系，嚴格而言，即是我們
所指稱的協力組合結構，因爲從我們訪問中瞭解到，他們有一
百多家協力廠，跟他們工作搭配往來的情形，即是我們在表一
所勾畫出來的圖像⑨。是以，我們可以看出，做爲母廠的中型廠，
一方面它要在生產製造上整合、督促相關聯的所有底下協力廠
（不管是小型的內包廠、小型或中小型的外包廠、產銷合作的
中小型或小型廠），在產品品質、交期、價格上的搭配；另一
方面也要能夠在外貿網絡上有所開拓，使其整合協力廠生產效
率而來的產品有其出口管道。所以，在每一個協力體系裡作爲
母廠的中型廠，相較於小型廠、家庭工廠，其重要職能即在於
強化其接單能力，及掌握出口外貿通道的資訊⑩。而協力體系中
的中小型廠、小型廠及家庭工廠，相對於中型廠，其重要職能

---

⑧訪問記錄M13，《社會與經濟》第33期，1990.10。

⑨同上。

⑩這個看法亦可以從張炳耀（1983）的研究得到証實：「據樣本調查，
就全體207 家中小企業而言。產品交由經銷商或貿易商負責的公司家
數所佔比重約爲15% ，自己負責產品銷售的公司家數所佔比重約爲68%；
兩者兼具的公司家數所佔比重約爲18% 。由此可見，中小企業大多數
公司均自己負責產品的銷售，僅少部份公司交由經銷商或貿易商負責
銷售。又依經營規模的大小來看，廠商的經營規模愈大，產品交由經
銷商或貿易商負責的公司愈少，此係因公司的規模愈大，其財力較雄
厚，因而較有能力負責產品的銷售工作」。

即在於在單一事頭工作的加工、零組件或產品的生產上全力以
赴。一位中型廠螺絲業的業主跟我們提到其小外包代工廠運作
情形：

> 那些人的總和比我們這個廠的總和還多，一般小的模具廠
> 也是，那些人就不受勞基法的限制。大部份沒有登記，百
> 分之八十沒登記，我們也為此很頭痛，他來請款的話我們
> 報稅怎麼報？他沒有登記、沒有發票、沒有收據。這也是
> 一個問題，法令的問題。他們那些人如果勞基法實施到他
> 們的範圍，每一家都要倒了。我們做的這個外銷到歐洲的
> 門鈕就是個典型的例子。我們這個門鈕都是要外包出去做，
> 現在有七、八家在做。這些廠，工作十二個小時很普遍，
> 十四個小時他都做。有時候一天沒睡覺他都做。先生做夜
> 班，太太做白天，就這麼做[11]。

這種內外包廠及家庭工廠在生產製造上，對單一事頭工作
之加工、零組件或產品的生產全力以赴的拼勁，已不是「勤勞
精神」所可以完全形容的了，在整個龐大小頭家的價值理念上
已蛻化成一種中國人特有的「勤勞主義」了。這一點我們留待
第十章再深入討論。在此，我們要強調的是，在協力組合結構
中，這些從事生產製造為數眾多的中小型廠、小型廠及家庭工
廠各類型企業主及頭家，可以說是以「生活的工作化」為打拼
的策略，來達成其求生存及獲利的目的。如此，與我們前面所
分析的中型廠，在整個生產製造與外貿網絡上具支配位置的大

---

[11]訪問記錄M10，《社會與經濟》第31期，1990.9。

頭家們，恰恰都能透過這個協力組合結構，將不同的企業經營資源（指不同企業體所擁有之資本、人力及社會網絡）、能力（指經營者不同的管理才能、專業技術知識及開拓市場眼光）結合起來，而統合在「勤勞主義」這個社會性的價值理念下，共同來打拼。

所以，回到我們前述的問題：台灣從國際競爭的外貿網絡到國內出口產品的生產，這個有效率的運作體系，如何從表一的圖示（即彈性化協力企業組合結構）來解釋？我們就可以從三方面來回答。其一是，表一所展顯的「彈性化協力企業組合結構」，實是台灣中小企業隱而不顯的一個企業間結構化的制度性合作管道。之所以說是隱而不顯，乃在於從表面上我們並不容易觀察或意識到它的存在，竟然是以「結構化」的方式在運作[12]；而之所以說它是一種「制度性的合作管道」，乃在於這個協力組合既成結構化的發展，則任何規模的中小企業想要生存、發展及獲利，在有限的經營資源及能力下，都無法像中國大陸企業一般，在國有制之下可以不考慮到產品成本及市場銷售的問題，關起門來任何零組件都透過土法煉鋼的手段自己生產自己裝配[13]，而是必須在此既存之網絡中找到與其它企業體相互利用與搭配的空間。因而，我們可以說「彈性化協力企業組合結構」，是一個隱而不顯的企業間結構化的制度性合作管道，

---

[12]在此所謂結構化，我們指的是由縱切面長時間之歷史結構及橫切面短時間之社會結構所支配形成的現實。

[13]參考《社會與經濟》大陸行專集。

使得台灣中小企業在面對國際競爭時，能將力量整合起來作總
體性的發揮。

　　其二是，台灣中小企業之「彈性化協力企業組合結構」，
乃是從一個制度結構的形式，說明了深深影響著台灣社會經濟
發展的主要經濟行動之承攜者。前面我們已經分析過，不管是
做為母廠之中型廠的大頭家，或是中小型廠、小型廠及家庭工
廠的小頭家可說是串連起這張協力關係網的主要行動者。這些
行動者構成了這個協力關係網，也是這些行動者在善用這張協
力關係網。所以，當我們從一般泛稱的中小企業家，對這些行
動者在台灣經濟發展上的重要性加以定位時，若我們看不到其
行動所依循的制度化管道何在時，這個定位便流於表面化了。
然而，現在我們透過「彈性化協力企業組合結構」這個制度結
構的形式，對於活躍於其中的行動者加以定位，便能夠瞭解到，
台灣之頭家滿街跑（有人戲稱大街上掉下來的廣告看板，每被
打中的三人中即有一個是董事長或總經理），事實上是一種不
懈的經濟活力之表現。眾多的大小頭家歸依在其所隸屬的協力
組合之下，各盡其分發揮統合的力量，則其作為台灣經濟文明
的主要承攜者之意義才得以彰顯出來。並進而能夠在世界經濟
舞台佔有一席之地。

　　其三是，「彈性化協力企業組合結構」從其整體運作的旋
律中，煥發出台灣經濟活動的獨特文化理念：「勤勞主義」，
並將此理念強化在日常的經濟活動中，使其生產製造的經營有
一種「高效率的初級生產力」，亦即不是純粹經由技術密集及
資本密集的轉化所產生的生產效率，而是在某種理念鼓舞之下，

激發成一種經濟行動上源源不絕的工作動力，使其經營效率具
有高度累積性。這一點，我們從眾多的中型廠業者在創業初期
的打拼精神⑭，以及中小型廠、小型廠及家庭工廠頭家的工作狀

---

⑭對於中小企業這種創業初期的打拼精神，在我們訪問過的企業裡，可
說是極為普遍。一位受訪的壓鑄業者即如此描述其辛苦創業過程：
「差不多半年後在台南租了廿幾坪地作廠房。一年多以後又要再增加
機器，於是又再租了一塊五、六十坪的地。不過那時候的錢好賺，到
第四部機器時，總投資額為40萬，一個月好一點的話成本即可回收。
我對員工採高薪政策，員工表現不錯就一直調薪，讓他們的薪資比別
人高十幾個percent，十幾年前，能多賺點錢辛苦一點沒關係，因此
效益上比別家工廠高，他們一天一個模做一千三、四百個，而我則可
做到二千到二千二，所以他們做不來的，我還可以賺，就是這樣做出
來的。當時員工一天薪資130元，而且沒有休假；一公斤20多元的原
料可以做到70幾元，與現今50幾元的原料卻頂多也只做到相同價格，
且工資等費用又提高很多，利潤相差太多了。經過四年後廠地又不敷
使用，於是便以營餘與客戶合買一塊600多坪的地，新廠房差不多可以
容納七部機器。在12年前台灣幾乎很少使用日本的全自動機器時，我
就買了；員工對此提出質疑，我說既然先進國家用得那麼好的話，我
想也差不到那裡去，便以200多萬元購入，果然因未諳正確使用方法，
兩年後機器已損耗得不堪使用。但自此之後便瞭解機器產能及工作效
率真的會比以前用手操作還要好，就朝這方向來改善。為配合機器生
產，開始採用兩班制，通宵工作，民國73(1984)年全年只休假10天
左右，經常日班加班、夜班也加班。如果說目前可能就沒辦法，年輕
人可能會不願意這樣做。由於賺了一些錢，就買了目前這塊2700坪的
地，五年前開始蓋這地方，光是廠房的興建就差不多花了4000萬元左
右，根本沒向銀行借過一分錢，都是自己慢慢賺來的。目前是向銀行
借了一些錢，但都是用於多角化的投資，大多是應客戶的要求，例如

況，就可以看得很清楚。所以，「彈性化協力企業組合結構」若沒有這一個價值理念上的推動，那麼，所謂的企業與企業之間的搭配與合作，便會少了經濟行動上的強度，間接也就影響了整體協力廠運作的效率了。同樣的，我們惟有從「彈性化協力企業組合結構」的角度，才能掌握到，不是來自於單一企業經營的理念，而是在整個中小企業經濟活動裡，具有文化上瞭解意義之整體性的價值理念。「勤勞主義」正是從這個較整體性的角度，說明了台灣中小企業之價值理念，如何透過「彈性化協力企業組合結構」，在幫助其面對國際上的競爭力。

　　上面的討論，我們從制度結構、行動者及價值理念三個面向，說明「彈性化協力企業組合結構」如何使得台灣中小企業，從國際競爭的外貿網絡到國內出口產品的生產上能有效率的運作。對我們來說，這是對於台灣中小企業經濟結構一個實然的分析所掌握到的瞭解圖像。然而，瞭解了「彈性化協力企業組合結構」的基本形態及運作原則，只是掌握了探討中小企業發

　　以生產高爾夫球用具聞名的旭博公司，該董事長即是今年的青年創業楷模，本公司就是以產品之品質和交貨準時等各方面的良好配合，進而爭取到合資經營的機會。以我們的行業來說，目前我可以算這行的佼佼者，從零到有這一段十幾年的時間，成長的速度也算相當快，壓鑄並不是那麼好賺，完全需要以苦幹的精神，才能以最少的投資換取最大的獲益率。目前個人資產約二億元，並不完全是經營鑄造業所得，包括房地產及其它轉投資事業。公司目前有30多位員工，登記資本額為二千萬元，1989年的營業額為一億八千萬元，以鋅合金及鋁合金產品為主。」（訪問記錄 M12，《社會與經濟》第31期，1990.9）

展問題的關鍵線索。接下來我們必須探討的是，在這樣的「彈性化協力企業組合結構」支配之下，台灣中小企業的發展有何限制？其未來發展的前景又如何？

二、中小企業在「彈性化協力企業組合結構」支配下之發展限制

前面的討論，由於我們是從實然的角度，對台灣中小企業「彈性化協力企業組合結構」之形態及運作情形加以探討，似乎難免有對其既存現象予以合法化之嫌，而流於「凡是存在的即屬合理」的偏頗。然而，若我們不能從其實際存在的現象，以及存在的原因加以標定，則對於更進一步的發展限制與可能出路之討論，便會流於膚淺與不切實際。對於台灣中小企業生產技術、資金、市場行銷及人力資源等各方面發展上的限制與缺失，幾乎是每一篇探討中小企業相關之文獻所必須觸及的課題⑮。同樣的，在針對諸多問題討論之後，學者們也必然會提出眾多的解決方案及意見，以求興革中小企業經營的弊端⑯。但是，就本文的探討策略而言，一方面我們不願意重蹈前人的研究；

---

⑮主要文獻可參考《台灣銀行季刊》第34卷台灣中小企業研究專集，以及林茂山（ 1985 ）、高孔廉（ 1983 ）、張炳耀（1984 ）等人文章。

⑯同上。

另一方面是，從上面第二小節的討論，我們已經指出了一個探討中小企業整體性發展問題的主軸，是以，在我們看來，如果要探討台灣中小企業發展的限制與出路，必須順此主軸進行才能深入而不流於瑣碎。所以，我們在這一小節即先針對上述「彈性化協力企業組合結構」運作上的三個層次（亦即制度結構、經濟活動之承攜者及價值理念），從限制面再加以深入探討。

前面我們已經討論過，台灣經濟的成長主要是靠出口外貿活動得來的。這個外貿活動同時得之於主客觀兩個因素的促成。這一點吳其城（1988）曾明白指出：

> 由於各國企業的參與和各種貿易公司活動的展開，將使社會分業的活動擴展至國際分業，而這些製造成品將成為世界市場上的產品。前進工業資本將集中於設計等軟體部份或高級技術部份，此外標準化的工程，及勞動密集化的工程方面的生產物，應由自由市場來調整或委託海外各種企業團體來加入生產。這些產業分業構造的國際化才是使亞洲各國的出口貿易指南政策付諸於實施的最主要原因。但出口貿易政策並不完全由外面條件所促成。因考慮到亞洲各國的主體條件，所謂亞洲各國出口貿易產業之國際競爭力的基礎是「廉價與優良的勞動力」⑰。

---

⑰這一點從早期外資之所以願意來台投資也可以得到証明，周添城（1980）研究指出：「根據本文的實證研究發現，美商到台灣投資設廠的一個顯著趨勢是：使用大量勞力。如果這一就業效果的分析屬實，或可驗

不管是國際分業之下所得到的外貿空間這個客觀條件，或是本身廉價優良勞動力這個主觀條件，現在皆已時過境遷，不再具備了。所以，在國內勞動力不再廉價與優良之下，仍企圖以勞力密集的產品進軍國際市場，即會面臨經營成本提高及國外市場不再的雙重壓力。吳宗明（1988）的研究認爲：

> 就台灣對外輸出的產品而言，工業產品已高達出口總額的93.5%，但是其生產結構仍以勞力密集之產品爲主，這種現象，我們可以自表三看出。這些勞力密集產品，由於先進國家經濟結構的調整速度不及開發中國家的技術進步，造成先進國家紛紛高築貿易保護之牆，以保障其國內受競爭產業之生存。

對於台灣中小企業在目前所碰到的發展瓶頸，深入而言，實不只如吳宗明所言的，來自於純經濟面的限制。陳正順、施敏雄（1978）在其研究裡，就明白指出：

> 出口導向工業化之特徵，可說在於將整個經濟暴露於外界的高度競爭之下。因而如果一國在還沒有工業化的基礎，不只是實質的基礎，也包括對工業化的經驗以及社會組織等廣義的基礎之前，則採取這種工業化方式將伴隨著很大的危險。

證美商在台灣投資的動機，是與我國豐富的勞力供給有密切關係。這種現象對過去、甚或未來的經濟發展將有相當的政策含意：就過去而言，顯示這種外資的來台，對解決當時的就業問題有絕對積極的貢獻；但就未來而言，在勞工有逐漸發生結構性不足的可能下，這種外資的就業吸收效果就有必要再加以重新檢討。」

若從我們前面探討之「彈性化協力企業組合結構」的角度來看，中小企業發展限制的討論，必須從經濟及社會文化的廣闊面向加以探討。因而，就討論的策略而言，我們將以前述協力結構的制度、行動者及價值理念等要項，來綜論台灣中小企業限制所在。

1.制度結構問題

從「彈性化協力企業組合結構」的角度來說明台灣中小企業發展上的限制，我們可先就由生產技術、資金及外貿網絡等幾個經濟條件整合而成的協力結構本身，略為討論。就中小協力組合本身的制度結構上的限制而言，來自兩方面。一方面是因「彈性化」的協力組合結構本身，造成中型母廠對於底下協力廠不願在技術及資金上多予協助，怕自己技術外流後，這個協力廠再去接其它中型廠的單子來作，與自己形成競爭。在這種情形下，除非母廠能完全餵飽底下協力廠的工作量，否則這種緊張與衝突，在彈性化而非固定化的協力關係下，勢必繼續存在。另一方面則是來自於整體「結構位階」升級上的慣性。換言之，是來自於家庭工廠、小型廠、中小型廠及中型廠這個整體協力組合之間，生產與生產；生產與外貿行銷互相配合的問題。我們訪問過的一家螺絲業者，即具體的指出這個整體發展上的困難：

> 台灣到現在為何做不出一級牙？主要還是模具，以台灣的
> 機器做不出來，因為它是千分的，很難做，這要各方面的

機器配合才行，不是單一機器的問題。現在日本很多 cnc
機械都裝光學尺，台灣目前還沒裝，只靠裝在螺桿上感應
的儀器來做。它們的數值控制有，但是精密度不高，還不
夠千分。但是，我們是百分的機器裝千分的光學尺沒有用
啊。我們如果機器都改為千分的就做得出來，我們做得出
來下游也就做得出來。不過下游還是要努力，他那個螺絲
機器還是要改良一下。現在麗偉正在改進想要裝光學尺。
但是只有一種機器改良沒有用，我裡頭有將近二十種機器，
至少要有十種千分的才可以。你麗偉做千分的，其他廠做
百分的，你還是做不來。升級說起來還不是那麼容易。岡
山那邊有兩三家在做一級牙。那是中、日合作的工廠，模
具從日本來，螺絲機械也是從日本來，做出來是一級牙。
不過只有少數的兩三家⑱。

從這位中型廠螺絲業者的意見，我們發現整個中小企業生產製
造的升級問題，由於在獨特的「彈性化協力企業組合結構」之
下，所以並不是單一廠商的問題，而是整體中小協力組合企業
能否一齊升級及配合的問題⑲。以這家製造螺絲的中型廠來說，

---

⑱同⑪。

⑲中小企業整體結構升級之慣性問題，說明了其升級並非是單一廠商的
　複雜現象。一位螺絲業者就指出：「台灣的螺絲廠比較有規模的可能
　佔不到百分之十，另外百分之五十以上都是一些家庭工廠，先生太太
　一起做，它不是自己接訂單，它向百分之十的那些大廠加工，大廠接
　了訂單不是自己做，它就發到下面這些五百多家，台灣的螺絲業的結

當它們希望能朝著航太工業零組件一級牙去發展時，其問題不只在於自己的機器及技術能否升級，重要的是，與其搭配的中小型廠、小型廠或家庭工廠能否一齊升級的問題。對我們而言，這種狀況即透顯出前面所謂的台灣中小企業整體「結構位階」升級上的慣性問題。是以，若從這個較整體性的角度對協力組合結構作個評估，其優劣點就很清楚。一位受我們訪問的業者就指出：

> 台灣協力體制所形構之工業體係的優點是：小單位的管理效率高、成本低，產業相互配合之彈性大、機動性高。缺點是：小工廠的數目太多，往往為爭取訂單造成殺價之惡

構就是這樣。成衣業、電子業好像也是這樣。現在我比較擔心的是，這五百多家，現在有很多訂單移到外國去了，現在做少量多樣的話，那這些五百多家怎麼辦？台灣有這樣的危機。大廠適應較容易，這些小廠糟糕了。它們還沒有升級的能力。台灣的韌性還是有的，這些小廠會支持這些大廠，他沒工作做了，本來一天賺個兩千塊，現在賺個一千塊也可以啦，反正求個溫飽有餘。你大廠訂單價格不好的他也去接，韌性還是很大。所以我常說我們的勞基法好像怪怪的，台灣的中小企業比如說有十萬家來講，其中有百分之六、七十，是家庭工業，若照勞基法的標準去計算的話，我看每一家都要虧本，他不勞保、加班費不算、如果他加班費照算、什麼基金照提列的話，我想每一家都要死掉。勞基法這樣一定的話，造成大廠不敢擴大，越大越糟糕，越大負擔越大，乾脆訂單接來員工不請了，我把訂單發給下面家庭工廠去做。所以現在說中小企業要合併，實際上應該要合併，但實際上也有困難。台灣的中小企業都是家族性，不然就是三、五好友湊起來，到了一個規模，三個人分開來就變成三家，不可能三家變一家。」

（訪問記錄M10，《社會與經濟》第31期，1990.9）

性競爭的局面,阻礙經營體系之提昇。再以目前的情況來說,若永遠存在小工廠的經營方式,不僅容易喪失國際市場的競爭優勢,國家也不會進步。尤其是衡量資本支出、投資報酬、機器折舊的情形,以及經營事業所耗費的精神與擔負之風險後,自行經營工廠未必比到工廠上班好,也許個人的薪資報酬及資本所能獲取之利息都可能比較好。早期工業界沒有這麼發達,存留許多小企業的發展空間;但現在則需要以中、大型企業為主力,否則將喪失國際市場的競爭力[20]。

從企業經營的成本到經營空間的結構來說,我們並不認為沒有小企業發展的空間,但是,這個空間的獲得與經營成本的計算方式,勢必要不同於往昔了。換言之,我們從整體「結構位階」升級上的慣性問題,看出了台灣中小企業升級上的問題。是以,未來整個中小協力體系的升級問題,也應從整體「結構位階」的升級來考慮,這點我們留待下面繼續討論。

2.經濟行動者問題

對於中小企業整個協力組合結構發展上「結構位階」升級限制的因素,從一個主要的關聯面向來考察,即在於此協力體系中的主要經濟活動之承攜者,即各類型的大小頭家之間,在因應生產技術或外貿行銷升級上所必要之經驗知識與專門知識

_____

[20]同④。

的不平衡發展，使得不同規模廠商之間的配合因經濟行動的差距而效果遞減。一位受我們訪問的機械業者，就坦率指出中小企業主（尤其是小型廠及家庭工廠）這個限制：

> 為什麼國內沒有一貫作業，做機械和油路等設備要分開生產？因為一般中小企業老闆class 不高，沒有專業訓練，做代工時找東西配在一起模仿成功了，產生依賴性，不必再投資成本、時間開發，搭配久了，也就被別人牽著鼻子走了，你自己搞，別人要喝西北風，自己開發也要一段時間，別人會搞你，每一個企業都有這種困擾。況且勞基法的限制，公司不要再有人力的負擔，人事管理很麻煩。也就使中小企業維持這樣的格局。即使擴展出米也無法向日本的會社這樣大㉑。

人才本身的限制不只來自於小型廠及家庭工廠頭家身上，也出現在中小型廠及中型廠往上升級所需要的專業人才方面。前面引述過的中型廠螺絲業者，就清楚指出自己所面臨的困境：

> 要生產航太工業所用的一級牙，那不是千萬，可能要好幾億的投資。千分機器很貴。如果硬體投資可以的話，還要考慮軟體。軟體的管理是不是夠，品管能不能出來，這不只是單方面的配合問題。比如說我們螺絲要做一級牙的話，這些中小企業有錢，他錢拿出來，我想還是做不來。主要是，他的學識、觀念、專業知識都缺乏，錢，我看不是什麼大問題。中小企業平均的學歷我想是高中程度，要往一

㉑訪問記錄M9，《社會與經濟》第31期，1990.9。

級牙發展，高中程度絕對做不來。以我這個廠來説，現在
就在高中程度的發展層次，所以往上升級很困難。雖曉得
方向在哪裡，做起來好像不是那麼簡單。我現在還在找人，
可能要找兩三個比較專業的來做。人才最重要，現在唯有
累積人才，我們才能再發展。我這個廠十幾年，進出的有
兩三百個人，從來沒有挖一個人。包括會計、行政人員…
…被挖走的可能上百個。台灣中小的毛病就是老闆技術捏
著不放，它怕技術秘密傳下去了，下面會去另外開一家，
所以它就永遠長不大㉒。

整個中小企業的發展，若是面臨著上面所說之「結構位階」的
調整與提升，則來自於協力組合的結構限制，與在此不同協力
組合結構位階上之頭家的能力限制，是相關連的。從前面第三
章的討論，我們固然看出「黑手變頭家的技術管理整合模式」
與「班底的運用在技術與管理上的串連」，是一般中小企業
（特別是家庭工廠、小型工廠）生存與發展的第一要素，也是
形成協力組合結構的一個基礎。但是，這個最重要的生存及發
展機制，卻也是其未來進一步往上發展的限制所在。因爲，中
小企業在技術上的提升，越來越需要與高品質的硬體與軟體的
機器、人力投資結合。誠如受我們訪問的一位韓國「現代集團」
幹部所說的，韓國碰到的技術升級問題是，以前的技術是較低
層次的，如電子方面，可以加以分解、研究及模仿學習，但現
在的技術很多是沒辦法加以分解學習的㉓。從我們的觀點來看，

㉒同⑪。

未來生產技術的升級，已不是單一技術的問題，而是包含著經營者價值理念上的問題。底下，針對此部分略爲探討。

3.社會文化價值理念問題

　　從一個價值理念的角度探討中小企業「協力企業組合結構」未來發展的限制，主要著眼於在這個結構內各個不同層級的承攜者，在面對升級所必須的整合時，如何受到其根深蒂固價值理念的影響？一位受我們訪問的模具廠高級幹部就提到這樣的狀況：

　　沒能形成整合，這主要牽涉到企業家的觀念。觀念是最重要的。如果我的老闆沒有觀念的話，根本不會買這個昂貴但是高性能的機器。主要他有一個觀念，那麼多錢不用在投資上沒有意思。他認爲有這個前瞻性，他就會投資下去。所以最主要的還是觀念。就我的接觸，以同業來講，有這種認識跟有這種做法的，十個裡面有兩個就很不錯。說起來也是慣性，在以前根本都無法接受。有時候，他把機器買進來，就擺在房間裡用布蓋起來，不給人家看。這是沒有對外流通，說起來，這也是很難過的事情。技術的東西就是要交流嘛，你沒有講出來的話，或許你的東西比別人還差，你以爲你很行，搞了半天人家已經進步三年了，你還退了三年。這一差就是六年的時間㉔。

㉓韓國訪問記錄，「社會與經濟」第41期，1991.4。
㉔訪問記錄M11，「社會與經濟」第31期，1990.9。

很明顯的，中小企業整合的限制來自於業者本身觀念改變與提升的不易。我們在第三章，從「農工初級產業之低技術低資本的高勞動力經營部門」，說明提供中小規模企業創業可能性的產業形態和市場區位，解釋了台灣各類型中小企業家得以生存和茁壯的空間。然而，這樣的生存空間，在面對高技術及資本密集的國際化企業經營環境下，已逐漸萎縮及消失。是以，中小企業透過原有協力組合結構的再度整合，而使得整個中小企業的「結構位階」能一齊提升，便成為一些具有長遠發展眼光的業者所意識及呼籲。但是，來自於所謂「中國人想當老闆」，或「寧為雞首不為牛後」的觀念，又使他們覺得出之於一種民族性的深層限制，令台灣中小企業的整合發展無力突破目前的困境。一位機械業者就指出：

> 我比較贊成小型整合成大型，這樣才能對外。小型企業人事費用低，也不必開發成本，模仿拼湊後出售，但服務沒有大公司好，不見得有庫存零件，就要等，所以購買以家庭式的為多，只考慮便宜，較不考慮後面的維修問題。外國就會考慮你的規模，管理制度，否則機器壞了要零件，會因為是拼裝的而出問題，大公司就會考慮到這些服務問題。所以我贊成把小的歸併成大的規模。但台灣這樣的歸併整合會有困難。因為大家都想當老闆，高級幹部常常會自己出去做。像亞洲這個地區的需求量很大，只要肯做，很容易成長。很多老闆都是國小學歷，當高級幹部不如自己做賺的多。那時敢衝的都可以成長，但成長不是能力成長，而是在經濟景氣的成長，只能說你的機會好一點㊲。

　　對於中小企業在「協力組合結構」下的發展限制，從上面的討論，我們可以看出來，關鍵在於整個「結構位階」升級的慣性問題。而這種升級上的結構位階之慣性，主要來自於龐大中小企業各類型頭家經濟行動能力及社會文化形塑之價值理念上的限制。從前面第一小節的討論，我們看出眾多家庭工廠、小型廠及中小型廠的頭家，以「生活的工作化」作為經濟行動的策略，以「勤勞主義」作為社會性文化價值理念上認同的歸依所在，無疑的，對於中小企業「彈性化協力企業組合結構」的運用，具有正面效果。然而，中小企業主之「生活的工作化」及「勤勞主義」，並不一定能促進經濟行動上之形式理性的提升[26]；在農工初級產業栽培的「個人主義化成就感」這種文化心態，更是有礙協力結構的再整合[27]。但對於中小企業之間協力組合結構整體位階的調整與升級，或者邁向更具國際競爭力的企業經營層級，卻必須在組織運用的效率、規模經濟的生產力及外貿網絡乃至金融操作能力等形式理性的企業經營要素上有所提升，才能達成。對這些新的經濟行動邏輯能掌握到何等層次，可能相當程度決定了中小企業未來的出路及走向。底下我們針對此問題加以討論。

---

[25] 同[21]。

[26] 在此對於經濟「形式理性」的界定，主要是來自韋伯的觀點。參考韋伯（1978a）。

[27] 所謂「個人主義化成就感」在此指的是人人想當老板這種普遍的文化心態。

三、中小企業在「彈性化協力企業組合結構」之下未來可能的出路

　　從前面幾章的討論，我們可以看出來，事實上，台灣中小企業之間的協力關係，並沒有到達組織的層次，而只是一種「組合」的形態，所以我們一直是以「協力企業『組合』結構」命名之。因而，企業間的連帶，可鬆可緊、能強能弱，端看其不同組合原則的運作奧妙，決定了企業間的協力關係。但是，不管怎樣的組合形態，從我們所訪問的紡織、製鞋、機械及資訊等四個行業來看，皆尚未到達嚴密職能分化及系統調配的組織化運作層次。比較於日本、韓國「組織力」在其大企業經營上的運用所展現的經濟實力㉘，台灣中小企業「協力企業組合結構」未來進一步的整合發展，實有走向組織化的必要，這一點在國內已有例子可尋。蕭峰雄（1980）即以勝家的個例指出：

> 根據訪問，外商認為他們儘可能在本地採購原料與零組件，而且母公司也要求他們向當地採購（buy local），因為除價格低廉之外，可確保供應來源，並縮短訂購與運送時間，故對他們而言，國內如能供應符合他們品質要求之原料及零組件，亦有利於其生產。因此許多外商亦主動地協助國內供應原料及零組件之廠商（或衛星工廠），從事提

㉘同㉓。

高生產技術及改善產品品質，以達到要求的標準。在此方面之典型例子爲台灣勝家實業股份有限公司，不僅提供國內縫紉機業者有關之全套圖樣，選派技術人員來華協助衛星工廠改善生產技術及改善品質，甚至在目前勝家公司對衛星工廠之品質管制工作仍嚴格要求，不稍放鬆，因此勝家公司一百餘家衛星工廠（大部份集中在中部地區），均直、間接地接受勝家公司之技術協助，而且與台中沙鹿高工實施建教合作，使學生能獲得實際經驗，無形中亦提高了該業之生產技術，使我國縫紉機工業能夠蓬勃發展，品質達到國際水準，成爲世界最主要縫紉機出口國家之一。

在此，我們所謂的協力組合結構的「組織化」，乃意味著整個協力廠之間，在技術、管理、資金及人力資源的搭配，能以中型廠爲核心走向計劃性的高效率整合模式。能達成這樣的情況，則必須中型廠在本身企業經營層次的提升及對底下協力廠進行整合兩個工作同時進行方爲可能。因爲，沒有中型廠本身的提升，不可能會產生對底下協力廠再整合的需求與迫切感；同樣的，沒有對於互相配合之協力廠的再整合，亦會對於中型廠經營層次的提升產生阻力。是以，在下面我們針對這兩方面加以討論。

1.協力廠的再整合

面對新的企業經營環境之變遷，中小企業業者亦敏銳的感受到企業經營的空間和形式，已不同於往昔了。一位機械業者

就指出，面對此轉型的經營環境，協力組合的方式勢必要改弦易轍了：

> 將來轉向銅線生產之後，現有的協力外包廠大多會沒落，將來只有兩三台車床的小廠都難生存，因爲工人難請，訂單又減少。除了有錢者轉作其它產品之外，只有收廠一途。將來唯有集中在一個較大廠房內生產才能生存，可以節省連絡的人事、時間、費用，又可控制交貨期。目前適逢不景氣，所以做不到。最好的做法是即使是高污染的紙廠或電鍍廠也可設集中專業區，由政府處理，否則個別廠商無法承擔處理費用。即使連名人陳查某的紙廠也因爲廢水處理問題而關掉了㉙。

就整個協力生產體系而言，意識到其過去組合的限制，並力求突破現況的做法，大半會從更具組織化的做法，來加強母廠與協力廠在生產及行銷上的配合。所以在作爲母廠的中型廠往上提升的同時，皆會對其協力廠加強「形式化制度管道」的溝通與輔導㉚。我們訪問過的一家國內最大規模的千斤頂企業就採取這樣的策略。我們訪問其國內廠之執行副總時，他就明白指出

> 協力廠我們慢慢跟他們輔導走向精密的工業。因爲目前整個協力廠十年前和十年後在投資設備完全都改觀了，他們也是有慢慢在進步。協力廠不進步的話，我們本廠也會被他拖下去。對於協力廠，我們是主動輔導它，在我們工廠

㉙同⑧。

㉚協力廠商會議討論記錄，《社會與經濟》第39期，1991.3。

有一個品管的巡迴制度，針對外包的加工能力，加工數量、整個廠內的設備可以做到什麼程度，我們都有一個非常完整的資料。我們品管巡迴人員固定時間會給他測定一次。像今天這種母廠與協力廠的聯合會議我們洪董事長親自主持的話，最主要是跟協力廠講我們下一個目標怎麼走？他們該怎麼做，該升級啦或設備要怎麼改啦，通常三個月開會一次[31]。

必須靠組織或制度，才能進一步強化國內中小企業之間原有的協力關係效能，是一般較有遠見之業者的經營心得。而就其企業的未來發展，他們也儘量朝此方向努力。一位機械業者就爲我們這樣描述其對協力廠整合的看法，以及公司未來發展的藍圖：

必須靠制度來運作，才能有有效的運轉中心、衛星體系。韓國靠政府的補貼與大財團的支助，加上汽車零件，因此不同於台灣。台灣不可能如此，只能靠國內分工，與國際分工（從國外進口），不可能全部都做。中衛體系還是比較適合台灣。未來如果有機會，本公司還是會考慮生產汽車零件或航太零件。有關衛星廠的升級上，目前我們有專人輔導其升級，建立更建全的關係。雖說不是容易，但總要去做，現在因爲景氣較差，應該是一個整合的時機。而許多協力廠如果沒有升級也很可能被淘汰，所以他們也應該認識到這一點。本廠希望在未來三至五年，將營業額提

---

[31]同[7]。

昇至十億,脫離中小企業規模,朝中大型前進。而在人員
上頂多增加兩倍的人力,再配合中衛體系。因為我們希望
生產值再提昇,現有生產值雖還算滿意,但仍可提昇,相
較於日本,我們大概僅有一半,應還可大幅提昇。精度與
品質的穩定是我們要加強的,日本雖然產值高,但薪資也
高,所以我們應該還有競爭力,主要在品牌的建立上還要
加強。人力以研究開發為主而非勞力[32]。

協力廠的再整合,關鍵在於能否將原有的潛在互動結構,
凝聚成形式化的制度形態,而具備有組織的效能。從紡織、製
鞋、機械及資訊等四個行業來考察,狀況並不全然一致。需要
眾多零組件配合的行業,如機械、個人電腦或部分生產高附加
價值少量多樣的鞋廠[33],他們對於協力廠之組織化的再整合,不
但意識到,而且已經開始實行。是以,從這些中型廠對於協力
廠的再整合做法中,我們不但看到其往下發展的途徑,也明白
了其企業本身能不斷發展的機制。底下,我們對此現象加以探
討。

2.中型廠本身的升級

前面我們說過,沒有中型廠本身的提升,不可能會產生對
底下協力廠再整合的需求與迫切感。而就中小企業發展的軌跡

---

[32]同[8]。
[33]如訪問個案M17、O4、E25等廠商。

來看，其提升的動力主要來自於「企業家精神」（Schum-
peter, 1950，1954；段樵、黃錫楠、葉春生，1986）在生產
與外貿開拓上的發揮。在此，所謂企業家精神指的是，中型廠
頭家在主持企業時因其高度經營職能的展現，而孕育出企業體
追求合理成長的經驗與價值觀。從不同企業體，在生產與外貿
網絡的開拓上，我們可以看到這個相當一致的企業家精神之運
作[34]。底下我們先從其在生產面向上所彰顯的特質說明。

　　在我們訪問的幾個行業裡，只要能晉身到中型廠的行列，
勢必都經過一番辛苦的奮鬥。而這個奮鬥過程也往往標示著台
灣中小企業家精神的形塑過程。一位受我們訪問的千斤頂副總
經理，就這樣描述他的老闆與其企業發展的關係：

　　　爲何本公司能發展到今天的規模？我們能從一個很小的工
　　廠演變到今天，最主要的是我們有很好的老闆，他的觀念
　　與經營的理念都相當先進。我們公司爲了跟國外做生意，
　　投資很多人員，如我們南非盧總裁，他原先在太子汽車做
　　生產課課長，爲何一個在汽車工廠做的人會跑到一個做千
　　斤頂的工廠呢？主要是我們敢用人才。我們剛開始英文程
　　度很低，但老闆娘整整費了兩年的時間，白天還要上班情
　　形下利用晚上苦學英文，可說付了很多心血。剛剛開始那
　　一段時期，國外來的客戶大概都是我們老闆娘在接觸，後
　　來再由李總經理負責、再招人，企業慢慢成長，才有能力

----

[34]這種企業家精神在資訊業之E21、E20、E25、機械業之M17、製鞋
　業O4及紡織業之T14 個案裡，看得很清楚。

來用人。如果老闆觀念錯誤，做事猶豫不決，不敢用人，那這個企業要成長就很難。我們今天什麼都沒有，就是有好老闆，我們洪董事長他對企業的觀念隨時在變，腦筋隨時在動。很幸運的，我們到目前的幹部，每個人的修養、談吐可以說在國際商場上都能扮演好他的角色。爲何會有這樣的成就呢，這就是我們老闆的領導及老闆娘所付出的心血，和工廠裡面主要幹部（如蔡廠長）十幾年辛勞的結果㉟。

中型廠的頭家，之所以能在企業經營上出人頭地，與其具備高度經營職能的企業家精神是息息相關的。這一點我們亦可以從業者的經營眼光看出來。一位玩具業者在一般中小企業仍爲匯率的變動傷腦筋而企望測度其底線時，即已指出：

面對匯率變動，問題在於技術是否能提高，生產成本能不能降低。所以企業家根本不用去測度或期待某個匯率底線，而是以當下匯率的額度作爲企業生存及營利的挑戰。例如，當年我們生產啓動器，單價16元（當時對美匯率40:1），現在單價13元（對美會率26:1），技術更好、功能更強，加上大量生產，利潤比以前還高㊱。

中型廠企業家這種高度經營職能的表現，亦可從其企業生產部門發展上的運作策略表現出來。一位機械業者就跟我們分析到其如何善用廠內人力及資金發展其生產事業，充分說明了台灣

㉟同⑦。

㊱訪問記錄M5，《社會與經濟》第26期，1990.6。

產業的靈活性：

> 設立部門而不設立分公司是企業經營的策略。如我們塑膠
> 射出成型機部門的成立，為何當初我們不將它撥出去另外
> 成立公司？因為它是一種長期性的發展，投資要很大，所
> 以撥出去在資金的運作上會受到影響，而且並非短期間可
> 以獲利的，所以在本公司可以用ｃｎｃ部門的獲利來培養
> 它。必須藉著搖錢樹的部門來培養一些有潛力的部門。其
> 他屬於比較獨立性且短期可以獲利的，就讓它獨立成為一
> 家公司。另外我們也有一個維修部門，因為有見於台灣尚
> 有許多中古的機器，這些機器本身都還很好，但就是沒有
> 人可以維修，剛好我們公司有這樣的維修能力，所以我們
> 就成立一個部門，讓我們公司裡面一些技術比較資深的人
> 員來負責這個部門，然後去引進這些機器來維修。這種維
> 修的利潤也是很好，我們採取參與的人分成的辦法，如三
> 成，這樣就可以使台灣一些老師父的薪水有再進一步提升
> 的可能。因為一般他們的年資夠，但薪資不容易再升，若
> 參與這個部門就可以多獲得利潤，如此有助於再提高他們
> 的收入㊲。

對中小企業而言，在生產製造的發展一直是主力所在。是
以，在尋找未來出路及進一步升級的管道時，必先從自己原先
熟悉的生產製造部門出發，再擴充到相關領域。譬如，機械業
走向航太工業的發展就是一個例子。從業者如何規劃其企業未

<hr>

㊲同⑥。

來發展的方向和前景,亦是觀照其企業家精神有無的一個策略。
一位受我們訪問的機械業主,向我們提到他發展航太工業的步
驟是循序漸進:

> 我覺得台灣要發展航太工業,要先從零組件開始,而不可
> 能一開始就做整架飛機的裝配。航太工業所需的零件也不
> 是都很精密,一般加工的技術我們已經有了,我們自己的
> 設備也已經能夠製造了。我們剛開始介入這個行業,會找
> 能力上比較可以勝任的來做,例如一些中輕密度的零件。
> 同時我們也計劃跟國外廠商合作,主要是美國,在初期要
> 求他們給我們技術輔導,因為現在台灣要發展航太零件還
> 有一個最大的問題,就是材質的問題。很多材料台灣沒有
> 辦法做,必須從美國進口。材質的供應、還有加工技術的
> 引進、做法是先跟國外的廠商合組,跟他技術合作。而這
> 種技術合作的方式是我們先變成這家美國公司的零件供應
> 廠商。第一階段我們做給它,過了這個階段,技術可以吸
> 收以後,我們自己能建立品檢的制度,也成為一家合格的
> 零件供應廠商。也就能夠直接將這些零件供應到飛機的製
> 造廠。一步一步來,在這個過程當中我們需要一些人員。
> 我們廠內也有一些儲備的人員,機械碩士也有幾個。在籌
> 備初期就讓他們介入這件事情,假如籌備階段做得很好,
> 我們就讓他負責這個部門。在技術方面,有必要引進技術
> 的話,可採用顧問的方式聘請人員㊳。

㊳同⑥。

一個企業能在生產製造上升級，企業家必須具備優異的經營職能，此不僅表現在對企業經營的投入、經營眼光、生產線的開關與整合及新產品的開發，亦表現在對自己經營產業宏觀視野的認知與瞭解之下，對產業升級的掌握能力。一位受我們訪問的中型廠壓鑄業者，就充分的展現了這樣的形態：

依我的看法，如果以我的目標來做，壓鑄業應該還有很大的空間；但如果說不力求改變，提昇產品的品質及生產技術，目前同業中約有90％還生產低級品，台灣壓鑄界將面臨其它地區很大的挑戰。相對於本公司，近年來即不斷提升生產的品質，爲因應鋁合金產品需要量增加的需求，必須再擴充廠房設施，屆時各方面的設備都要與日本同步，預計約需五千萬元的資金。但首先要解決一些問題，一方面整體社會環境在做調整，一方面也因爲本身也剛開始轉型，以前公司各種事務我都可以做，將來不論品管、生產、倉儲、業務、甚至電腦等方面，都需要由專人負責，在各方面的調整都上軌道，等電腦規劃差不多、管理層面也差不多之後，再行擴充。在壓鑄界，我想你看不到像我們公司這般齊整的廠家，大多亂七八糟。曾有兩位日本專家參觀廠房，都認爲即使在日本，本公司的設備亦屬一流，我這邊使用的機器全是日本進口，最新的、全自動的；有什麼新機器在台灣都是我在買，目前鋁合金的電腦壓鑄機器，也是我率先引進，買進之後發現效果不錯，本來的也是自動化機器，但這部機器是採用電腦監控設備，電腦程式設定之後，僅需把指令給它，全自動地幫你做到你需要的程

度。下午即將再引進一部增加了真空設備的機器，足以將
模具裡的空氣抽出，一邊抽一邊壓鑄，成品的品質提高許
多。這部機器耗費 500 萬元，所以我們的機器一直走在前
端㊴。

從訪問的行業來看，一個有企圖心的中小企業業者，之所以能
發展成功，成為其行業中的翹楚，除了上述諸條件之外，對自
己在中小經營規模營業限制之體認及力求對國際性資訊的接觸、
吸收與掌握，變成是在擴展其產品外貿上最不可缺乏的職責。
一位業者就指出：

> 當時自行創業者都是從學徒出身，普遍缺乏專業的經營管
> 理觀念及知識，根本不知道如何去因應產業的轉變。再者
> 有些人與外界接觸機會太少，經營的眼光就沒有那麼開闊，
> 想得不夠長遠，對自己過去的發展就深有這種感觸。目前
> 個人每年要前往日本參觀工廠兩、三次，目的就在吸收先
> 進國家的經驗。近年來在國內，政府亦舉辦了許多參觀工
> 廠的活動，應該妥善掌握這些機會，不斷地學並與外界保
> 持接觸，才是調整自己追求成長的不二法門。加強本身的
> 條件之後，才能在對外貿易上提高談判的籌碼。與日商買
> 賣時，更希望自己的產品能爭取較好的價格，藉以平衡對
> 其購買機器設備所造成的逆差㊵。

對生產製造經驗與能力的累積，透過上面的討論，我們可以看

㊴同④。
㊵同④。

出，是來自於諸多層面的投入與關注方為可能。而一旦對某個產品之生產製造經驗與能力的累積到達一定的程度，則其所能掌握的利潤，可能就不只來自於生產，還可能再加上外貿行銷的利潤。國內最大的一家千斤頂廠，在其轉做運動器材之後，就得到了這樣的成果：

> 七年前我們做了運動器材，因為覺得運動趨勢慢慢的會增高。剛開始自己做自己銷，結果發現我們的行銷網還沒有辦法做到售後服務。後來我們就做ＯＥＭ與國外擁有廠牌的外商配合，我們現在就只做一個廠（芬蘭廠）的產品，我們跟它配合已經四、五年了，它在美國有分公司。配合久了，我們在生產上有一定的水準，它也要依賴我們，所以並不一定要自己控制行銷網絡。我們可以跟它合作啊。它投資我生產的廠，我投資它行銷的公司。我們可以說是產銷配合，共享彼此生產與行銷的利潤。那個公司已做了五十年。它的新產品構想與設計，我們有Ｒ＆Ｄ跟它配合。我們的生產一天只有兩三百台，講究的是高品質與高附加價值的產品，所以與其他工廠起碼要做上千台的產品形態不同[41]。

除了上述中小企業以中型廠為主導，在生產製造領域充分展現之企業家精神，使我們能捉摸得到台灣中小企業未來發展的可能性之外，出口外貿網絡方面，在中小企業自覺之下，有能力的中型廠已紛紛希望能自己掌握這個生存攸關的外貿網絡。

---

[41]同⑦。

一位千斤頂業者就指出：

> 台灣人的彈性很強！中小企業這些年來，逐漸找到自己的
> 行銷管道，不必再依賴貿易商的仲介。接觸多了，在自己
> 行業之外亦對整體的投資環境有所感受；同時與國外建立
> 好了人際關係，與國外其他公司可以有非業務內的相互合
> 作關係⑫。

中型廠對於外貿網絡的開拓，可以說更透徹的發揮了企業家精
神的經營職能，國內一家螺絲企業就十足的展現了這種狀況：

> 本公司依時序在海外設廠如下：新加坡、斯里蘭卡、墨西
> 哥（美墨邊界）；並計劃向下列地區擴張：馬來西亞、西
> 班牙、東歐、中國大陸等地。訓練兒子、女婿等第二代，
> 到海外工廠負責，成爲執行董事，用當地的人來負責。無
> 論海內、外投資，最重要在於幹部的能力與道德水準，要
> 用對人。六〇年代外交節節敗退，在經營上諸如簽証、安
> 全保障上都有困難，且處處受到歧視，加上關稅高，經營
> 起來很痛苦；當初的出發點在於求生存並賺取利潤，並爲
> 了市場分散（不能將市場全都集中在美國）的考慮。民國72
> 年時，新加坡將低價值的產業強制淘汰，由於決策的錯誤，
> 造成72年到77年間，經濟發展的惡劣。由於新加坡是大英
> 國協的會員，銷歐洲時關稅低，加上人才（尤其是英語能
> 力）不錯，形象亦佳，故將新加坡當作中間站，接單後再
> 轉到台灣來生產；從71年到76年間賺了一個斯里蘭卡廠

---

⑫訪問記錄M4a，《社會與經濟》第21期，1989.6。

（由新加坡轉投資較爲靈活）。在斯里蘭卡設廠理由在於：
台灣廠逐漸自動化，可將淘汰的機器轉至斯里蘭卡繼續經
營，以便汰舊換新；同時斯里蘭卡與歐洲的關係不錯，投
資在斯里蘭卡可享七年免稅，而其與歐洲間亦是零稅率。
目前在斯里蘭卡廠共有員工一千二百人，是斯里蘭卡全國
第二大廠，而待遇則是斯里蘭卡最高的。最近報備工業局，
讓斯里蘭卡廠的幹部到台灣廠來受訓，讓他們瞭解中國人
的倫理道德、工作效率，以免其太過驕傲。在墨西哥設廠
是考慮美國的市場，以及關稅。當年墨西哥由於工會沒有
節制，加上政府沒有效率，以致外資紛紛撤離，國家由富
有到貧窮，目前大學畢業生的待遇約台幣六、七千元，一
般員工才三、四千元。目前共有二百名員工。考慮西班牙
設廠是基於1992年歐洲共同市場聯盟，關稅上的因素。東
歐市場逐漸在開放中，本身具有高品質的原料，以後可用
來生產高附加價值的產品，同時利用其廉價的勞工[43]。

上述這種對市場的敏於反應，因產品行銷流向而勇於開擴貿易
網絡的做法，與學者對於分散市場的呼籲是一致的。如蘇華山
（1981）的研究即指出：

分散市場政策已被肯定，然分散市場之原則並非從美、日
市場分散出來，儘管對日貿易逆差，對美貿易順差，然由
不穩定性之論點得知，對此二國之貿易更應把握及加強拓
展的，分散之地區應是對未加開發之地區拓展貿易。與其

---

[43]訪問記錄M3，《社會與經濟》第14期，1989.9。

說是分散市場，不如說擴大我國之對外貿易網來得合適。
即是說貿易網的擴大才是分散市場的原則。

透過上述對於「企業家精神」在生產製造與外貿兩個方面
的展現，我們說明了在台灣中小企業之協力組合結構中佔支配
位置的中型廠，在未來企業發展的挑戰上，有何因應之道。我
們相信，在協力組合中的母廠本身若未能在生產製造與外貿行
銷上有所提升，勢必不會帶給協力廠再整合與再升級的壓力，
如此，也就看不出原有協力組合整個結構位階往上提升的可能
性了。台灣中小企業未來發展的出路，從這個角度來看，解鈴
還需繫鈴人，亦只能反求諸己了。若從我們訪問過的廠商來看，
中小企業本身已在這幾十年的發展過程中累積了進一步發展所
需要的「企業家精神」。而客觀環境的發展，也迫使得他們要
去尋找新的出路。加上政府的開放，無形中亦給予了更大的發
揮空間。如此，對於中小企業的進一步發展即能有所期待了。

四、結語

對於台灣中小企業經濟結構的發展，我們從「彈性化協力
企業組合結構」的角度加以探討，到本章可說大致上勾劃出其
發展運作的圖像，及其發展上的可能限制和出路。探討中小企
業的經濟結構，絕非只有「彈性化協力企業組合結構」的研究
角度，才是妥適及有意義的策略。但是，從這個研究的角度出
發，卻有兩個值得注意的探討意義。一是，彌補經濟學家企管

學家對台灣中小企業經濟發展現象研究的不足。對於中小企業的發展，很少經濟或企管學者針對這個議題深入研討。是以，他們對於台灣經濟發展各個面向的具體研究，剛好與本章互為註腳。譬如，魏啓林、謝英明（1986）的研究，即從一個更具體之經濟內涵的角度，指出我們上述所言，在生產製造與外貿網絡必須升級的方向：

> 過去十數年來，台灣對工業先進國家出口商品結構集中於較少數傳統性出口商品之狀況依然未有顯著改善。儘管韓、港、新、中國大陸等競爭國家亦有類似現象，威脅較小，但在當前台灣面臨產業結構重整與商品結構重組時，如何增強並改善出口商品之多樣化因素，以因應未來出口商品在勞力密集與工資低廉等有利競爭因素逐漸消失時，猶能以之做為增強出口商品供給面因素之有力解釋因素，將為今後台灣追求提高出口成長績效及維持經濟持續成長之重點工作。

其二是，透過「彈性化協力企業組合結構」的研究，我們不只能從社會學的角度，對於台灣中小企業經濟發展現象，能予以別闢蹊徑的探討，更能從這個較整體性的結構面向，來挖掘出一些潛存的社會及文化特質，這不但是下一篇我們探討的重點，也是本書研究的重點。

第貳篇

台灣中小企業之社會特質

第七章　擬似家族團體連帶

—— 論台灣中小企業運作的社會特質

　　從前面第一篇對於台灣中小企業經濟結構的討論，我們已隱約碰觸到一些經濟現象背後的社會文化現象。這些社會文化現象的討論可以說是整本書的重點，也是如〈緒論〉所說的，從企業經濟現象的探討第二度再回到社會來詮釋這個辯證研究必要的過程。是以，立基在第二篇整個討論策略的安排下，本章首先針對中小企業協力組合結構運作所彰顯的一個重要社會特質：「擬似家族團體連帶」進行探討。對於台灣企業運作的社會特質，東海大學「東亞社會經濟發展研究中心」三年來曾做過一系列的研究①，但大都尚未企及概念化建構的層次。因而，本章一方面立基在第一篇中小企業經濟結構討論的基礎；一方面利用三年來類似於人類學田野調查研究方式，對於中小企業經營深度訪談累積的資料，並藉助「東亞社會經濟研究中心」

①參考《社會與經濟》第3、4期合刊本，東海大學，東亞社會發展研究中心。

早期研究的心得，嘗試透過「擬似家族團體連帶」的建構，更具體而深入的掌握中小企業發展所立基的社會特質。

就本章具體的研究策略而言，我們從下列幾方面進行討論。首先，要說明的是，本文所採取的研究方法本身之社會基礎：人情連帶邏輯，即是我們凝聚出「擬似家族團體連帶」這個概念的前提。當我們不以西方既定之社會學理論架構來解釋台灣企業及社會的發展，而採取深入企業及社會運作場域的實地訪問、觀察及體會的方式，作爲瞭解及詮釋社會的策略，現在看起來，這個方法本身即是我們從自己社會及文化母體建構概念的支柱。從研究方法本身得以體察到社會運作的一些特質，無疑的，能幫助我們縮短所建構之理論概念與生活實體的距離。所以，我們在第一部分先針對「擬似家族團體連帶」的形成基礎及概念內涵加以討論。其次，我們要再探討的是，「擬似家族團體連帶」爲何有其韌性，直到今天仍然支配著我們社會人際互動及組織原則？而形成這個支配性的特質爲何？最後，說明「擬似家族團體連帶」與台灣中小企業的發展之關聯，並由此再反省家族企業的問題。

一、研究方法的社會基礎：人情連帶 邏輯

社會學研究方法的不同，不但預設著研究對象的不同，也預設著建構社會實體方法本身的不同。然而，這個理論上的認

知，要在實際進行研究的應用上，才眞正對研究者帶來挑戰。因此，對於台灣社會的研究，不但要意識到這是對於迥異於西方社會實體的研究，更要花工夫去找出適合於這個實體的建構方式。在這個前提下，我們對於台灣中小企業發展的社會基礎之研究，便採取「深度訪談」的個案研究方式。這個研究方法在理論上預設著幾個前提：

1.所要研究的企業體，就生活範疇而言，乃是屬於「私生活領域」的活動（陳介玄、高承恕，1989）。中國人對於私生活領域內的種種活動，不可能透過一個公開的形式（如一般之調查問卷）而讓陌生人知道。

2.所要研究的企業體，就經濟範疇而言，乃是屬於「營利」的私密活動。在中國人錢財不露白及企業經營獲利致勝籌碼的考慮下，不會輕易對不相干的第三者透露重要訊息。

3.所要研究的企業體，就稅法範疇而言，乃是屬於「對衝利益」下的機密活動，在法律內外的這個游走分際，企業體對於外人更是不會隨便透露，以免承擔不必要的風險。

4.所要研究的企業體，就社會範疇而言，乃是屬於「擁有社會權力」的身分地位活動，沒有相當的社會資源不可能取得其尊重及配合。因而在其社會網絡之外的研究者不容易得到眞正重要的資訊。

以上四點預設，一方面固然做爲研究的出發，類似於以「經驗規則」來掌握；一方面卻也是我們整個研究過程不斷再反省的焦點。然而，立基在這些預設上之「深度訪談」方法的提出，只是我們意識到台灣社會必然不同於西方社會而有其獨

特性,這個「研究對象」的區辨而已。真正的關鍵問題在於:
就上述特質而言之企業體,「深度訪談」如何而可能?因為,
誠如張茂桂指出的(1988):「真正高收入的宰制級大資本家,
在隨機抽樣的調查中,是很難訪談成功的。」如此來看,深度
訪談就不只是一般「調查問卷」更進一步的開放形式之研究方
法而已。因為,本質上它不是可以透過隨機抽樣方法得到「受
訪對象」,以保證樣本的代表性。從上面四點預設來看,隨機
抽樣所得到的受訪對象完全失卻其意義,因為關鍵不在於你要
不要去訪問某家企業,而是想要去訪問的企業要不要接受你訪
問。是以,深度訪談能不能做,以及立基於什麼基礎來做,做
出來的成效如何,這或許都牽涉到某個社會的特質問題,而比
純粹方法形式上代表性的掌握更值得探討。就嚴謹意義而言,
上述「深度訪談」如何而可能的問題,必須從實際經驗來回答,
而不能從理論上推演。

　　從我們所訪問的60家企業裡,沒有一家是透過「正式形式」
(指由東海大學,或以東亞社會經濟發展研究中心受國科會支
助研究名義,行正式公文至擬定訪問公司)而達成訪問的目的。
大凡是公文出去,即石沉大海,得不到回音。若要真正訪問到
這家企業,則惟有靠「非正式形式」的關係網絡才有辦法。從
我們賴以完成訪問的關係網絡來分析[2],大致可分成底下三種類

②達成深度訪談關係類型表如下:

業別	訪問公司	受訪者及其職位	關係類型
紡	永煌集團—大東紡織 新光紡織	陳修忠(總經理) 林添貴(副總經理)	間接 直接

	三五集團	陳昆龍（總經理）	邊緣
織	裕隆汽車相關企業	謝煜峰（主　任）	直接
	遠東紡織	徐旭東（總經理）	間接
	統一企業	高清愿（總經理）	間接
	強益紡織	胡宏敏（總經理）	邊緣
業	東帝士集團	林螢燦（處　長）	邊緣
	正光染整廠	林燈坤（總經理）	直接
	正光染整廠	林燈坤（董事長）	直接
	大豐棉業	王國雄（副總經理）	間接
	裕源紡織	謝成哲（老董事長）	間接
	三五紡織	陳坤農（總經理）	間接
	大耀紡織	陳介禧（董事長）	間接
		張承宗（總經理）	
	怡元紡織	曾照明（董事長）	間接
		曾燦輝（總經理）	
	太平洋電線電纜	孫法民（董事長）	間接
	精業電腦	高照訓（總經理）	間接
	台灣電子電腦	Joe Yenavich（總經理）	間接
	神通電腦	候清雄（總經理）	間接
	華通電腦	吳　健（總經理）	間接
電	經緯電腦	馬賓農（總經理）	間接
		林伯華（業務經理）	間接
	宏　電腦	黃秀園（副總經理）	間接
	宏　電腦	張秋煌（督導事主任）	間接
	宏　電腦	（事務部）	間接
子	大同富士通電腦	李進智（總經理）	間接
		王焜瑜（副總經理）	間接
	王安電腦	林榮生（總經理）	間接
	金朋電腦	朱厚天（總經理）	間接
資	迪吉多 Digital電腦	李振瀛（總經理）	間接
		莊進士（銷售經理）	間接
	資訊傳眞雜誌	吳嘉璘（社　長）	間接
	台灣恆通電腦	汪傳欽（總經理）	間接
訊		王飛龍（工程部經理）	間接
	榮電電腦資訓中心	馬學明（總經理）	間接
	台灣恩益禧ＮＥＣ	松井隆（總經理）	間接
		陳宗欽（副總經理）	間接
業	工技院材料所	林垂宙（所　長）	間接
	凱程電子科技	林如裪（董＆總）	間接
		王建成（特別助理）	
	資策會教育訓練處	王思遠（處　長）	間接

	天一電腦	孫定邦（總 經 理）	間接
	詮腦電腦	俞金爐（總 經 理）	間接
	誠洲電子	陳、王（經　　理）	間接
	環隆科技	歐正明（總 經 理）	間接
	飛瑞股份有限公司	陳榮祥（總經理）	間接
	大衆電腦	簡明仁（董事長）	間接
		吳惠君（副　　總）	
	倫飛電腦	陳義誠（總經理）	間接
	盈電股份有限公司	嚴厚青（董事總經理）	間接
石 化 工 業	福國工業	邱憲民（總 經 理）	直接
		何勇雄（顧問）	
	石梅化工	郭秀光（董&總）	直接
		郭秀明、李元龍	
	台灣涼椅	曾振農（董事長）	直接
	台灣涼椅	曾振農（董事長）	直接
	台灣涼椅	曾振農（董事長）	直接
	台灣固特異	梁治國（董&總）	間接
	奇美實業	許文龍（董事長）	間接
		張源漳（副董）	
		廖錦祥（副總）	
		張一桂（企劃室主任）	
	中美和化工	沈　（廠　長）	間接
	南僑化工	陳飛龍（會　長）	間接
	欣業企業	張宗熙（副　總）	間接
	眞茂企業	張志城（總經理）	間接
	鴻昌工業	陳炳春（董事長）	間接
金 融 業	美商協利國際公司	張　樑（總裁）	直接
	台中第六信用合作社	謝文昌（理事主席）	間接
	世華商業銀行	倪德明（總 經 理）	間接
	大業証券投資顧問	黃沂成（總 經 理）	間接
服 務 業	太平洋房屋仲介	鄭明智（總 經 理）	間接
	新聯陽企業集團	涂煌鎮（總 經 理）	直接
	力霸集團	王又曾（董 事 長）	間接
	台鼎建設	白錫旼（董事長）	間接
	穎進	蔡裕柏（總經理）	直接
金 屬	遠東機械	莊國　（副總經理）	間接
	峰安機械	黃土城（總 經 理）	直接
		梁基燦（營業處國貿處處長）	

型：

　　1.直接關係：這是透過研究主持人或參與研究成員本身，
與受訪企業主之「親朋好友」的關係，取得受訪企業最高的信
任及同意，而能完成擬定的訪問計畫。透過這種關係形態的訪
問，每個參與研究的成員到了受訪公司，及與受訪業主的接觸

機	同光機械	張榮甫（管理部經理）	間接
械	凱祥企業	林文村（總　經　理）	直接
業	雷虎模型	賴春霖（董　＆　總）	間接
	金釆精密鑄造	林顯明（總　經　理）	間接
	世同金屬	楊瑞祥（董事長）	間接
	台中精機	黃明和（協　　理）	間接
	舜展機械	黃敏彰（廠　　長）	間接
	精斌企業	許嘉霖（董事長）	間接
	經偉工業	韓　蔚（廠　　長）	間接
	瑞昇壓鑄	周振中（董事長）	間接
	程泰機械	楊德華（董事長）	間接
	盈豐工業社	郭材全（董事長）	間接
	禎遠機械	魏欽榮（董事長）	間接
	嘉隆機械	王振興（董事長）	間接
	信孚產業	洪茂雄（董事長）	間接
		鍾慶宗（副總經理）	
	信孚產業	鍾慶宗（副總經理）	間接
	頂偉股份有限公司	王靖雄（董事長）	間接
	嘉義鋼鐵	（副總經理）	邊緣
其	興農企業	陳正郎（協　　理）	直接
		余英宗（總　經　理）	直接
	製鞋業	王瑞拱	直接
	通用、通貿	蔡朝嘉、蔡基銓、	直接
		林副總	
它	日信鞋業	陳董事長、劉董事長	直接
	聖堡建設	陳　松（董事長）	直接
	大揚運動器材	楊群祥（董事長）	間接
	廣大家俱	沈多助（總經理）	間接
	永山玩具	萬華山（董事長）	間接

中，都會興起很濃厚的「擬似家族團體」的感覺。主要原因是研究成員中有一個人與受訪業者有極親密的關係（彼此之間是兄弟、親戚或知交好友），因而，在共聚一堂時，即有都是自己人的感覺。在這種情況下，可以達成最佳的深度訪問，時間無限制、敏感話題，如公司財稅、人事及負責人在公司持股比例及家族經營問題，都可以無拘束的提出來請教，也都能獲得比較深入具體的回答。而訪問之後，必定由受訪業者作陪請所有參與訪問者吃飯，否則受訪者會認為作為主人者不夠誠意，沒有盡到招待朋友的義務。

2.間接關係：這是透過研究主持人或參與研究成員本身，與受訪企業主「親朋好友的親朋好友」之關係，取得受訪企業基本的認知及同意，而能完成擬定的訪問計畫。透過這種關係，一般而言還是可以完成訪問，只是，連絡上就比較曠日廢時而不如上面類型乾脆了當。而每個參與研究的成員到了受訪公司，及與受訪業主的接觸中，還是有相當成份的「擬似家族團體」感覺。因為研究主持人或研究成員中某個人與受訪業者之間，雖然有個中介者，但關係的距離還不是很遙遠，所以彼此之間會有一定的親密關係。彼此是自己人的認同還是有，但比第一類型微弱。而這種連帶關係反應在訪談上就很清楚。訪問的時間不再是如第一類型，漫無節制，而必須配合業主時間，在一個半小時到二個小時間結束，因此很多問題就必需擠壓在這時間內談完，而一些如上述的敏感問題，大部分只得到較表面及一般性的回答，無法像第一類型般的深入。但是，訪問完，業者也大部分都會請客吃飯，以盡地主之誼。

3.邊緣關係：這是透過研究主持人或參與研究成員本身，與受訪業者「親朋好友的親朋好友之親朋好友」的關係，希望取得受訪企業基本的認知及同意，而能完成擬定的訪問計畫，但是往往比較不容易達成訪問之目的。在這有距離的關係裡，不容易搭上擬訪問企業的關鍵人物，所以常常徒勞無功。縱然有些個案訪問成功，但整個感覺已相當正式化了，訪問者與受訪業主之間僅有很淡薄的「擬似家族團體」感覺，彼此之間的親密性很低，訪問所得的內容也更一般化，不易深入問題的核心。

我們將上述構成訪問的三種類型關係整理成下表。從中可以看出佔最大百分比的乃是間接關係類型。這就透顯出底下我們對於「擬似家族團體」感覺，進一步建構成解釋我們社會連帶形式的重要意義。因為，間接關係類型剛好是處於「擬似家族團體」感覺形成最適合的場域。

表一：受訪企業關係類型統計表

關係類型	家　　　數	百　分　比
直接關係	18	20. 2%
間接關係	67	75. 3%
邊緣關係	4	4. 5%

從以上這個實際經驗研究情形的描述，我們可以看出來，達成企業深度訪談的基礎，乃在於潛存於社會中的人情關係連

帶。之所以說是潛存，乃在於當我們不用某種方法去進入它的系統，我們不易感受到它的存在及具體運作方式。今天，若我們以一般問卷調查方式進行研究，可能就無法深刻體認及瞭解，人情關係連帶在我們當下社會運作狀況，已足於做爲探討社會變遷與文化變遷，社會結構與生活秩序一個很重要的策略。是以，這個課題也有不少學者注意到，並提出不少見解（Davis，1962；Knowles、Borje,1971；楊國樞，1984；黃人傑，1984；朱岑樓，1986；謝高橋，1988；黃光國，1988a，1988b；章英華，1988；陳介玄，1988，1990a，1999b；陳介玄、高承恕，1989；彭懷眞，1989）。在此，我們引用謝高橋一段話作爲進一步討論的起點：

> 在我們社會裡，人際關係網絡的建立，是以親族倫理爲基礎，並由家族中心擴展至其他的人群團體，如君臣、朋友等等，例如四海之內皆兄弟。親族是我們組織人群關係的主軸，這種軸心形成的關係在本質上是親密的、情感的、忠誠的與合作的。這種模式可應用於他人，即非親族，而在社會裡創造一種類似親族的關係與結合。我們社會的親族關係有其特殊性，但卻在運作上帶有包容性。因此，親族的情感不只存在於親族份子的人群關係，且也發生在非親族份子的人群關係。（謝高橋，1988）

以上概念性的論述，可以在我們上述之訪問研究過程得到印證。從這裡，我們可以將人情關係本身運作邏輯所展現的內外兩個原則凸顯出來。從上面所提到的訪問之三種關係連帶形態，及謝高橋的觀點，可以看出來，人情關係運作邏輯，內含

的是一種「擬似家族團體連帶」原則；而外顯的則是一種「擴大的相對封閉體系社會」性格。所謂「擬似家族團體連帶」原則，指的是從自然家族團體連帶過渡到人為家族團體連帶，這整體擴大的家族性連帶原則，它把非親族份子以親族感覺連在一起。而「擴大的相對封閉體系社會」指的是，在某個人情關係連帶之內的資源，直到今天，對連帶之外的份子來說仍然是不存在的，因而是封閉的，但是在今天現代工業社會因整體資源擴大了（如經濟資源的豐厚、政治資源的均化），所以這個相對封閉體系也跟著擴大。當我們把人情關係這一體兩面的組合形態區分開來，才能更清楚看到，為何「家族制度」或「家族理念」在今天企業的經營，是一種「資源」而非「負擔」。

二、「擬似家族團體連帶」與「擴大的 相對封閉體系社會」

以上略帶理論想像風味的討論，是在於形構深度訪談這種研究方式的實際社會經驗中，孕育累積出來的生活體會。這種生活體會說明了家族連帶，在傳統社會做為顯性的生活秩序，在現代社會則轉換成隱性的生活秩序，也由於在現代社會中，它轉換成擬似家族團體連帶的成分較濃，所以不容易一眼看穿其基本結構。但不管是傳統或現代，親族結構及親族連帶做為社會組織及結構的核心（李亦園，1985），是值得我們注意的研究面向。現在我們要再探討的是，前述之「擬似家族團體連

帶」為何有如此強的韌性，直到今天仍然支配著我們社會人際
互動及組織原則？而形成這個支配性的特質為何？

　　對於傳統中國及現代家庭、家族、氏族組織、親屬結構及
宗族結構的研究，在學界已是一個有著眾多研究成果的專業學
術領域。從他們的研究成果，我們可以看到前述「擬似家族團
體連帶」，立基的理論基礎及其基本特質所在。對本章論述直
接相關的，以林南及吳燕和的研究最為重要。林南在〈從家庭
結構看中國社會〉一文曾指出，以家庭為分析重心的社會結構
理論，認為：

> 家庭資源轉移的內容和對象是對家庭和社會運行有決定性
> 影響的要素。資源分為兩大類：一、權威；二、財產。一
> 個社會裡家庭資源轉移有兩個重要變數：（一）是強調權
> 威轉移，還是財產轉移，（二）權威轉移和財產轉移對象
> 是否一致。中國家庭資源轉移重視權威，而權威和財產轉
> 移是非一致性的（權威傳給長子，財產諸子均分）。這些
> 轉移特徵，導引出一個1.權威集中，2.家源和血源為重，
> 3.以小單位方式運行，4.以情感為重，而排外性較強的家
> 庭結構組織。由於資源轉移和其導引出來的特徵，使家庭
> 在中國社會佔有核心地位。它的核心程度由兩種方式表現
> 出來：(1)整個社會被家庭滲透，是家庭的延伸，(2)重要社
> 會組織結構，都模仿家庭結構模式。這些表現經由鄉、黨、
> 社會參與、人際關係、企業、政治組織，宗教制度都可看
> 出。（林南，1988）

整個社會被家庭滲透，是家庭的延伸，及重要的社會組織結構，

都模仿家庭結構模式，這兩點研究結果對我們有相當大的啓發性，也直接支持了我們上述的觀點。因而，我們可以說中國是一個家庭化的社會，這就不只如同金觀濤、劉青峰（1987）所說的，家族與政治是同構，事實上，從林南的觀點來看，家族與社會也是同構。這一點從社會學的角度而言，對我們可能更有意義，因爲它指出了我們生活結構的基本原則。

　　而就「擬似家族團體連帶」的特質而言，從吳燕和的觀點來看，有很好的說明。他認爲，中國社會是由「家」擴展到「族」，具有廣義氏族制度之永久性，並可由「族類同感」和「族群關係」來說明由家到族之伸縮性。「中國人的族類觀念伸縮性很大；小則爲同村、同鄉、同某房某派的宗族，大則爲同宗、同姓，以及『非我族類』的族類觀念，甚至可以大到國族的範疇。若單以家族爲出發點，則廣義的氏族包括超出單一家庭的伸展家族、宗族、宗親會性質的氏族等等，是跟『族類』具有共通條件的社會關係範疇與實際團體組織」（吳燕和，1985）。林美容也指出（1988）：「就形式特質而言，中國親屬體系是一個開放無邊的結構，理論上可以包含無限數目的父系嗣系群。」儘管吳燕和與林美容是立於不同範疇討論親族問題，但兩個人的研究結果卻可以提供我們思考到，前面所謂的「擬似家族團體連帶」，具有一個形式上的特質，亦即，在「族類同感」範疇之內的，是一個無邊開放系統；而在「族類同感」之外的，則是一個嚴謹的封閉系統。而對每一個「族類同感」團體所存在的社會來講，即變成「相對封閉體系社會」。

　　傳統「族類同感」所形成的生活圈爲什麼會有支配生活秩

序的能力呢？這從韋伯及瞿同祖的觀點就可以看出來，韋伯認為（1989）：「氏族，在西方的中世紀時實際上已消聲匿跡了，在中國則完全被保存於行政最小的政治單位、以及經濟團體的運作中」（1989：151）。而「氏族有其無可置疑的權力為其成員立法──此一權力不止具有『超越法律』的效力，並且在某種情況下，甚至是在宗教習慣的問題上，還具有『抗拒法律』的效力」（1989：153）。瞿同祖（1984：7）也指出，中國的家族是父權家長制的，父祖是統治的首腦，一切權力都集中在他的手中，經濟權、法律權、宗教權都在他的手裡。可見在傳統社會中，家族不但是經濟範疇，亦是一個法律範疇及宗教範疇。其對生活的支配能力可以從這個擁有眾多資源的位置看出來。家庭或家族的結構位置在社會變遷中，在現代化及工業化的過程裡，有沒有轉變，亦是學者爭辯和探討的一個重點（賴澤涵、陳寬政，1985；王德睦、陳寬政，1987；徐良熙、林忠正，1989；章英華，1988）。對我們而言，在此較關懷的是，如果說傳統社會中，家族同在經濟範疇、法律範疇及宗教範疇等眾多資源匯聚所在，是以對生活具有強大的支配力，那麼傳統家族結構所孕育的「族類同感」意識，結晶化在當下社會所形成的「擬似家族團體連帶」，為何還能在當下社會運作？

在說明這個問題之前，我們先從一個較廣闊的視野，考察一下固有的親族關係在當下社會的作用。謝高橋指出（1988）：

「我們的親族關係不僅有其親密情感且亦有其工具性，這正好涵蓋了西方社會學家所謂的初級關係與次級關係的特

徵。如今，在快速的社會經濟發展過程，都市環境條件的發展，將有利於人際關係的工具性而不利於人際關係中親密情感的盛行。但我們人際關係網絡的包容性與工具性並行不悖，這可能會使我們人際關係網絡在社會變遷中的改變，不會像西方社會在結構變遷中造成次級關係的全面盛行，而喪失親密情感；相反地，親族暗含的親密情感乃會透過人際關係網絡來運作，不論它是基於初級的軸心或次級的軸心。總之，我們的次級團體結構會隨社會之由農村型態轉變都市型態而發展，但親族的親密情感不會自人際關係網絡中完全消退，仍會在次級團體的結構裡運作，形成社會連帶而影響組織。」

事實上，從我們對於台灣中小企業的研究可以看出，所謂涵蓋著社會學上初級關係及次級關係特徵的親族關係，並不能很具體的描繪台灣現代社會一種較普遍性的連帶特質。我們當然可以同意，親族關係之內的連帶，可以同時包容情感性及工具性而不悖，因而仍然可以在現代社會運作。但在親族關係之外的社會連帶方式，就無法再用親族來解釋了。所以，我們發展出來的「擬似家族團體連帶」概念，即可以較普遍性的來說明台灣現代社會人際連帶的特質。如果說「擬似家族團體連帶」概念遠比親族關係更能勾勒出一般性社會連帶，主要在於「擬似家族團體連帶」能貫穿親族關係形成的封閉體系社會，而凝聚出一種新的團體意識。從此也看出了「擬似家族團體連帶」能在現代社會運作的道理。

從中小企業的訪問研究，與一般學者研究[3]所提出的一個相

當一致的看法是，除少數幾個行業之外，普遍而言台灣企業之同業公會組織皆不發達，亦即不能發揮其組織應有的效能④，所以也就達不到韋伯所指涉的西方商人結社之存在的意義和功能⑤。我們在前面第一篇對於中小企業協力組合結構的探討，也發現到企業之間很難建立正式組織關係。這些現象似乎說明了中國人像一盤散沙，不容易建立起團體意識。然而，若從本章前面的討論來看，中國人傳統之「族類同感」、「親族關係」或「家族連帶」都可以說是一種具影響力之團體意識的彰顯，我們如果稱之為舊的團體意識，則相對於傳統農業社會之現代工商社會，應有其與傳統相關連卻又有其新意的「新團體意識」。這種新團體意識從我們觀點來看，即是透過「擬似家族團體連帶」而形成。

在第一篇第三章對於中小企業生產與管理上的討論，我們

③訪問記錄Ｍ18，《社會與經濟》第38期，1991.1。

④亦即不能達成做為一個組織結社的經濟功能與社會功能。

⑤對於韋伯這方面的討論請參考《社會與經濟》有關〈城市論〉部分。

⑥楊國樞、鄭伯壎（1987）在「傳統價值觀、個人現代性及組織行為：後儒家假說的一項微觀驗證」一文，介紹了Kahn有關「後儒家假說」的觀點。在Kahn四項有關儒家之意識形態假說對東亞社會的企業組織有正面作用的因素裡，其中「第三點，有階層感（sense of hierarchy）而且認為階層是自然的、對的。第四點，認為人際關係具有互補性，此種觀念與階層幹部配合後，可以擴大機構或組織中的公平感：例如，一方面是老闆對下屬給予父權式的關懷，另一方面是下屬願意與老闆做合作，不因自己為處下僚而有太多的憤慨」。這二個觀點可約略具體的來說明，我們這裡所指的文化質素為何。

已經指出「班底」的運用是極關鍵的一環。而班底這個工作團體的形成及其互動間的高度默契，即是經由「擬似家族團體連帶」而培育成一種有共同工作理念的團體意識，這種團體意識也即是我們第三章所指出的「自己人意識」。從訪問研究中可以看出來，形成班底的人員無法完全來自於親族團體的成員。然而來自於親族團體的「貼心感」與「信任感」，以及對於這個工作團體的高度認同感，卻是企業主所需要的。因而透過「擬似家族團體連帶」而形成「自己人意識」，即是再造這種初級團體特質的不二法門。如此，也同時解決了源自親族關係封閉性所形成之互動障礙。然而，儘管透過「擬似家族團體連帶」能夠突破親族關係封閉體系，但是「擬似家族團體連帶」所形成的團體意識還是有其界線。以第一小節所討論的三種關係而言，到了「邊緣關係」類型，可說已瀕臨「擬似家族團體連帶」的極限，再類推出去即非自己人而是陌生人了。所以，我們所言之台灣乃是一個「擴大的相對封閉體系社會」道理即在此。由於台灣現代社會是「擬似家族團體連帶」，所以不像傳統社會「家族團體連帶」那般特定化，因而是擴大的。這一點跟前述社會經濟整體資源的變動是必須一起觀照的。另一方面，傳統與現代兩種連帶的邏輯又有其相通之處，皆是以人情連帶為最終基礎而非以法律規約下的非人際形式連帶為基礎，是以彰顯出來的還是一個相對封閉性的社會。

　　上面的討論，我們簡單說明了「擬似家族團體連帶」基本特質及其能夠在現代社會中運作的理由。底下，在前面論述的基礎上，我們要進一步探討「擬似家族團體連帶」與台灣中小

企業經營的關連，並由此關連的說明，對於爲人所詬病的家族企業問題再加以反省。

三、「擬似家族團體連帶」與中小企業經營

　　從中小企業的研究到「擬似家族團體連帶」的建構；或者從「擬似家族團體連帶」再回頭解釋中小企業的發展，事實上是一體兩面的工作。如果對於社會實體的理解是在於辯證思索的動態過程，那麼經由中小企業這個研究對象及採用之研究方法所挖掘出來的「擬似家族團體連帶」，便應該能再用來深化我們對於台灣中小企業發展的瞭解。從紡織、製鞋、機械及資訊四個行業的訪問研究，我們體會到「擬似家族團體連帶」與中小企業經營上的關連，大致可從下列三個面向來加以討論。

　　㈠「擬似家族團體連帶」作爲企業內部勞動組織之管理及推動其生產力的有效機制。在我們訪問的企業裡，有的不願意人家稱其爲家族企業，卻以「企業家庭」的公司組織特色而自豪。不管是家族企業或企業家族，在我們看來，都是以「擬似家族團體連帶」作爲企業運作的一個文化質素⑥，來獲取企業所有員工的高度認同，以彰顯企業的生存及獲利能力。在這個情況下，以中小企業的經營規模而言，並不一定需要科層分明的專業管理人員及組織，來掌握勞動生產組織的合理化，而只要老闆及幾個核心幹部，能充分運用「擬似家族團體連帶」的原

則，與直接生產的勞動者打成一片，形成自家人的感覺，即有
生產的紀律與生產效能出現，使中小規模企業也能走上「有紀
律的勞動組織形態」。這也即是我們第三章及前面第三小節提
到的黑手變頭家之管理整合模式或班底運用的奧妙。就中小企
業組織動員的角度而言，誠如前面所言，「擬似家族團體連帶」
最具特色的表現乃在於「班底」的形成與運用。一位受我們訪
問的製鞋業者就說道：

> 本公司沒有班底的運用，很難想像在台灣大部分鞋廠都往
> 外移到大陸或東南亞的情況下，我們在台灣不但能生存，
> 尚且能夠繼續擴廠發展。所以，我們的廠可以說是靠幹部
> 在賺錢。公司以總經理為核心的班底，每個人遇到公司有
> 事，都可放下身段，馬上進入狀況將事情處理好。平常大
> 家感情很好像親兄弟一般，這種情誼上的和諧使我們互相
> 搭配的更有默契、更順暢⑦。

可見對於中小企業發展而言，「擬似家族團體連帶」確實是符
應其經營特質很重要的一個社會條件。

　　㈡「擬似家族團體連帶」可穿透相對封閉體系的界限。企
業對外而言，必須和氣生財，尋求廣大的助源，不論是市場的
開擴、員工的招募、與其它業者商業信用的相互支援與流通、
金融信用的運用、各類有利資訊及賺錢契機的掌握等等，在在
都需要互通有無，快速累積企業經營經驗才能生存獲利。但是，
商場如戰場，不僅有「族類同感」這種社會性的相對封閉性存

⑦訪問記錄O4。

在，更有不同企業層級所形成的經濟性之相對封閉性存在。所以，「擬似家族團體連帶」，就變成突破這些封閉性的重要管道。因爲它能建立所謂「自己人」的認同連帶，以便在企業經營上彼此幫忙。試想以一個單純學術研究的訪問，便須用上這種連帶才能達成。可見對企業家而言，在生存攸關的壓力下，怎能不去刻意營構這些連帶，以備不時之需。所以從我們訪問中可以看到，各種「擬似家族團體連帶」的延伸組織，如商幫（台南幫、嘉義幫、上海幫等皆是）地方企業家聯盟等組織所在多有。而最平常的運作，則在於每個中小企業頭家在面對自己企業經營情境時，如何因地制宜善用此連帶以掌握企業發展契機。一位受我們訪問的染整廠頭家就指出這個情形：

> 外銷網絡的開擴，從國內到國外的連線，必須要有熟悉這個網絡的外貿人員跟你搭配。本廠所染的橡筋布或混紡布都是由另外一家搭配的中型紡織廠，從國外接單再下到本廠來染色加工。所以，早期工作量一直受制於這家紡織廠，但一直打不進去他們的網絡因而也無可奈何。後來經過長期刻意經營，與其負責外貿接單的主要靈魂人物，建立了兄弟般的感情。由於有這個交情，他即把香港、美國客戶的網絡全部介紹給我，使我在工廠接單方面更有把握[8]。

由此我們可以看出，這種「兄弟般」感情的建立，即是「擬似家族團體連帶」之建立。也是業者賴以穿透相對封閉體系界限的手段。

---

[8]訪問記錄T9c。

　㈢「擬似家族團體連帶」是企業經營的資源。從上面兩點的討論，我們可以看出來，對企業經營而言，這種擬似家族連帶，不管對內或是對外，都是必要的資源。而從「資源」這個概念，我們就能更清楚看到，廣義之家族意識或擬似家族意識的使用，是在台灣當下這個社會結構及文化脈絡裡，進行企業活動，所必要的一個理性策略。之所以說是理性的策略，乃是立足在台灣這種社會連帶的形式上，企業無法自外於這個連帶之下，進而善用了這個連帶以釀造出深層文化結構對企業營利活動非經濟性的支援效果。這樣的情境，在傳統的紡織業看得到，在先進的資訊業依然鮮明。受我們訪問的兩位資訊業者就曾指出：

> 我們是講究人性化的管理，彼此之間的關係很 close ，沒有人會說他永遠就是對的，像董事長講的：人非聖賢，孰能無過，所以公司的文化就好像一個大家庭一樣，大家感覺好像兄弟、朋友、和親戚一樣[9]。

> UPS 本身並不是很複雜的機器，除了零件是進口之外，大部份都是自行製造生產。在國內，我們也有很多的供應商，甚至對這些供應商，也有一些財務上的支援，讓他們週轉以解決財務危機，此係立基於「兄弟」的關係，因彼此已有長期合作關係，加上對方無法順利運作勢將危及本公司的營運；這種並不完全屬於正式契約合作關係，能使我們藉以在同業「搶貨」時，爭取良好的配合[10]。

---

[9]訪問記錄E25，《社會與經濟》第30期，1990.9。

「擬似家族團體連帶」作爲台灣中小企業經營上一種資源的效應，這個情況，我們大致上都可以在往下幾章所要討論的主題，如「情感與利益加權關係」、「包容式行政」及「勤勞主義」看得出來。間接也對於儒家倫理與台灣經濟發展關係的命題有所反省。這一點我們將在第十章深入討論，在此，要進一步反省思考的是有關於家族企業的問題。

對於台灣中小企業結構特質的探討，就我們的觀點而言，家族企業形態是很重要的一個面向⑪。劉水深（1983）在其研究裡，即明白指出：

台灣中小企業大部份爲家族企業：依據一項研究結果顯示：百分之七十的中小企業爲家族企業，所有人即爲經營者。依照民國70年台閩地區工商普查結果，有77.34%之企業單位爲非公司組織，這些企業絕大多數是家族企業，甚至很多公司組織者亦屬家族企業。

而對於家族企業的問題已有不少人加以探討⑫，可說是褒貶皆有

---

⑩訪問記錄E26，《社會與經濟》第30期，1990.9。

⑪「東亞社會經濟發展研究中心」對家族企業問題做過一系列研討，最主要的論文是涂一卿〈家族企業的概念與實質——以台灣企業爲例〉（《社會與經濟》第2，3期合刊本）、〈中小企業、家族連帶與地方社會〉（《社會與經濟》第28，29期合刊本）及高承恕、陳介玄、馬彥彬〈台灣經濟發展與西方資本主義理論〉（「社會與經濟」第2，3期合刊本）。

⑫有關這方面的探討文獻極多如：黃光國，1983a，1983b，1988c；陳明璋，1984，1985；陳其南、邱淑如，1985；陳翠英，1988；Al-

之。對於中小企業家族企業限制面的討論，陳其南及黃光國兩人有深入的研究。陳其南從傳統家族制度的角度⑬，以及透過「差序關係導向」型企業這個概念的建構⑭，指出台灣中小企業眾多的原因，而且在家族觀念的影響下，這些企業很難擴大。黃光國（1988c）則藉由其「人情與面子的理論模式」指出：

> 東亞人民在建構並經營企業組織時，仍然很難擺脫儒家倫
> 理的影響，而傾向於以家族成員為核心，來締建企業組織，
> 同時傾向以「需求法則」和在企業組織中工作的家庭成員
> 交往，並以「人情法則」和其僱用的員工交往，而構成所
> 謂的「家族企業」。

對於家族企業做這樣的界定之後，黃氏引用中國生產力中心（1974）、宋炎興（1979）及曾東陽（1978）的研究結果說明，台灣絕大多數中小企業都具有家族企業之特性，其問題乃在於「業主獨攬產銷與經營管理之全權，缺乏現代經營管理觀

---

corn，1982；Ambrose，1983；Bantug-Hoffarth，1985；Bar-
mash，1986；Beckhard and W.ibbDyer，1983a，1983b；
Bozett，1985；Crouter，1984；Curtis，1986；Davis，1983；
Finn，1986；Hall，1974；Hirschmeier J. and T.Yui，1981；
Holl and Boulton，1984；Hsu 1986.

⑬陳其南、邱淑如〈企業組織基本形態與傳統家族制度——中國、日本和西方社會的比較研究〉，見於《中國式管理實錄》PP.466-479，時報出版社，民國73年。

⑭陳其南〈傳統中國家族制度與企業組織——中國、日本和西方社會的比較研究〉，見於《婚姻家族與社會——文化軌跡》，允晨出版社，民國75年。

念，因而未能引用現代化的管理制度」[15]。所以，黃氏在此大力引用韋伯「形式理性」的觀點，指出家族企業現代化的方向，應當是引進西方式的管理理念，建立蘊涵有高度「形式理性」的規章制度，讓儒家文化忠、誠、勤、和等傳統能夠完全發揮出來[16]。

相對於陳其南、黃光國兩人的論點，亦有學者從正面的角度，指出中小家族企業在現階段整體企業發展上的意義所在。典型的代表是陳明璋（1988a）的研究：

> 中小企業都屬於家族企業，而家族就是建立在廣義的「同」（同學、同事、同姓、同鄉）與「緣」（血緣、姻緣、地緣、學緣）之上，有此「同」與「緣」的情義結合，若再有事業的共利誘因，就能進一步往外擴散與結合，從家族企業的內部關係到對外的原料採購，代工戶的選擇、加工、裝配及產品銷售，很容易看到這種廣義家族的關係。國人只要有「同」與「緣」的情意在，就容易建立「義利」結盟的合作關係，這種系列性的合作，在匯率升值的壓力下表現無遺。我國企業少有倒閉的情形，其因在此。

陳明璋在肯定了中小家族企業在過去發展之意義後，也指出了其未來轉變之方向：

> 過去，由於各環結的緊密配合，強大與彈性的產銷體系得以建立，今後，這些合作環結仍應繼續維持與強化。但更

---

[15]黃光國〈中國式家族企業的現代化〉，見於《中國人的權力遊戲》，巨流圖書公司，民國77年。

[16]同上。

重要的，是擴大廣義的「同」與「緣」的關係，並將之法
制化，使之共存共榮，而由關係取向變成制度取向。不管
怎樣，多層次的中心衛星工廠體系，仍是企業的競爭優勢
基礎之所在。（陳明璋，1988a）

　　以上對於學者們針對中小企業家族企業特質正反兩面的討
論，從我們對於第一篇中小企業協力組合結構的具體探討，以
及本文的觀點來看，都是很難加以接受的。陳其南及黃光國從
二手文獻所建構的理論模型，都有著以理論化約實體的毛病。
台灣中小企業眾多，絕非「差序關係導向」型企業這個概念所
可輕易解釋的；而中小企業很難擴大，家族觀念的影響也非重
要因素[17]。而黃光國借用韋伯「形式理性」與「實質理性」這組
概念批判中小企業家族企業的缺失與提出興革之道，不但在知
識論及方法論上誤用了韋伯概念架構，將其廉價的應用到自己
社會現象的解釋上；更是透顯了其對於台灣中小企業的瞭解過
度表面化[18]。從第一篇對於台灣中小企業經濟結構細部的討論，

---

⑰要回答這個問題，必須對台灣企業，尤其是中小企業發展的經濟結構
　與社會結構，有比較全面性的探討才可能週全的加以解釋。本書以台
　灣中小企業經濟結構及社會結構作為研究對象，即在於希望能深化對
　此問題的研討與瞭解。是以，以此來看陳其南的討論顯然是有所不足
　的。

⑱對於黃氏在知識論及方法論上誤用了韋伯概念架構，將其廉價的應用
　到自己社會現象的解釋上，筆者在〈韋伯論西方合理勞動組織的興起
　與擴大〉一文有較詳盡的批評，可加以參考。至於個人認為黃氏對於
　台灣中小企業的瞭解過度表面化，可從本書第一篇的討論內容看出來，
　在此不再贅述。

我們正是要從此彰顯一個重要的觀念：任何對於一個社會中經濟現象深度理解的可能，乃在於先如實的進入到這個經濟現象本身，如此，再去挖掘其社會性及文化性的根源時，才能回過頭來豐富原先經濟面的解釋，而不致犯了過度化約的毛病。至於陳明璋的論點，雖能較實在的指出家族企業對中小企業發展的可能意義，但卻不能分辨「家族企業」與「擬似家族企業」的不同。

從我們研究的角度，要提出的一個較整體性的解釋乃在於：若是一定要從傳統的文化根源，來掌握台灣中小企業富有特色的組織形態，則這個組織形態應是「擬似家族企業」而非「家族企業」。這怎麼解釋呢？從第一篇第三章對於整體中小企業協力結構的討論我們已看出，10人以下佔多數比例的家庭工廠，很多是夫婦兩人、兄弟數人或再加上幾個僱傭工人就做起來，以這麼少的人組成的這類型工廠不家族化也難，是以單從這些工廠來說明台灣中小是一種「家族企業」形態，在個人看來並不能凸顯中小企業的組織特性。但是，若我們將10人以上的小型廠、中小型廠及中型廠與這一部分整體來觀照，會發覺隨著公司的擴大，在生產及管理的用人上，不可能侷限在家族人員的範圍，而會運用前述之「擬似家族團體連帶」來形塑出班底以資運作，如此，我們看到的即非「家族企業」而是「擬似家族企業」；或者表面觀察是「家族企業」而實際運作上則是「擬似家族企業」。

那麼，什麼是「擬似家族企業」呢？在此，我們指涉的是：在企業的經營上，以「擬似家族團體連帶」作為企業組織中的

人際互動原則，而形構出組織力運作效能的企業體。由此界定來看，所謂經營權與所有權有沒有分離、企業核心人物是否爲家族的人，便非關鍵判準⑲，重要的判準是在於：企業在組織的構成及運作上，是否透過「擬似家族團體連帶」來進行。從我們對於紡織、製鞋、機械及資訊四個行業的深度訪問研究可以看出，台灣中小的企業組織，可說充分表彰了這種「擬似家族企業」的特性。

　　從我們上面的討論來看，家族團體連帶，如同「擬似家族團體連帶」，對於企業經營而言，是一個「資源」與「負擔」範疇的問題，而非「好」與「壞」評斷的問題。家族對於企業經營，到底是負擔或是資源，必須從我們生存的客觀社會脈絡，及主觀上企業主持人運用組織的能力來決定。從上述「擬似家族團體連帶」，在企業經營上的三種關連來看，整體社會及文化的發展形態，無疑的，是有助於企業將家族作爲一種既有的「資源」來使用。而就我們所訪問的業主之觀點來看，他們也都承認，企業作爲企業必需是要能生存及獲利的企業，這是最重要的判準，所以，同樣是兒子，因才能不同所付予經營的企業性質也就不同。從此看來，似乎企業家本身比外人更能洞察到，家族在企業經營上，所可能帶來的盲點，而能避免造成負

⑲以經營權與管理權分離與否作爲中小企業家族化的判準，並據此指出其經營上的不合理性，是對這組概念在分析中西不同經濟及社會實體沒有深入瞭解的緣故。我們在第四章從證券市場形式結構的發展指出，單從文化面來強調經營權與管理權分離與否是沒有意義的，因爲這牽連到的是整體制度結構配合的問題。

擔，盡量善用其作爲「資源」的特質。這也是企業家在其實際企業經營的考量下，會將家族團體連帶轉換成「擬似家族團體連帶」的道理。如此，才能夠符應社會變遷的步調而充分利用體現出新生命的文化資源。如一位受我門訪問的機械業者就說到這樣的狀況：

> 基本上我們是採用內部創業的方式在分裂，我們希望藉家族企業延伸出一種企業家族的狀況。一家公司經營三十幾年下來，有一些高級幹部總是會延伸出自己的想法，像自己創業這類的想法。但是依現在的狀況要自己創業會越來越不容易，失敗率很高。所以爲了讓對公司有貢獻的高級幹部有發展的機會，所以我們慢慢形成一種內部創業的機會出來。當然這種內部創業的情形，就比較採用一種入股分紅的制度。所以讓有能力的幹部有機會到外面負責。最近延伸出一家台勝精機，專門做本廠淘汰的機種，即較傳統的機種。那家公司同時也開放給我們很多幹部去入股分紅[20]。

從家族企業到企業家族，實說明著中小企業從家族團體連帶轉換成「擬似家族團體連帶」一種高度自覺性，對傳統社會連帶及文化價值檢選及重塑的過程。無疑的，如此的轉變亦可帶給我們對自己社會變遷的瞭解。

---

[20]訪問記錄M8，《社會與經濟》第30期，1990.9。

四、結語

　　對於「擬似家族團體連帶」或家族企業，在本章的討論，除了是來自於理論的思考之外，更重要的是在於生活的體認。在每一次的訪問個案裡，當一踏進受訪企業的大門，我們大致就能明瞭這是屬於第一小節所述那一種類型關係提供的訪問。及至進入會議室，與企業主的寒暄、招呼、彼此會談的坐位，乃至提問題的程序、態度、禮貌，在在都顯示了，這是一個有秩序存在的社會，而這種秩序又與訪問韓國企業所感受到的上下從屬嚴明的階層化秩序大為不同[21]。從這個角度來看，家族或是「擬似家族團體連帶」，基本上都是生活的東西。它們給生活帶來秩序，而生活也不斷形塑其面貌，強化其特質。如此，既然，「擬似家族企業」不單是某種制度或組織的承攜者，它也是生活實體的承攜者，我們便無法從一個制度或組織良窳的角度，來標定它的好壞，藉以提出改革的藥方。在我們看來，只要在生活中能持續不綴運作的東西，便有其韌性。這種韌性

---

[21]《社會與經濟》第41期，韓國訪問記錄。在仔細觀察之下，我們發覺韓國企業中透顯出來的生活規則是不一樣的。一到了某個公司，接待的下屬已嚴陣以待，安排所有參與研究的同學坐定之後，再由公司較高級幹部帶領帶隊的高承恕老師到社長室晉見公司最高負責人（社長），爾後再進行討論。甚至最後的送客禮儀都透顯出此種階層化秩序，高級幹部送到會議室門口，次級幹部送至公司大樓門口，再次級幹部則送至地下鐵入口，這些都與我們在做台灣企業訪問時感受完全不同。

是不可能以任何設計出來，卻又遠離生活的制度來取代的。

在以上認知下，「擬似家族團體連帶」，便是我們用來說明台灣企業運作底層生活秩序的一個初步藍圖。這只是一個抽象的開始。真正對於生活規則的描述及討論，不應該是「抽象式」的，而應該是「具體式」的。本文對於「擬似家族團體連帶」的勾劃，就如同上述對於「家族企業」的扼要反省，想要指出的是，企業經營的研究，越能「具體」的掌握其生活面，越能描繪出其賴以運作的社會性原則，如此，也就越能瞭解我們的社會。而這又是任何社會興革及往前發展的基本工作。從「擬似家族團體連帶」，我們看到生活邏輯與社會邏輯的統一，或許，這也能給我們帶來對於自己社會較具體的瞭解。

第八章　情感與利益加權關係
——論台灣中小企業運作的實質連帶

　　在第七章的討論，我們指出人情關係運作邏輯，內含的是「擬似家族團體連帶」原則；而外顯的則是一種「擴大的相對封閉體系社會」性格。是以，在那裡，人情關係運作邏輯，是作爲說明「擬似家族團體連帶」的背景架構。在本章，我們則要針對這個「擬似家族團體連帶」存在更廣泛的實質基礎進行探討。從第二章對於協力企業組合原則的討論，我們指出了「利益原則」、「人情原則」、「權力原則」及「利益與人情的加權原則」是構成協力關係之間，彈性化組合的幾個重要原則。然而，當時我們並沒有針對這幾個原則深入討論，並說明彼此之間的關連，只提出了從這幾個原則出發，可進一步探討台灣中小企業經濟結構運作下的社會邏輯，這個研究的線索而已。因而，在此研究的策略及目的可以說是，立基於第一篇中小企業經濟結構的探討結果，以及藉由「擬似家族團體連帶」重新界定台灣社會裡人際連帶的方式，再思考及建構中國社會中人情關係的形態及運作方式。所以本章先說明一下，形塑

「關係」探討意識的整個問題脈絡發展歷程。經由這個過程的釐清，我們建構出「情感與利益加權關係」概念模式及運作方式。並在最後說明「情感與利益加權關係」與「擬似家族團體連帶」及中小企業經營的關連。

一、「關係」概念建構歷程

從眾多文章對於諸如「人情」（金耀基，1980）、「關係」（喬健，1982；彭懷眞，1989；Jacobs,1979）以及相關主題如「面子」（朱瑞玲，1983；胡先縉，1988；Hu，1944；Ho,1974；King and Myers,1977）、「報」（文崇一，1972；楊聯陞，1987）的研究，或者將這四個面向整合起來一起探討的取向（黃光國，1988a，1988b），都說明了，這些主題越來越爲學者意識到乃是掌握中國社會及文化運作特色所在。個人也深信，有別於韋伯指涉下的西方「法律秩序」（legal order）社會①，台灣或中國社會的運作原則應有其獨特性及不同類型存在的可能。是以，在「東亞社會經濟發展研

---

①韋伯對於西方社會基本形態的社會學研究，在我們也企圖從社會學的角度，對台灣社會基本形態加以探討時，是一個很好的對照點。他所提到的西方是一個「法律秩序」社會，對我們而言即是很有意義的比較策略點。這一點請參考韋伯《 社會與經濟 》一書〈法律社會學部分〉，或筆者〈韋伯論西方法律合理化〉一文，見於陳介玄、翟本瑞、張維安合著《韋伯論西方社會的合理化》一書。

究中心」對於台灣大企業及中小企業整體研究的架構裡，特別
注意到人情關係面向，展顯在台灣企業發展之經濟生活領域內
的情形。隨著這整個研究計劃的進行，對於人情關係的思考，
已牽涉到本章核心概念：「情感與利益加權關係」的發展與建
構，我們有必要略為說明這個概念的形成過程。

　　民國76年2月起，個人參與「東亞社會經濟發展研究中心」
對於國泰十信的個案研究。在閱讀龐雜的文獻過程中，從十信
事件慢慢瞭解到，法律與人情關係在社會運作中因其不對等位
置所產生的互補性現象。由於法律的運作並沒有在制度上落實，
所以產生了許多「形式上合法，實質上不合理」及「形式上不
合法，實質上合理」的法規缺失，相對的也就越使得一般業者
傾向於用人情關係來疏解其企業經營上的難題或藉此累積其社
會資源②。因此，談台灣社會中的人情關係，必然要牽涉到與法
律這個不同運作邏輯的互動關係，才能更清楚看出傳統以來的
人情關係，在現代化社會的特質及運作意義。所以，「關係與
法令」這一組概念，即變成我們第一階段針對台灣紡織、石化
及資訊等大型企業訪問的一個主要面向。而個人也以此為主題，
於76年底寫成針對大型紡織業的研究報告。在以〈關係與法令
——台灣企業運作的一個傳統面向〉為題的論文內，個人從紡
織業者的觀點，整理出他們對關係與法令的看法，發現基本上
並沒有與我們探討十信事件所得到的初步看法相違背，甚且是

_____

②參考筆者〈關係與法令：台灣企業運作的一個傳統面向〉一文。本文
　初稿寫於76年底，經修改後發表於《思與言》第28卷第4期。

相當一致的。關係可以說是法令空間之外的運作法則，它也是
迥異於法令本質之外，另一種企業運作賴以互動的規範體系③。
也在這一篇文章裡，初步進行對於「關係」的概念建構：

首先，所謂的「關係」：指的是某種通向特權（privilege
）的特殊管道。這種特殊管道不是每個個人，每個團體所
可以任意擁有的。隨著團體之為強勢或弱勢，個人擁有權
力（power）之多寡，這種關係會起落而有所不同。在經
濟的運作上，任何企業家擁有了這種關係，都可能達成某
種產品或市場的壟斷。其次，我們所謂的「關係」：指涉
的是一種人情、倫理、工具、利害結合的一種複雜溝通管
道。這種關係可以底下圖示說明：「表面上」（下面圖示
上面二層）這種關係是以人情或者倫理的關係呈現著。廣
泛的人與人之間，或在傳統界定的五倫之內，受著禮俗的
規約而互動，基本上前者是由情（廣義的）來連繫，後者
由禮來繫屬（請注意這純是理念類型上的分析與建構方為
可能，現實中沒有如此的純粹類型，之所以如此分析的目
的，是企圖將我們指陳的關係之具體內容加以呈顯出來）。
「實質上」（下面圖示底下二層）這種關係的內部可能指
涉的是一種工具的技術權宜及實際上利害的考慮與計算。
因而，我們第二種純粹類型的關係，之所以複雜，不是作
為四種不同關係的綜合體，而是一種關係同時內蘊著這四
個面向及質素。從以上對關係的界定，我們可以看出台灣

③同上。

企業運作的關係之所以有獨特性，並不在於第一種特權式的關係，這類關係任何社會都會存有，較具普遍性。台灣企業關係之獨特性乃在於我們上述之第二種關係。爲什麼呢？關鍵在於，這種表面上看起來高度諧和，圓通，倫理化的「人情倫理」關係，本身卻帶有相當理性的工具性與利害性之考慮與計算。也正是因爲它同時內蘊著這種色彩，所以直到今天它還能發揮其功能，而在現代社會的血脈中川流不息。所以「人情中的現實，現實中的人情」或許就是這種關係的特色。若無此色彩及特性，它可能因其不能見容於工商社會特有的結構，而被棄之如敝屣④。

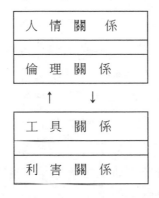

在大型紡織訪問之後，於77年初到年中，針對大型資訊業的訪問研究，個人繼續追蹤這個主題，並於77年中，以〈人情關係秩序與法律秩序——台灣大型資訊業的傳統面貌〉爲題，

④同上。

接引著前面對於「關係與法令」探討線索，在資訊業這個現代的新興行業重新檢視此一命題。結果發現，不管是本國廠商或在台外商的資訊業者，與我們在紡織業者所發現的看法相當一致。這個研究結果及對人情關係概念建構的進一步釐定，我們可以從下面的總結看出這一階段的意義：

  從資訊業者對於企業運作中，關係及法令看法的整理，我們可以看出幾個特色。首先是，本國商與外商及軟體與硬體公司之間對法令與關係的看法，幾乎沒有基本上的差異。雖然就訪問所得，軟體電腦公司因其依賴腦力技術，再加上是以議價取得工程，比較不需要以人情連帶獲取生意。然而，他們也不否認在中國社會，從事商業活動，關係的重要。這個發現使我們對自己社會的特殊性，有了更具體的探索策略點。因為，想像上的外商公司，理應有其一套自己的經營方法，以及企業運作模式。但是，不管美商或日商，一旦踏入台灣社會，皆不能免俗的要貼合於台灣社會運作的規則。其次，是對法令不習慣的認知態度，以及對關係較習以為常的評價態度。中國人對法令的陌生與排斥，主要是來自於它的「不實際」。法令的頒訂與實行，常常無法與「實際的需求」（Practical Needs）扣連在一起。法令落後，不確定、束縛、限制、不專業、把人當壞人看，在企業運作上的這些評價，最終的出發還是在於它不符合企業運作營利的需求。這樣的感受對於求新求變求發展，較之於其它行業來得迫切的資訊業而言，自然越發尖銳。法令，人情關係仍有其「實際的需求」，因為它

直到今天，對企業經營而言仍然有用。於此，我們似乎看到人情連帶變成一個「結構體」，左右著一般人的互動。因為它很實際，很有用，所以大家信任它、運作它、也就強化了這個結構。所以，在這樣的情境中，我們看不出短期內，人情連帶，有被事理連帶取代的可能。資訊業，在不外銷，不與外商接觸情境中；國外的廠商，想進到國內銷售、生產，都免不了要扯進中國人特殊關係的蜘蛛網內。最後，是「法令──關係」的定位幾乎與紡織業訪談所得不謀而合。在紡織業集團的探討中，我們已看出關係及法令分屬二種不同的企業運作範疇，同時都有其效用及位置。在資訊業，這樣的詮釋性假設仍然適用，法令限制下的空間，仍是由關係來彌補。經由以上對資訊業訪談資料的整理，歸納、以及說明其特點，再與紡織業所得結果對比，我們希望在這個基礎上，提出一個較之於紡織業的進一步詮釋性假設，亦即：人情關係「秩序」（order）。這裡，重點在於「秩序」上，我們界定它為一種社會運作極關鍵又普遍的原則。藉由它得以明瞭一個社會中行動者與行動者、行動者與制度結構、制度結構與制度結構彼此互動的大原則⑤。

　　從大型資訊業的研究，對於依附在企業主身上的人情關係運作模式，在與大型紡織業訪問所得相互印証之下，更能肯定

───────────────

⑤陳介玄〈人情關係秩序與法律秩序──台灣大型資訊業的傳統面貌〉，《社會與經濟》第38期。

台灣社會中存在著不同於西方社會的「人情關係秩序」。而這種「人情關係秩序」從我們對於國泰十信的再研究中,看出其乃是化入了「人的制度」在運作,是以有其綿延性。77年底,針對76年開始進行的國泰十信個案研究之總結報告,個人以〈從道德看法律與金融——十信案件中的傳統圖像〉爲題,對人情關係秩序從「事的制度」及「人的制度」這組概念的區分進一步討論:

> 從十信事件探討其較普遍性的社會基礎,大概可從底下二個面向來考察,一是制度性結構,二是人情關係秩序。1.對制度性結構理解愈深,愈能體會其在整體事件中所扮演的角色。爲了分析上的便利,我們將制度又分成「人的制度」與「事的制度」。所謂人的制度是指在各個組織或機構中安排人的一套方法、理念及價值,經長期塑造形成一個凝固體。所謂事的制度是指在組織及機構中,依法令規章,規劃事務程序與做法的一套可遵循模式。爲什麼我們要將制度分成「人的制度」與「事的制度」呢?尤其是將人指稱爲一種制度,似乎與平常用法大相逕庭。因爲在個人看來,上面定義下的「人的制度」,在中國社會裡有其長期綿延特質及韌性。用制度來說明依於人而不依於事之組織結構、運作原則,可能更能夠將中國社會這個特質凸顯出來。2.人情關係秩序探討的關鍵在於,人情關係可能早已融入制度在運作了。所以我們上面才會提出「事的制度」與「人的制度」之區分。如果我們的社會,人與人之間、人與制度之間、制度與制度之間互動的準則,還是在

於人情關係的話，這種社會秩序原則，是很難求其一夜之間丕變的⑥。

經過前面對於大型紡織業、資訊業及國泰十信研究論文的整理，加上77年中至年底對於中大型石化業的訪問研究，透過人情關係與法律的相對觀照之下，於78年初的年度報告將前面三階段發展出來的「人情關係」分析架構予以放大，並提出一個整合式的分析架構。前者見於與高承恕老師、馬彥彬合寫之〈台灣經濟發展與西方資本主義理論〉；後者見於和高承恕老師合寫之〈台灣企業運作的社會秩序——人情關係與法律〉。在前文對於「人情關係」之放大分析架構，個人提出的是「負擔與特權」的解釋範疇：

> 相對於西方，人情關係對我們來講，可以說是我們的文明與社會的一種「負擔」；但也是我們文明與社會的一種「特權」。這怎麼說呢？對我們來講，人情關係的建立，不是一天二天的事，每個人在其生活情境中，必須不斷建立培育各種自己生活所需的人際網絡，才能在需要辦事的時候幫得上忙。企業的生存、運作亦是如此，對業者而言，人際網絡的建立，是其商場上的利器，然而，這亦必須化入企業日常性的經營中，經年累月的去灌溉，所需的網絡才不會失效。在解決各項事端上，人情連帶無疑是能突破形式法律一些關卡，卻也必須動員起整個網絡才能奏效，

⑥陳介玄〈從道德看法律與金融——十信案件中的傳統圖像〉，《思與言》第28卷第3期。

這些都說明了，人情關係對於社會中在運作這些關係的芸芸眾生而言，是一種「負擔」。整體而言，亦可說是對我們文明及社會一種沉重的負擔，帶來了不少的文明及社會生命的壓力。然而，換個角度而言，這未嘗不是我們的「特權」。西方歷經幾百年的發展，在宗教力、經濟力、政治力的平衡發展下，使其邁向韋伯指稱的「除魅」（disenchantment）的合理化，智識化世界。人與人之間，那分感情的接觸、那分綿延不盡的互相牽掛，我們不敢說沒有了，但在法的規範下，畢竟比較淡了。回首暮雲遠，我們不知西方人實存的感覺如何，然而，無論如何，這份中國式的人際情調對他們而言可能一去不再回頭了。相對的，我們在這種人情連帶下，社會裡比較能保有一分人與人之間「溫柔」的熱情。這說明了，人情連帶之所以還能在我們社會存在、運作，它跟我們中國人獨特的「生命情調」之抉擇是扣連在一起的。我們在歷史的選擇中，走了一條西方再已無法回頭的有情大道，能說這不是我們的「特權」嗎[7]？

在後文〈台灣企業運作的社會秩序——人情關係與法律〉，個人則是再度利用了人情關係與法律兩個面向在企業運作中的互動狀況，做為研究策略，並從二者之對比發現到，台灣企業運作底層被「視為當然」的規則，乃在於人情關係而非法律，法

---

[7]高承恕、陳介玄、馬彥彬〈台灣經濟發展與西方資本主義理論〉，《社會與經濟》第3、4期合刊本。

律只被界定在工具性的角色。如此，我們再從工具性法律與人情關係秩序互動的模態，建構出「信任格局」、半可計算性的「情境互動模式」、「非正式管道對正式管道的影響性支配力」及「隱藏秩序」等概念，來總和說明企業運作中，被我們視為當然的底層人情關係秩序之獨特形態⑧。

　　從前面個人對於「人情關係」概念發展歷程的簡略說明，我們可以看出來，這個概念的發展可分成以下幾個階段：第一階段是：將「關係」界定成：是一種人情、倫理、工具、利害結合的複雜溝通管道。這種關係之所以複雜，不是做為四種不同關係的綜合體，而是一種關係同時內蘊著這四個面向及質素。第二階段是：透過資訊業及十信案的研究，將「關係」界定成一種「人情關係秩序」，並經由「人的制度」與「事的制度」之區分，說明「關係」的韌性在於已化入了「人的制度」裡；第三階段是：再加上中大型石化業深度訪問資料的補充，將「關係」置於負擔與特權的分析架構來看，並從「信任格局」、「情境互動模式」、「非正式管道對正式管道的影響性支配力」及「隱藏秩序」等概念叢，來整合「關係」的解釋圖像。從這幾個階段的發展來看，我們對於「關係」不斷思索與建構，最主要的目的是希望能掌握其最純粹的類型，或是最能代表台灣社會秩序圖像的「原型」（archetype）。這個企圖在黃光國（1988a）「人情與面子的理論模式」建構也可以看出來。

━━━━━━━━━

⑧陳介玄、高承恕〈台灣企業運作的社會秩序：人情關係與法律〉，《社會與經濟》第3、4期合刊本。

　　事實上，從我們對於上述「關係」的研究目的而言，黃光國在「人情與面子的理論模式」所提出的三種關係類型，亦即情感性關係、工具性關係及混合性關係，值得重視的只有其「混合性的關係」。因為從其類型建構來看，「情感性關係」可以說是人類普遍存在的一種人際交往形態；而「工具性關係」亦可以說是主導著西方人際互動的關鍵性原則，皆不足以說明台灣社會人際互動的特色所在。真正能說明這個特色的只在於「混合性關係」上。然而，做為解釋及說明台灣社會性秩序運作原則的概念，儘管黃氏在概念內涵之構作上有所界定⑨，但就「混合性關係」概念語辭本身的指涉上卻是籠統而模糊的，並不能就概念本身傳神的將台灣社會運作的獨特秩序原則表顯出來。所以由情感性關係、工具性關係及混合性關係，所形成的「人情與面子的理論模式」，無法取代一針見血指出社會運作原則之具有文化性意義的概念建構。這個缺點在我們上述「關係」的三階段發展歷程亦存在著。

　　在歷經紡織、製鞋、機械及資訊等四個中小企業的深度訪問研究之後，我們發覺前面三階段對於「關係」的界定相當不

---

⑨黃光國在〈人情與面子：中國人的權力遊戲〉一文將「混合性關係」界定如下：「在中國社會中，混合性關係是個人最可能以『人情』和『面子』來影響他人的人際關係範疇。這類人際關係的特色是：交往雙方彼此認識而且是有一定程度的情感關係，但其情感關係又不像原級團體那樣，深厚到可以隨意表現出真誠行為。一般而言，這類關係可能包含親戚、鄰居、師生、同學、同事、同鄉等等不同的角色關係。」見黃光國編《中國人的權力遊戲》一書，台北：巨流圖書公司出版。

足。其原因有三。首先是，概念的模糊性。不管是「關係」或「人情關係」，皆是生活概念而非理論概念，用一般大眾所熟悉的生活概念，對當下社會現象的再建構，不容易跳出其在生活中既存語用格局的範定。雖然我們將「關係」界定成：是一種人情、倫理、工具、利害結合的複雜溝通管道，企圖避開來自生活概念的約定俗成範定。但就「關係」這個概念本身還是無法將其概念內涵及運作原則說明清楚，如同黃光國之「混合性關係」無法達成此一目的一樣的道理。其二是，解釋對象的游移性。從大型紡織業的研究開始，在與法律規則的對話過程中，我們雖然發覺到「人情關係」是法律之外的另一個社會運作原則。但是，在變遷的社會中，尤其是講究現實與利益的經濟生活裡，它絕不是侵佔了所有生活空間領域，但是它又有其支配韌性，這個韌性的具體彰顯並無法在我們所建構的概念看出來。

其三是，作為台灣社會秩序原則最純粹「原型」解釋上的不足。就「關係」概念建構的終極目標及意義而言，我們並不想窮究所有台灣社會中運作的關係類型，如同B.J.Jacobs（1988）透過關係基礎的整理，對於台灣社會中存在之各種關係盡可能的勾畫，或像黃光國（1988a）建構出關係的模型，皆非我們想做的工作。我們想掌握的「關係」是，能夠彰顯出台灣社會生活獨特性的類型。這一點，從前面三階段的關係建構來看，由於研究對象尚集中於大型企業，是以無法觀照到更龐大的中小企業經濟活動情況，也就無法將「關係」的建構如實的再從這些場域思考與修正。是以，對於「關係」的終極研

究目標而言，前幾個階段是無法達成的。然而，也正是經由前面三階段的建構，在本文才得以形塑出再度探討「關係」的問題意識及研究目標。

二、「情感與利益加權關係」模式

在一開始針對紡織、製鞋、機械及資訊等四個中小企業的深度訪問時，我們首度感受到對於「關係」研究的不確定性。主要是無法從二、三個小時的訪問時間深入瞭解前述三個階段發展出來的人情關係，更細部在中小企業經營上的運作情形[10]。因為，碰觸到越是底層的家庭工廠或小型廠，企業主所能掌握及瞭解的人情關係，越是與一般人生活中所熟悉的親朋好友及家族關係重疊，似乎沒有什麼探討意義。但是，從中小企業個案研究數量的累積上，我們發現了一個現象。在單純生產製造領域內，中小企業業主並沒有像大企業業主需要動用到諸多層面（如政治面、經濟面、社會面）的人情關係，但是「某種意義」下的關係，還是其企業運作上無法擺脫的文化結構。這一點與大企業業主所面對的是一致的。現在問題是，「某種意義」下的關係是什麼？它不是前面提過的人情關係，因為它不只是「人情」這個要素所形成的關係。也非前述第一階段所提出的

---

[10]這一點從早期中小企業的訪問個案記錄可以看得出來。請參考T10、T7、T11、E17、E19、C1、C2、O1等廠商訪問記錄。

「人情、倫理、工具、利害結合成的關係」，因為同時用四種要素來標定「關係」，顯得籠統混雜反而無法把台灣社會「關係」運作的最獨特點說明清楚。

在第二章對於台灣中小企業彈性化組合原則的討論裡，事實上，已蘊含了我們重新討論「關係」這個概念的線索。「利益原則」、「人情原則」、「權力原則」及「利益與人情的加權原則」是構成協力組合的幾個主導原則。這些原則說明的是行動者（企業主）之間，與組織（不同規模的企業體）之間的互動方式以及關係形態。在此，如果我們把構成協力「關係」的最純粹要素抽離出來，從紡織、製鞋、機械及資訊四個中小行業的考察來看，最重要的無疑是利益與情感兩個要素。因為，權力原則雖然指稱出有別於利益及人情的協力連帶邏輯，但在經濟活動裡其權力的最終來源乃在於利益基礎上。所以我們可以說是這兩個要素共同交織出前面所謂的「某種意義」下的關係。這種「某種意義」下的關係即是本文所建構的「情感與利益加權關係」。在未進一步界定這個概念之前，我們先從具體的企業營利活動中瞭解一下這兩個要素如何互動。為了更清楚而具體掌握此種互動現象，我們採取更田野式的個案訪問觀察研究，以彌補一般深度訪談的不足。

在這一部分個案的分析，仍以參與觀察三年多的T9廠商為主。我們從其頭家創業過程的經歷，可以觀察到「情感與利益加權關係」動態的發展過程。

T9個案分析：

　　T9廠頭家原是北部一家小型染整廠的廠長。由於他曾在國內兩家中型廠的專業染整廠「吃頭路」，加上從小出生於中部海線紡織工廠的集中地，所以對紡織行業的工作很熟悉，因而具備了紡織及染整方面的專業技術。在家人鼓勵及提供四百萬資金下，他決定出來創業，開一家棉紡染整廠。除了自有資金四百萬，一手專業技術及從原服務染整廠帶出四五個工作班底之外，最重要的訂單來源所須具備的商場網絡卻付之闕如。有了工廠沒有工作是不行的，當時在染整業界一位頗有名望，白手起家成功的SS化纖染整廠頭家，正在尋求轉投資管道，就以大股東身分加入了T9廠的經營。T9廠由這位SS廠頭家當董事長。在其既有商場網絡及累積的企業名聲支援下，T9廠總算有工作了。但過不了幾個月，T9廠原頭家就發現不對勁。因為SS廠做的是化纖染整，路線不同，其訂單來源的網絡有限，再加上SS廠頭家忙於自己的化纖廠，對T9廠訂單不足現象並不在意。所以，還是要自己出去找單子建立商場關係⑪。

　　由於自己剛出來創業，在商場上沒有龐大的財勢及企業經營實績作基礎，要想建立有用的商業網絡並不容易。當時，他注意到一家國內專門做牛仔布出口的中型織布外銷廠，有許多T9廠可以做的工作，所以他想極力去建立關係，拉攏這條線。但是，不得其門而入。人家是市場上有名有姓的公司，看不上他這位毛頭小子。所以他常一去數小時，盤桓在其辦公室與其裡面的一位閒置的老人家隨便話家常（後來才知道，原來這位

---

⑪T9廠田野訪問及觀察記錄。

老人家才是這家公司眞正的掌舵者），看能不能碰到公司重要
人員，而能夠要到單子做。「當時可眞是厚著臉皮，不顧吃閉
門羹的羞恥，一去再去，說實在的，從沒有關係要去建立這個
關係太難了」這位頭家回想當時情況，感慨的說。也由於這種
傻勁，加上後來得到以前同在中型染整廠工作同事的引介，終
於得到機會與其外貿負責人及主要幹部碰面，有了小額工作可
以做。在他們刻意壓低加工單價之下，這位小頭家爲建立這個
商廠關係及單子網絡，只好咬著牙做了。結果，染出來的品質
不錯，爲這家牛仔布外銷廠賺了不少錢，他們給予T9廠的單子
也就越來越大宗，甚至佔到其營業額的一半。而T9廠小頭家，
隨著工廠經營實績的出現及低單價的搭配角色，終於與這家牛
仔布外銷廠重要幹部（外貿董事長及主要幹部），不但建立了
生意的連帶，大家也建立了情感的連帶，變成相當不錯的好朋
友[12]。

　　一年後（民國78年），正當T9廠在染整市場累積出一點點
名氣，而商場網絡及關係的建立也略有起色之時，投資的SS廠
老板企圖設立一家大型染整廠，尋求T9廠頭家合夥不果，他即
把參與T9廠的股分撤出。這在當時對T9廠頭家是一大打擊，好
像頓失依靠，所有因SS廠老板建立起來的商廠網絡與關係都不
見了。最明顯的就是表現在兩個人共同出去收T9廠好幾個月來
散落在外的應收帳款情形，這些與SS廠老板有往來的廠商，不
是不給T9廠應收帳款票據，就是任意宣稱折讓額度，削減應收

---

[12]同上。

帳款數目，有的甚且在不付T9廠應收帳款之下，又當兩人面，拿出五百萬要借給SS廠老板。T9廠小頭家從這個過程充分體認到商場的「現實」。再經過一年多的經營，T9廠終於從這個泥沼裡爬起來。由於工廠經營有了獲利實績和名氣，單子網絡和關係較爲豐沛，也從中交到了更多眞正商場的好朋友。以前那些很跋扈的客戶現在反過來要看T9廠的臉色了。所以，今天回想起來，他認爲「現實」是對的。他曾說道：

> 在商場，你還沒有成功之前沒有人會希望你成功的。但等到了你成功了（也就是工廠做出實績能獲利），他們對你的看法又不同了。所以，在商場，愈有錢愈講道義情感，因爲道義情感有效，能彼此互惠，起初可能是假的，但後來變成眞的情感。因爲經營久了，累積了相當的經濟實力之後，不會隨便把錢掛在嘴邊。所以，在商場的關係是很微妙的，它是一種利益與情感交纏的結果。我們可以這麼說，當你周遭的人都是很有實力的人（有財勢或企業經營名氣）包括你自己也是，這個時候大家的互動，情感很重要，甚至有些事情的處理上，情感先於利益；但是，當你周遭是有實力而你沒有，或者你有而別人沒有時，這個時候，大家的互動，利益就很重要，很多事情的處理，利益要先於情感。所以，這就是現實，但這種適度的現實，對人來說是一種磨練。所以經濟關係與社會關係都一樣啦，越有實力，人家越能對你犧牲，以前本廠7元能做的單子，現在10元才要做了，就是這個道理⑬。

---

⑬同上。

　　從上面個案的描述，我們看到重新界定「關係」的重點要素，仍然在於前述協力組合原則所觀照到的情感與利益兩個面向。因而，在藉助此個案分析以界定「情感與利益加權關係」之前，我們先將這兩個概念作個扼要說明。對於情感或感情的研究，是人類學家及社會科學家在研究中國（M.H.Fried, 1953）或台灣（D.R.DeGlopper, 1973；B.Gallin）社會生活，所必須觸及的一個主題。對於本文所論及之情感的瞭解，Gallin對於小龍村的研究極有幫助：

　　我們跟小龍村人討論到村中所有家庭之間的關係，不論好壞，往往都可用「感情」一詞來敘述。博瑞德(1953)給感情下的定義是不同地位的非親屬間關係的一種概念或法則，和友誼不同的地方是感情方面「多少含有心照不宣的利用。」然而，我發現小龍村地區也用這個名詞來表示親屬關係的特點。換言之，小龍村地區的人用感情這個名詞來形容階級、經濟、家庭、輩分等各方面地位略有高下的人彼此關係的特點。我就在小龍村發現，村人不僅僅談到他們和地主、佃農等等的感情，也用這個名詞來形容他們和親族、親戚的關係。上文已經提過：如若某佃農說他和地主感情不好，就是說他們彼此沒有照社會經濟制度規定的或應有的關係互相對待。同樣，例如某村民提起他和某親戚的感情很壞，意思就是不管爲了什麼原因，他們沒有照親屬輩分制度就兩人彼此不同的地位定下來的規矩相待，結果感情不好。所以即使彼此有很近的族誼，內心的感情和公開的行爲未必就符合公認的標準。

（B.Gallin著、蘇兆堂譯，1979）

要精確界定中國人對於感情的用法不是簡單之事。Gallin在此提出對於感情的界定值得我們重視，乃在於用感情這個名詞來形容階級、經濟、家庭、輩分等各方面地位略有高下的人彼此關係的特點。這種感情特質跟我們在中小企業經濟生活裡所觀察到的，是相當一致的。它說明了中國人感情的關聯，是在個人的情感性出發點上，又溶進了各種位階性規範的質素。是以，當我們在此用「情感性」連帶時，必須記住它是來自於中國式感情的意涵。

對於利益的界定與瞭解就比較單純了，利益原則或圖利原則的普遍意義，已為眾多西方學者彰顯出來。個人（陳介玄，1991）在一篇探討環保的論文就指出這個利益原則的發展意義

在一個商業社會裡，機械的生產實際上就是將社會人之本質與自然本質轉化為商品，摧毀了以往包含在經濟活動中之人的關係與自然的關係，這就是「圖利原則」文明的圖像[14]。韋伯也指出：「十七世紀偉大的宗教時代遺留給下一功利主義時代的最重要東西，不外是對於營利（包括一切正當乃至合法的營利）之驚人的，心中毫無不安的態度」，如此，西方幾百年發展，慢慢走向赫西門（A.O. Hirschman 所謂的利益新典範（interest as a New Paradigm），「利益支配世界」的時代[15]。博蘭尼、韋伯及赫西門對於西方當代社會的剖析，提供我們在審視台

---

[14]參考博蘭尼《鉅變》一書，台北：允晨。

[15]參考Hirschman《*Passions and Interests*》一書。

灣社會這幾十年發展一個很重要的觀照點。亦即社會中，
利益取向的行動原則，隨著資本主義化經濟的逐漸發展慢
慢的確立起來。而這種利益主導原則，不但推動著企業家
的營利活動，也支配著一般民眾的現實認知。

在這裡，從西方工業社會所轉化出來的利益原則說明的是一種
普遍化的人際互動方式。這種普遍性的利益原則，台灣社會在
工業化的發展過程中，亦不能免俗的受其侵佔與影響⑯。而在企
業經營活動裡，更是最重要的互動原則。是以，就「關係」構
成的現實考察而言，利益這個要素相對於情感，可以說是一個
更普遍性的基礎。整個而言，若將兩者之形式特性做個界定，
情感代表的是一種不可計算性的東西；而利益代表的是可計算
性的東西。情感因其不可計算性，所以是特定的，利益則因其
可計算性，所以是普遍的。

　　從以上對於情感與利益的簡單說明，再參酌對於T9個案的
分析，我們可以將本文所建構的「情感與利益加權關係」界定
成：因特定性情感與普遍性利益兩種要素結合的質變過程而在
人際間產生一種發酵性的連接作用。這種「情感與利益加權關
係」構成的關鍵在於加權的作用。所謂加權是指關係在形成過
程中一種類似化學變化的質變與發酵反應。所以，「情感與利

---

⑯對於利益的界定有很多種說法，公利與私利的分野在中國文化脈絡下，
　即有相當複雜的糾纏。關於此點的討論，可參考高承恕〈企業與社會：
　從"利益的追求"說起〉一文 《社會與經濟》第二期。本文對利益
　的使用比較是採取一般性的看法。

益加權關係」在生活中,或營利的企業活動中的有無,不是一加一等於二的固定法則,而是可能等於二‧五或三的變動法則。因加權的作用,「情感與利益加權關係」有一個擺盪的自由度,從情感取向利益關係到利益取向情感關係之間,剛好形成一個運作力場。我們利用表一說明兩端加權關係的類型、形成基礎及關係屬性。

情感與利益加權關係		
加權關係類型	加權關係基礎	加權關係屬性
情感取向利益關係	彼此有相同 社會及經濟地位	情感先於利益
利益取向情感關係	彼此不具備相同 社會及經濟地位	利益先於情感

在「情感取向利益關係」這一端的加權關係,乃在於彼此有相同社會及經濟地位基礎而形成的。這種狀況下的加權關係屬性,可能是情感先於利益,亦即雙方互動時,在情感與利益的衡量下,情感的水平會略重於利益,這也是在T9個案裡,其小頭家創業二年後與其協力廠頭家所形成的關係;在「利益取向情感關係」這一端的加權關係,是在彼此不具備相同社會及經濟地位基礎上形成的。這種情況下的加權關係屬性可能是利益先於情感,亦即雙方互動時,在情感與利益的衡量下,利益的水平會略重於情感。在T9個案裡,這是其小頭家剛創業時與其協力廠頭家所形成的關係。

　　對於「情感與利益加權關係」作了以上的界定,我們可以

看出來，這個概念比個人前面三階段所建構的「關係」、「人情關係」或「人情關係秩序」、「信任格局」等概念，以及黃光國「混合性關係」類型，更能在概念語辭本身的指涉下，標舉出台灣現代社會人際連帶的特色。因為它指明了，所謂中國式的關係，乃在於將不可能計算的東西和最可以計算的東西同時整合在一起，並在概念內涵上以加權的觀念描繪出整合的質變過程。在此，如果我們進一步將「情感與利益加權關係」與第七章所談之「擬似家族團體連帶」一併加以關照，我們就能瞭解到，為何這個概念能夠代表台灣社會秩序圖像的「原型」。

三、「情感與利益加權關係」、「擬似家族團體連帶」與中小企業經營

從第七章「擬似家族團體連帶」到本文對於「情感與利益加權關係」的概念建構與討論內容來看，這兩個似乎同時在說明著台灣社會連帶方式的概念，到底有何區別？如果前述之「擬似家族團體連帶」概念就能說明台灣社會連帶的獨特方式，又何必再建構「情感與利益加權關係」概念？對我們來講，這個問題已牽涉到對於台灣社會連帶基本圖像的瞭解，或上述所謂的社會秩序「原型」之掌握。

對於「擬似家族團體連帶」與「情感與利益加權關係」的研究，我們發現台灣社會連帶方式，從企業運作觀察到的現象，是一種相當複雜不易捉摸的機制。這種複雜機制表現在連帶形

態的雙重性格上：亦即一方面是「形式連帶」，另一方面則是「實質連帶」。對於台灣社會連帶的掌握，從我們企業研究的經驗來看，要能同時照顧到蘊含其內的這兩個面向方為可能。「形式連帶」及「實質連帶」若不能同時瞭解，則無以洞察台灣社會連帶獨特性所在。是以，我們對於「擬似家族團體連帶」與「情感與利益加權關係」概念的建構，正是企圖掌握台灣社會連帶這兩個面向的努力。透過這兩個概念的研究，我們可以看出，「擬似家族團體連帶」正是社會連帶的「形式連帶」面；而「情感與利益加權關係」恰是社會連帶的「實質連帶」面。缺一則無法說明這個社會連帶的全貌。

「擬似家族團體連帶」之所以表顯出台灣社會連帶的形式面，乃在於它從連帶的原則與模態，說明了社會連帶的方式；而「情感與利益加權關係」之所以表顯出台灣社會連帶的實質面，乃在於它從連帶形構的可能及條件，說明了社會連帶的基礎。所以，從「情感與利益加權關係」，我們即能更清楚瞭解到，「擬似家族團體連帶」為何在現代台灣社會有其支配力量，因為它是立於較傳統性之情感原則與較現代性之利益原則，或是涂爾幹所謂的機械連帶與有機連帶共同基礎上，形塑而成之具有文化特殊性的連帶方式。在此，我們也發現到用既定西方理論（如涂爾幹之有機連帶與機械連帶）以解釋台灣社會的不當性，這一點我們留待第十二章再詳細討論。同樣的，當我們從「擬似家族團體連帶」來觀照這裡所提到的「情感與利益加權關係」，即能明白當人際間的互動，能夠建立起「情感取向利益關係」時，為何能夠維持較穩定而密切的交往頻率，因為

此種關係已從「擬似家族團體連帶」取得一種「形式」的保障。
所以據此來看，「擬似家族團體連帶」與「情感與利益加權關
係」在說明社會連帶的運作時，又非只是靜態的概念格局，而
有其動態的分析意義。此即因「擬似家族團體連帶」中的「擬
似化程度」和「情感與利益加權關係」中的「情感與利益加權
幅度」變化所得。譬如，當人際互動是走向利益取向情感關係
時，則家族團體連帶的擬似化程度降低，人際交往的頻率即不
會穩定而密切。是以中國社會這種純粹類型之連帶關係的不易
釐定，乃在於個人必須在時間的支配下，去決定自己要佇足於
從「利益取向情感關係」到「情感取向利益關係」，從強「擬
似家族團體連帶」到弱「擬似家族團體連帶」之間的那一個階
段上。

　　如果我們將上述所言之「情感與利益加權關係」和「擬似
家族團體連帶」，在中小企業經營上略作考察，在各類型頭家
之間的這種連帶關係，除了反應在協力組合原則上之外，也反
應在其協力廠之間應收帳款財務的互動上。個人在〈高成本的
收款文化〉一文曾指出這個現象：

　　一般做外銷產業的，在正常情況下，其與國外客戶之間的
　　接單、出貨與收款流程，可說完全是依照一套明確的形式
　　規則來進行。國外客戶LC下來，我們貨出海關即可以押匯
　　收款了。反觀國內的作業，從接單到收款可就倍極辛苦了，
　　因爲它沒有這一套明確的形式規則可以依循，只有靠生意
　　往來雙方在經濟實力、業務員的能耐及人際交情等因素的
　　較勁下，得出最後彼此都可接受的妥協結果。這過程充滿

著不確定性、不可預測性及彈性。我們從經濟互動及人際
互動的情形,可大致將國內收款現象分成兩種類形:第一
種是,業者與業者之間純粹是生意往來的關係,雙方因利
而結合,但彼此的人際連帶薄弱,說不上甚麼情誼。這種
情況下,每當要收取貨款時可能就狀況百出了。你第一次
去了,可能是董事長不在,不能付款;第二次去了,可能
是會計小姐帳還沒做好,不能付款;第三次去了,可能是
你出的貨有問題,不能付款;第四次去了,可能……,總
之,層層關卡事事物物皆可是推託之辭,只要錢能不拿出
來就好。最後,終於收到了,可能已是七折八扣而非原先
下單的價碼。而這其中款項收回大小的依據,就要靠業務
員的生意手腕及討價還價的能力了。第二種是,業者與業
者之間,除了生意往來,因利而結合之外,尚有密切人際
連帶,雙方有一定的情誼存在。那麼收款的情形就可以省
力單純很多。只要雙方負責人,在彼此交情的基礎上,敲
定的價錢,即不會有太大的變動,收款時就較方便而不致
百般刁難。當然,這並不代表有交情即一帆風順,因在商
言商,利益還是最關鍵,只是有了一層關係之後,就多了
一些可預測性及確定性的籌碼,這或許是中國人的另一種
形式理性[17]。

第一種狀況的收款,比較傾向於上述「利益取向情感關係」這
種「情感與利益加權關係」,其「擬似家族團體連帶」亦較淡

---

[17]陳介玄〈高成本的收款文化〉,見於《社會與經濟》第23期,1990.4。

薄；第二種狀況的收款，則類似於「情感取向利益關係」這種「情感與利益加權關係」，其「擬似家族團體連帶」即較為強固。對於企業經營活動中所透顯出來的這種社會連帶特質，有其文化的韌性和支配力，絕非如黃光國（1988a）所言，可以因西方形式管理制度的確立與運作而加以袪除的。這一點我們從資訊這個尖端行業的運作情形，可以得到進一步的說明。受我們訪問的兩位資訊業者即指出：

> 新進人員對中小企業是非常重要的一件事，尤其是工程師的人員，如果要用報章雜誌的方式來求才其效果很差，而且找來的人也不能用，花的錢又多。其實我們人員大部份是透過人際網絡的方式來的，都是由朋友、同學、同事之間再延續出去的，在公司裡的幹部幾乎每一個人都跟其它的人有關係。在台灣若是不用這種Personal Network根本找不到人，即使來了也不敢用，這基本上除了一無所知之外，還要負很大的Risk [18]。

> 中國人做生意很著重人脈關係的連繫。感覺上，中國人是很有自尊的民族，生意過程中不能談錢，只能談友誼，尤其對客戶更要維繫相當程度的私人情誼；經由友誼連繫所建立的交易關係通常較能延續。國外注重契約、正式化的交易方式，並不能適用於國內的社會 [19]。

是以，「情感取向利益關係」與「擬似家族團體連帶」，可以

---

⑱訪問記錄E25，《社會與經濟》第30期，1990.9。

⑲訪問記錄E26，《社會與經濟》第30期，1990.9。

說是台灣中小企業運作上無法擺脫的文化結構。其對傳統社會
連帶方式的超越與延續，正好說明了猶能在當下社會運作的奧
秘。

四、結語

　　從早期「關係」的三階段發展，到「情感與利益加權關係」
和「擬似家族團體連帶」的建構，說明了我們在探討台灣社會
秩序圖像「原型」的動態思辯過程。而唯有到了形式連帶「擬
似家族團體連帶」及實質連帶「情感與利益加權關係」的提出，
我們方才覺得比較具體的掌握了這個「原型」的可能面目。誠
如高承恕先生（1989）指出的：

> 從日常生活面來看，家族與其衍生的人際關係網絡，仍然
> 是相當基礎性的。所謂「基礎性」是指它的作用不僅只侷
> 限於家族本身的「私人」領域（private sector），而是
> 穿透到生活中各個生活面向，成為一個支配性的因素。換
> 句話說，以家族連帶及其為基礎推展出去的各種人際關係
> 連帶不但在企業、在政治、甚至在學術，都產生作用，並
> 且仍然具有它的「正當性」（legitimacy）。

引文所謂的家族與其衍生的人際關係網絡，用本文的概念來說，
即是「情感與利益加權關係」和「擬似家族團體連帶」。我們
之所以說它們是台灣社會連帶的原型，乃在於其「基礎性」，
已穿透到生活中各個生活面向，成為一個支配性的因素。如此，

它們雖從企業研究出發所獲致的結果，卻已可能觸及對於社會
的解釋了。

第九章　包容式行政

── 論台灣中小企業發展的政治特質

　　在討論台灣經濟發展的研究裡，政治是不可或缺的一個面向，（Winckler,1989）政府角色在這樣的討論格局下，也被刻意的凸顯出來（Gold,1986；Cumings, 1984; Amsden, 1985；蕭全政，1989）。從我們的角度來看，政治與經濟，或者是政府與企業之間的互動關係，亦是探討社會特質的一個重要策略點，因而「東亞社會經濟發展研究中心」對於這個主題的研究亦不遺餘力，我們從此研究母體衍生出來的三篇博士論文，皆分別在其論文內討論到政府與企業的關係，即可看出其在研究上的分量[1]。其中，值得我們特別注意的是，張家銘

---

①參考彭懷眞博士論文《台灣企業業主的"關係"及其轉變》第六章〈
　企業業主的『對外政治關係』〉，及〈企業因應政府〉一文；張家銘
　博士論文《經濟權力與支配──台灣大型企業組織的制度分析》第四
　章〈企業與政府的關係：一種家父長的政治經濟權威結構〉；顏建發
　博士論文《位階結構下台灣企業集團的擴張與躍昇：一個企業中心論

（1989）透過台灣企業與政府在歷史脈絡中互動型態的整理，提出「父道型支配關係論」來說明政府對企業的關係，不論就對待的心態或方式，都顯現一種大家長的權威模式。而對應著政府的「家父長」地位，此間企業則扮演著子女般的角色②。

　　對於台灣企業與政府互動的關係，從「父道型支配關係」來解釋，確實比前述之「國家中心論者」，或是「企業主導論」（Little, 1979；Scitovsky,1985），更能不偏頗的掌握兩者之間具有文化特性的互動關係③。但是，從我們第一篇對於台灣中小企業「彈性化協力企業組合結構」的討論來看，這個概念並不太適用於解釋政府與中小企業的互動。譬如，儘管在政府殷勤期待，大力推動之下，所謂「中衛體系」也並沒有如其所望完成。在這個重要的結構體系之型塑上，政府都使不上力，

　　的歷史結構分析》第五章〈企業集團與家族、政府和外商之間的關係〉。另外，劉維新的碩士論文《企業與政府：業者的觀點及其反省》及〈中小企業與位階結構下的政經關係〉，高承恕〈台灣企業的結構限制與發展條件〉一文皆是「東亞社會經濟發展研究中心」有關政府角色討論的重要論文，可一併參考。

②「家父長」這個概念在中國社會的意涵，可參考韓格理〈傳統中國與西歐的父權制：韋伯支配社會學重估〉及〈父權制、世襲制與孝道：中國與西歐的比較〉兩文，皆見於其《中國社會與經濟》一書。至於政府與企業間之「父道型支配關係論」的說法，稍早見於張維安〈官僚政治與政治利益：試論近世中國父道型政治經濟關係〉一文，《清華學報》，新18卷2期。

③這一點從註②文獻的內容可以看出，所謂「父道型」是沿續著傳統「家父長」的觀念而來的。

如此兩者之間，也就不是權力性的支配關係，所能適切而週延的加以解釋了。所以，本章興趣的是，到底在怎樣的政治形態運作之下，我們能夠具體而深入的來界定政府與中小企業發展的關連？從此問題出發，我們對於政府的角色，透過「包容式行政」的概念建構，重新加以釐定，並說明其運作邏輯與前兩章所述之社會生活邏輯的關連。

一、「包容式行政」概念及其類型

本文所謂的「包容式行政」，主要想法源自於劉子健（1987）在兩宋史研究所建構的「包容政治」概念。劉先生認爲南宋社會沒有內亂主要是得之於內部政治的黏著力，而這種內部政治的黏著力即來自於包容政治的運作。所謂包容政治他界定如下：

> 對官僚兼收並蓄，就是促進他們普遍的依附。用招安政策收編群盜，又何嘗不如此？不用道學當政掌權，可是贊成他們在地方上去倡導道德，提高文風，同樣可以收到穩定的效果。那怕是性理自守，林泉自安，詩畫自娛，也可能間接的有助於穩定。總之，南宋從中興起就有一種政治作風。凡是現存勢力，儘量收容，儘量安排。就是不肯被利用的，最好也暫時忍耐，將來再說。這樣做，政權才會有廣泛深厚的社會基礎。這種作風，筆者叫做包容政治（劉子健，1987：39-40）。

對於任何政治實體而言，在劉先生看來永遠都含有妥協性的，只是妥協的大小輕重不同。所以，在他看來，可以說一切政體之下，都有包容。但包容政治這個概念有其特定指涉：

> 這種政治，有它確定的特點。大政方針是用最緩和或最不費事的安排，以鞏固政權。所以採用包容的手段和方式，保守謹慎的作風，以達成內外上下安定的目的（劉子健，1987：43）。

從劉先生所建構的「包容政治」概念內涵來看，事實上與我們在企業研究上所觀察到的一些政治面的運作模態，有相當的類似性。這或許是一種政治文化的沉澱作用所形成之具有綿延性的深層結構④。把「包容政治」這個概念與我們對於早期大企業及晚近中小企業的研究所得一起觀照，我們發現到，類似於包容政治特性的政治運作模式，反應在當下政府的行政上，形成一種獨特的「包容式行政」。這一點，尤其是對於中小企業經營與政府之關係的考察，特別有幫助。如果我們再深入分析，會發現，談中小企業經營與政治面的關連，並不適用於「政治」這個寬廣的指涉範疇，因為，從訪問研究我們可以看出來，從生產、資金及外貿等經濟生活的內涵來看，龐大的中小企業各類型頭家，涉足於政治運作場域的空間與機會並不多，而就中小型企業經營形態來講，也沒有這個必要性。對其經營活動有

---

④這一點我們可以從業者對於政府角色、政策的評定看出來。可參考早期的大型企業訪問資料（《社會與經濟》第5期至29期）。至於中小企業業者這個看法，我們會在第三小節進一步論述。

直接影響與互動效果的，主要是來自於政府的行政。所以，我們在此藉用劉先生「包容政治」這個概念，只是援引其對中國式政治運作邏輯與特性的結晶化整理，以幫助我們掌握「包容式行政」概念的特質。

如此，我們不用「包容政治」而用「包容式行政」，一方面固然是因為分析的主要對象是中小企業。但更重要的是，在整體社會（日常生活世界）的研究裡，就本文的探討目的而言，我們必須瞭解的是：政治面在今天台灣社會運作的獨特性為何？換言之，我們希望以「包容式行政」這種行政的類型，具體的來描繪（或者形容）出當下台灣社會政治面的運作特質。而這種政治面的「具體性」瞭解，若不是侷限於政治生活本身之領域，而是旁涉及與經濟生活的關連，則「行政」面的研究，無疑是一個可行的策略。所以，在本文的分析，即以「包容式行政」作為研討的核心概念，而不採用「包容政治」。

在此，本文所謂「包容式行政」，是指：政府為鞏固政權，達成內外上下安定的目的，以保守謹慎的作風，採用包容並蓄的行政手段和方式，來分配其政治資源以符應各生活領域的行動者對關涉此政治資源之不同利益的追求。這種「包容式行政」具有下列四個特點：

1. 在政府行政方針上，其政策的明確與否，有相當大的游動空間，方得以因應內部官僚體系及外部企業體系不同要求，以包容各方的利益宣稱。

這一點我們可以從一般業者對政府政策制訂與政策執行的看法及政府官員本身的回應觀點，加以說明。在訪問所得資料

中，業者對政府政策及政策的施行認定，可以說是因時間前後、企業的規模及行業別的不同而有所差別⑤。但就整體來講，往往是批評多於肯定。他們認爲政府政策搖擺不定，朝令夕改，不具可預測性，而政策的執行常常不能貫徹到底，整個行政品質低落，使得企業部門在與政府事務交涉過程，費時費力要付出很大的成本。對於業者這種反應，政府官員認爲，事實上有其原因存在，因爲在層層官僚體系牽制之下，還要折衷於不同利益團體，政府不能有太明顯的政策⑥，所以沒有政策也是一種政策。從業者的不滿與官員的解釋裡，恰恰給我們看到，包容式行政的第一個特質乃是政策的明確與否，要預留相當大的游動空間，方得以因應內部官僚體系及外部企業體系不同要求，以包容各方利益宣稱⑦。

2.行政措施執行的精義，視情境需求而調整爲「形式運作」或是「實質運作」，以利於包容不同單位、人情締建的情境壓力，而使執行者有迴旋的空間。

從大企業及中小企業訪問所得另一個普遍的現象，即業者大半爲政府法令的落後所苦⑧。法令的落伍、不切實際的狀況，若不只是一個單一行業的現象，而是諸多行業之普遍現象⑨，便

---

⑤這個觀點的整理，可參考①彭懷眞及張家銘的論文。

⑥《社會與經濟》第5期，有關資策會之訪問資料。

⑦這一段的論述參考高承恕、陳介玄、馬彥彬〈台灣經濟發展與西方資本主義理論〉《社會與經濟》第3.4期合刊本。

⑧參考《社會與經濟》第二、五期有關紡織、石化及資訊業之訪問記錄，《社會與經濟》1989.1、3。

⑨就我們訪問的行業而言，無論是紡織業、資訊業或石化業都有此狀況。

值得我們對此根本問題再深入思考。從一個較整體的角度來看，企業經營雖面臨的是落後不合時宜的法令，但企業還是能夠生存，也能夠發展，這其中並不是隱含一種矛盾的現象，而是說明了政府行政措施比較講究的是視情境需求而調整其「形式運作」或是「實質運作」的原則，以利於包容不同單位、人情締建的情境壓力，而使行政執行者與業者皆有迴旋的空間。在此所謂「形式運作」是指行政運作上講究的是表面工夫，而非法令規章及行政事宜的落實程度；而「實質運作」則反之[10]。依照我們觀察，規約各種企業經營法令之落伍，確實會給企業經營帶來阻力，然而，這比較是對於企業經濟活動上之形式限制，因為政府在行政上對於企業活動之實際運作，並沒有把一些不合理的法律貫徹到底（劉維新，1988），所以使企業仍然保有其遊刃有餘的空隙。這或許也算是政府「包容式行政」運作的一種成果吧。

3.「包容式行政」的運作，在政治上，必須能夠包容各種社會力及經濟力的發展，作爲獲取政治穩定發展的基礎。所以政治力與社會力、經濟力有相互消長的發展彈性。

「包容式行政」的運作，從大的層面講，乃反應在政治與經濟的互動上。以我們的觀察來看，此有兩個討論的方向。一是台灣經濟活動空間之獲得，一是經濟自律性之達成及其限制。

---

[10]所謂「形式運作」與「實質運作」的精義，可參考韓格理在〈市場、文化與權威：遠東地區管理與組織的比較分析〉一文內，對台灣政府角色扮演的分析。

台灣經濟活動空間之獲得，就觀察所得，大致上有兩個因素促成，第一是政府有意的經營，在將台灣建設爲民主復興基地這樣的政治理念之下，經濟建設及民生的繁榮，無疑的是最重要的策略，所以經濟掛帥的指陳不脛而名。我們把這個因素，稱之爲因正面而來之經濟空間。然而，我們亦不能過度誇大這個因素。因爲傳統以來，中國政治權力絕不容許經濟力的發展大到足以威脅其政權穩定的地步（張維安，1990），這在台灣四十年代發展之初亦是同樣道理。第二是政府無意中促成的。這亦可說是一種歷史的弔詭。從前面的論述，我們看到政治對法令的故步自封，以及整個行政效率的低落，一方面固然束縛了企業經營的便利及發展，另一方面，卻反而給予了企業壯大的機會，換言之，由於政府行政品質低落及法律落伍，使政府在整個經濟決策上，愈來愈不能完全控制及掌握整個經濟情勢，使得民間經濟力在客觀的必要及主觀欲求下，不斷培育自己企業發展潛能，累積出更壯大的經濟力。因而，企業體相應於四十年代以來強大的政治力，愈來愈能得自己發展的空間，我們把這個因素，稱爲因負面而來之經濟空間。台灣經濟發展，愈到了七十年代這個空間愈加明顯的凸顯出來。由這個經濟發展空間之獲得，我們可以說明，對於政治而言，經濟已非吳下阿蒙，能完全由它支配及宰制，經濟本身慢慢有它自己的自律性了。所謂自律性在此指的是所有經濟活動不必然完全納入政府經濟政策的控制範圍，而有相當程度資本主義式市場秩序發展模態。然而，我們亦不能過度誇大這個自律性。就國內，尤其是偏向內銷之產業及產品而言，法律的束縛常常是企業往前開

展的障礙，這個自律仍然有大環境範圍著，企業主必須以更貼近社會運作秩序需求的方法，去突破這重重形式上的限制。但是，這種政治力與經濟力彼此消長的彈性化現象，無疑的，也是「包容式行政」運作上的一個特色⑪。

　　4.「包容式行政」的運作，在社會上，必須有「情感與利益加權關係」及「擬似家族團體連帶」的配合，才能在日常生活中為一般社會大眾所接受。

　　從傳統以來，「徒法不足於自行」、「法律不外乎人情」這些世俗化的概念，都說明了政府在法令規章的實行上，要照顧到以儒家思想為骨架的禮儀道德規範（瞿同祖，1984）。包容式行政之所以能在當下社會運作，乃在於其運作邏輯與我們第七章及第八章所談及的「擬似家族團體連帶」與「情感與利益加權關係」日常生活規則有互通之處。因為運用包容式行政的核心精神，常常是情境性、個例性、模糊性與彈性的統合，所以人際關係的連帶與運作不能豁免，而「擬似家族團體連帶」的建立，無論就官僚集團本身內部的互動，或是企業主與行政官員之間的互動，皆是通向行政事務上能彈性包容的捷徑。因而，我們可以說，若沒有來自於生活世界「情感與利益加權關係」及「擬似家族團體連帶」的配合，包容式行政的運作即缺少了生活基礎，也就很難在當下社會存在。

　　從上面對於「包容式行政」的界定及四個特質的說明，我們可以看出其在運作上必然有其不同的包容層次和幅度。如此，

---

⑪同⑦。

在不同包容幅度之下，我們會觀察到兩種本質相同但程度不一的「包容式行政」。一種是所謂的「積極性包容式行政」，意即：行政措施傾向於「實質運作」、行政執行比較急切、行政方針比較明確、政治力較強之包容式行政；另一種是所謂的「消極性包容式行政」，意即：行政措施傾向於「形式運作」、行政執行比較緩和、行政方針比較不明確、政治力較弱之包容式行政。上面這個區分我們整理成底下表一以資比較。

表一：包容式行政之類別及屬性

包容式行政	
包容式行政類型	不同類別包容式行政屬性
積極性包容式行政	1. 行政措施傾向於「實質運作」 2. 行政執行比較急切 3. 行政方針比較明確 4. 政治力較強
消極性包容式行政	1. 行政措施傾向於「形式運作」 2. 行政執行比較緩和 3. 行政方針比較不明確 4. 政治力較弱

由上面這兩種不同程度的包容式行政我們可以看出來，政府在行政措施上，常是游走於這兩個類型之間。至於決定使用那一種包容式行政則是依循著下述判準：行政施行之對象，若是在於對政權的穩定有直接影響的部門或時段上，則傾向採取「積極性包容式行政」；行政施行之對象，若是在於對政權的穩定沒有直接影響的部門或時段上，則傾向採取「消極性包容

式行政」。從這個角度來分析，政府在不同時段對於不同產業別，不同規模的企業，採取不同的政策、行政措施即很容易理解了。而從此我們也可以發現政府運作形態，或更精確的講是，政府行政的運作形態，如何與台灣中小企業的發展形態產生關連。

二、「包容式行政」與中小企業經營

觀察「包容式行政」與中小企業經營上的關連，我們從學者的研究結果與業者的反應及政府官員的說詞，三方面整合資訊來略窺其堂奧。所以，在這一小節的討論分成學者與業者的觀點兩部分來說明。

1. 學者觀點部分

對於政府政策擬定與行政措施上的做法，與台灣中小企業發展的關連，王作榮曾指出：

> 今天，政府實無領導能力去決定臺灣工業發展的方向，事實上，民間自求發展的能力，正比政府的領導能力強得多。長期以來，政府有一套輔導中小企業發展的政策，據我們所了解，中小企業反映不很熱烈，說明了政府幫不了多少忙，也沒幫上多少忙。以融資為例，由抵押、看帳、逃稅等等因素，很多中小企業並未利用政府的優惠融資。以技

術輔導爲例，政府的技術服務，往往不能配合中小企業的
需要，研究出來的技術，業者也常用不上。（王作榮，
1988）

在關於中小企業生產製造技術方面，政府所能提供的幫助亦很
有限。莊春發與吳榮義從研究中指出政府這方面的限制，並從
中呼籲政府應扮演積極角色：

> 至於政府有關部門在這方面的貢獻，在這次的調查中其貢
> 獻等於零。和薛琦、蕭雄峰的研究結論相同，政府機構未
> 能有效的成爲新技術情報的提供者。在技術升級的過程中，
> 政府機構似乎可以積極參與，扮演更重要的角色。（莊春
> 發，1983b）

> 關於中小企業的研究發展及技術的改進，由於受到規模及
> 人力的影響，無法大量投資於研究發展，因此，政府在這
> 方面必須積極的擔負起帶頭的作用，就像台灣農業試驗所
> 及農業推廣單位的作用一樣。因爲農民之能力及財力無法
> 從事研究發展的投資，同時農業的新技術類似公共財，無
> 法保密，因此，政府必須負起農業技術引進、普及和生根
> 的重要工作，過去台灣之農業能夠發展，農業技術研究及
> 推廣單位的貢獻很大。同理，對於工業部份的中小企業而
> 言，其地位也類似農業部份的農民，由政府設立機構；以
> 從事中小企業有關的技術及管理問題之研究發展，並提供
> 服務來促進中小企業之技術生根，是一個較可行的方法。
> （吳榮義、莊春發，1984）

在中小企業最迫切需要幫忙的融資方面，周添城（1988，1989）

的研究也指出，由於在政府強力控制之下，中小企業只能從有
組織的金融機構獲得五分之一的融資額度，可以說是相當不足
的。

2.業者觀點部分

　　中小企業業者對於政府行政的看法，我們從底下四方面來
加以說明：1.對政府角色的定位；2.對政府政策的評量；3.對法
令規章的反應；4.對政府行政單位的看法。

　　(1)對政府角色的定位

　　政府對於中小企業的發展有沒有幫助？或者要怎麼幫助？
實牽涉到政府在中小企業發展上的定位問題。一位受我們訪問
的機械業者就指出：

　　政府方面並無積極的輔導，一向自立自強。在投資抵減方
　　面是有幫助，其它的政府做的並不好，例如匯率該昇值快
　　一點，該反應時不見反應。又如造成金錢遊戲，使勞工缺
　　乏。政府不需要什麼積極輔導，而是應該創造有利的投資
　　環境最重要，不必要刻意做什麼。在稅制上也應該朝獎勵
　　投資，對於產業升級應有幫助，加速汰舊換新。中小企業
　　處、工業局等單位幫忙不大，技術、資金等幫助都不大，
　　國貿局也一樣。政府應該多著力的是公共建設上，例如交
　　通、港口、通訊都跟不上時代。台灣經濟能有現在的繁榮，
　　十大建設很重要，而十大建設距離現在，又差很遠了，應
　　該再有更新的公共工程的提昇，這是台灣經濟的瓶頸。個

別工廠熟悉自己的體質，無須政府操心。經營企業最大的
困難還是在整個大環境的問題。許多中小企業無法做到的
如與東歐的貿易，這方面資料或作業管道應該政府做的，
卻都沒做，很缺乏。又如目前與大陸的商業往來，政府的
態度也不明確，往往造成無謂的損失⑫。

(2)對政府政策的評量

行政的指導方針首先反應在政策上。在政府與中小企業互
動上，其既有的一些政策，譬如融資政策、獎勵投資政策，對
於中小企業的經營有著怎樣的影響呢？一位台中地區的機械業
者指出：

政府的幫助在於大環境上，小環境不多。財務上的幫助：
稅，還有資金的貸款。貸款也不是光靠政府，還要靠我們
自己的業績取得銀行的信賴。獎勵投資有幫助，有五年免
稅，這是大家都能享受的。政府比較是在聲勢上的幫忙，
事實上在趙耀東當經濟部長之前政府並不重視機械業。趙
當部長後，將機械業列為策略性工業，當時也訂了一些輔
導的策略。最主要的幫忙，是讓大家認為機械工業很重要。
至於他做的一些事情，如成立一些如中華民國機械協會等，
也有一些幫忙，把錢撥給工業局特別輔導這些公司如管理

⑫訪問記錄M13，《社會與經濟》第33期，1990.10 。類似的看法，一
位資訊業者也指出：「我不能講政府角色扮演是好或壞，基本上它把
這個市場完全的 OPEN 來，沒有保護沒有特權，讓大家自相殘殺，
就變成這個樣子。我們是駱駝牌的」（訪問記錄E20，《社會與經濟》
第12期，1989.8）。

等方面，但實質的幫忙不會說很大。個人認爲一個企業的
經營主要是靠自己，要靠政府幫忙才能夠生存，那這個企
業絕不會活下去。所謂自助天助，要靠自己。要靠政府有
很多的幫助才去從事事業，我想在理念上並不是很正確。
企業是認爲基本上有發展性獲利性才去做，而政府卻是應
將大環境有利投資企業的條件做好。⑬

再以政府要拿出數億款項做爲中小企業紓困資金這個政策來看，
一般業者並不太清楚這個管道。一位機械業者就指出：

有聽説這個融資政策，但沒人來接觸。企業怎樣提升，應
該是政府給我們多少資訊，我們去配合政府。過去這兩方
面的配合等於零，要做就自己閙。像本公司這樣的規模應
是數一數二了，政府應該主動給我們資訊，寄資料，像該
注意的法規，因爲我們沒有人才，但都沒有。只能透過私
人的關係去找，要找也不知道要向那一個單位去要。要收
規費都可，不怕交錢，只怕沒有資訊。這些紓困措施等於
沒有意義。等我公司定型了，我才有時間去做這個，不過
那已經太晚了，等你需要時再去找，已經沒有了，輪不到
你了⑭。

另外，接受我們訪問的一位資訊業者也提到政府政策對其企業
經營上的影響：

政府在政策面有支持UPS這個產業，定爲策略性工業，但

---

⑬訪問記錄M8，《社會與經濟》第30期，1990.9。
⑭訪問記錄M9，《社會與經濟》第31期，1990.9。

主要是在於精神上的鼓勵，實質上，要到這幾年間，如中鋼、中船等國營企業開始採用國內的產品，對我們業界才有幫助。其實如果沒有政府的協助（如工技院等），電子資訊業不可能有現在的情況，這點是必須肯定的（E23）。

(3)對法令規章的反應

在法規方面，我們以與中小企業經營息息相關的勞基法為例說明。受訪的業者指出，勞基法若實行徹底，很多中小型廠都要關門。因為，勞基法訂定的不週全造成很多實施上的困難。一位業者就指出其問題所在：

本公司的退休金，是以退休的前半年平均數為準。國內大多數的公司，退休金的提撥大多為下限，未來可能會與工運成為國內重大衝突的根源。勞基法關於退休金的訂定並不健全，新加坡是由勞、資雙方均提撥，而設立公積金；台灣則只由資方提撥，因此都只提撥下限，未來將是大問題。許多公司利用公司重組，將年資重新算起，或是類似台塑的六○專案（強制六十歲退休），以規避勞基法的規定。當初勞基法一面倒，但到頭來勞方可能會吃虧，或是造成兩敗俱傷。本公司董事長及南部的一些企業家都強調對社會的責任，不只以下限來提撥；但法規未來一定要改善⑮。

在這種情況下，勞基法雖非形同具文，但執行上已很有彈性。一位受訪業者就指出：

---

⑮訪問記錄M3，《社會與經濟》第14期，1989.9。

勞基法是一個目標，要看不同工廠的情況。很現實的問題
是，人在有利益的情況下，才會去經營；如何在合理的情
況下推動。現階段的情況，仍有些差距在，但實際執行並
沒有相當嚴格地要求和執行，是漸進的方式⑯。

工廠不夠大，工人也不好請。勞基法規定只要員工超過三
十人，就要設主任一名，實在無益於營運，只是吃閒飯，
因而不想擴大⑰。

(4)對政府行政單位的看法

對於政府行政單位的看法，我們從一位業者對於工技院的
定位可略知其圖像：

本公司與工技院的合作約兩年就結束了，工技院所提供的
是一些基本的技術，未達商業化。雖然國內十幾家與工技
院的合作皆失敗，我們也不是很成功，但是也學到一些基
本的ＣＮＣ車床的知識。對於工技院，廠商不能要求工技
院替其開發出商業化的產品，因為真正了解市場需要的是
廠商而非工技院。而工技院本身也應該有一個認知，它所
提供的僅是基本的動作知識，不可能是商品化的產品。初
期基本動作不懂的，工技院可以提供，但是如何生產出適
合市場需要的機械，則是廠商基於其對市場的了解的進一
步改進。廠商不應要求工技院全然開發出市場需要的規格
產品，事實上，工技院也做不到。這些也是我們花了錢所

---

⑯同⑬。
⑰訪問記錄M16，《社會與經濟》第39期，1991.3。

學到的教訓，雖然不是很成功但是總是一個經驗。工技院應該做的是研究基本ＣＮＣ車床的資料，提供給廠商，而不要硬著頭皮去朝生產市場化的產品做，如此多半缺乏市場知識而失敗，造成納稅義務人的損失。因為現在市場是日新月異，工技院如果自不量力，其結果多半失敗。反而，真正掌握市場變化的是廠商。所以各自的定位應該是重點⑱。

3.政府觀點部分

政府對於中小企業發展到底持著什麼樣的態度呢？雖說從民國53年起，當時的美援會與經合會，都有進行中小企業輔導工作。經合會且在57年1月成立中小企業輔導處，但到了58年8月經合會改組，中小企業輔導處也裁撤了（李國鼎，1989）。一直到最近才有真正專職機構出現，此即經濟部中小企業處的成立。中小企業處處長王覺民（1989）也不諱言的指出：

---

⑱訪問記錄M13，《社會與經濟》第39期，1991.3。對工研院的功能，一位受訪的資訊業者有傳神的形容：「工研院有這樣的一個形象在，因為他實際上在新產品的開發基本上有限，大部份還是來自於國外引進，但它可以說是一個UNLIMITED CAPITAL 的公司，他有用不完的錢可以先做投資，先做研究發展投資做一些一般小廠商不能做的事，香港就沒有這種條件，一般的客戶看到這一點也會覺得安心一些。所以心理效果會比直接的效果來得大。同時他們也造就出不少人才出來。」（訪問記錄E25 《社會與經濟》第30期）

　　過去中小企業並沒有受到特別的照顧，而政府的政策並沒有給中小企業特別的優惠，後來政府深切瞭解，中小企業是台灣企業的「根」，如果中小企業不能健全的發展，所有的企業都沒有辦法成長。1981年元月在經濟部之下，成立了一個專責輔導中小企業的機構——經濟部中小企業處，開始進行對中小企業之輔導。

有了中小企業處這個專職機構後，政府再於民國76年8月核定實施「輔導中小企業方案」，以協助中小企業調整經營策略，改善經營體質，藉以減輕新台幣升級之衝擊，健全中小企業之發展（邵遵方，1990）。但這樣的專責機構及行政措施，卻有著陳明璋（1988b）所指出的缺點：

　　專責機構的定位乃看其政策與執行的配合度，如爲政策單位，則立法與協調力要夠；如爲執行單位，則經費與人力要足，以目前來看，它涉及兼具制定政策和執行的功能，但卻不具備所需的要件，故給予明晰的定位，確實刻不容緩。

　　以上學者、業者及政府官員對於政府有關中小企業經營之各種相關行政措施的說明與反應，我們當然不能以偏概全，過度重視其代表性的意義。但是，如果我們從一個啓發思考與瞭解的角度來看，則上述諸意見的描述，適足於透顯出，政府在面對中小企業經營環境的營造上，不自覺的採取了「消極性包容式行政」的方式。因而，我們可以看出來，整個行政措施傾向於「形式運作」，所以，勞基法在中小型廠不那麼要求實質的踐履；行政執行比較緩和，一方面對於不能確實實行的法令

規章不是雷厲風行，一方面對於迫在眉睫的行政支援又緩不濟
急，如融資疏困或有關國外投資資訊的提供；行政方針比較不
明確，有時政府是做為遊戲規則的制定者，有時卻又是遊戲的
參與者，如工研院、資策會角色的定位問題；政治力較弱。由
於中小企業大半是與生活底層結合在一起，如為數眾多的家庭
工廠及小型工廠即是如此，所以本身即具有相當的穩定性，是
以政治的力量，不能也不欲穿透這些領域做強控制，而留給其
相當大的自主發展空間。所以我們會看到底下業者所描繪的狀
況：

> 本公司政府很少主動給予輔導，自己也儘可能避免官場上
> 之交際應酬，只在自己專業領域默默地做。大約六年前曾
> 前往金屬工業發展中心、中小企業處及金屬同業公會等單
> 位，洽詢商請日本退休鑄造專家擔任本廠技術顧問事宜，
> 但當時並未得到適當協助。累積多年的經驗之後，深深感
> 到事業要成功，完全要靠自己的力量[19]。

這樣的情形，我們可以說是政治力對於社會力及經濟力發展的
包容，相對而言，即是政治力本身的減弱。

從上面的分析，表面上我們看到的似乎是「消極性包容式
行政」運作之下，對中小企業發展的不利影響。實際上，並不
全然如此。正面來看，我們可以說正是因為「消極性包容式行
政」的運作，給予中小企業生存與發展的機會和空間；但從反
面看，也確實是問題癥結所在，因為在這種行政形態下，問題

---

[19]訪問記錄M12，《社會與經濟》第31 期，1990.9 。

只是拖延而非解決。以台南灣裡及大發工業區為核心的廢五金
中小企業的發展，即以最極端的例子充分說明了這種狀況⑳。所
以，由於「消極性包容式行政」的運作，使得台灣中小企業得
到一種政府所給予之積極的不干涉空間（金耀基，1985a），
雖不能說是其賴以生存及發展最重要或是唯一的因素，但這是
一個基礎性的條件則殆無疑慮。如此，我們可以進一步思考一
個問題。若是我們對於「包容式行政」用在中小企業發展的解
釋並不離譜的話，那麼從「包容式行政」的角度，對於台灣數
十年發展過程中，政治與經濟這兩個生活領域互動的情形，做
一個概略式的整體性觀照，應該會有助於我們對自己社會的瞭
解。

三、從「包容式行政」看政治位階與經濟位階的互動

　　從韋伯及布勞岱的詮釋觀點來看，政治與經濟的互動會因
為歷史結構的不同而影響其在社會結構的相對位置（高承恕、
陳介玄、馬彥彬，1989）。就台灣的經驗而言，要進一步闡述
這種政治與經濟的互動形態，一個可行的策略即是，透過「包

---

⑳對於這種「消極性包容式行政」在廢五金管理的法令規章上最清楚表
　現出來，政府任意且不具實效的隨意下達命令，更改法令，固然使得
　業者無所是從，卻也使其無實際壓力的繼續營運下去。這部分資料，
　參考《社會與經濟》第13.14期「環保下鄉專題」。

容式行政」在不同歷史脈絡及政治位階與經濟位階之間的運作情形來加以說明。我們將「包容式行政」在台灣社會不同時段之政治與經濟互動下的運作模式，整理成表二以便於作說明。

就一個鉅視的概略分析策略而言，我們將台灣政治與經濟互動的發展時間，從台灣光復之後，約略分成前期（指民國四〇年代進口替代培養期）和後期（指民國五〇年代至今，出口導向、第二次進口替代及轉型期）（張家銘，1989；楊煥文、張溫波，1985）。在前期由於百廢待舉，政治與經濟都需從基礎做起，一切尚未複雜化發展，所以我們不再區劃出這兩個領域的位階結構，僅以經濟實體及政治實體為代表其存在形態。這個時期如同上面的分析是屬於政治的強控制階段，是以政府在迫切維持其政權之穩定下，對於經濟是採用「積極性包容式行政」。在後期，隨著經濟力的茁壯，經濟的階層化發展日愈明顯，除了國營事業外，在民間產業漸漸可區分出不同的經營層級。從我們第一篇所建構的中小企業協力位階結構，再加上最上層的大企業及企業集團，構成了台灣經濟活動的明顯位階結構。而政府為因應日漸複雜的經濟與社會事務需求，其行政階層化的架構也越來越定型。這個時候，我們可觀察到不同於早期單純的「包容式行政」運作模式。就政治上層對於經濟上層的活動，如前述提出之金融，或是對民生社會發展影響至鉅的大型策略性工業如紡織、石化，政府在鞏固其政權穩定的考量下，還是採取了「積極性包容式行政」。至於中下層一般之生產事業及外貿活動，在不危害其政權的穩定之下，尚且有助於其穩定，是以也就採取「消極性包容式行政」。而一般中下

層行政單位受限於傳統以來的吏政作風，對於中下層的一般經濟活動亦傾向採取「消極性包容式行政」。

表二：「包容式行政」在台灣社會不同時段之政治與經濟互動下的運作模式

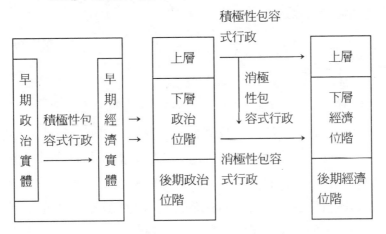

從「包容式行政」在台灣社會不同時段之政治與經濟互動下的運作模式，我們發現政府雖然一直以保守謹慎的作風，採用包容並蓄的行政手段和方式，來分配其政治資源。但是，其運作幅度的差距卻是相當大的。從「消極性包容式行政」到「積極性包容式行政」之間的彈性距離，會使人覺得政府角色的鉅變。所以才有強政府與弱政府的認定，這主要是從變遷的觀點來看政府的說法。從「包容式行政」的角度來看政府，卻比較是從不變性來觀照其變動性，在變與不變的對焦下來透視其角色的一致性，間接也說明了所謂政治底層的結構特性，與

社會生活的結構特性，如前面所提到的「擬似家族團體連帶」
與「情感與利益加權關係」，是有相當互通性的。因為不管是
消極性或積極性包容式行政，其包容並蓄的行政手段之運作，
常常和派系或人脈的人際連帶邏輯不可切分㉑，此即是「擬似家
族團體連帶」與「情感與利益加權關係」的社會生活邏輯對政
治生活領域的穿透了。

四、結語

　　從「包容式行政」，我們說明了中小企業經營與政治形態
關連的情形，也闡述了整個經濟生活與政治互動的機制所在。
「包容式行政」對於政治利益的優先性考慮，雖限制著中小企
業對其經營資源的獲取（如在金融未開放下缺乏便捷的資金融
通管道），卻也包容了它雜亂無章的蓬勃發展（這一點我們會
在下一章詳細探討）。如同其他經濟的因素，諸如生產技術、
資金、外貿網絡及協力組合結構，或者社會因素，如「擬似家
族團體連帶」與「情感與利益加權關係」，都可用來說明為何
台灣經濟會以中小企業為主一般，「包容式行政」或許也是從
政治角度說明了它的意見。對我們而言，更重要的是，「包容

㉑整體來講，包容式行政所要包容的對象，在政治場域內，往往不是個
　人或西方意義下的「結社」團體，而是由個人牽連起來的「人脈」或
　「派系」。這種人脈或派系形成的法則，即取決於「擬似家族團體連
　帶」與「情感與利益加權關係」等社會生活邏輯的運作了。

式行政」可說是古意盎然，它從傳統至現代的綿延性，呈顯了中國社會彈性包容的生活邏輯。但是，包容式行政，卻也是一個高成本的東西，對經濟的營利活動而言，其正面性可能爲其負面作用所抵消。這種複雜性可能是與我們生活的複雜性相類似的。

第十章　勤勞主義

── 論台灣中小企業發展的文化驅力

對於儒家文化與東亞經濟發展的課題，從H.Kahn（1979）以儒家倫理來解釋東亞經濟發展的奇蹟之後，有關這方面的研究即層出不窮（如Morishima,1982；Hofheinz and Calder,1982；Jones and Sakong,1980；Macfarquhar, 1980；Berger,1983；金耀基，1985；余英時，1987；傅偉勳，1988；蕭欣義，1988；黃光國，1988c）。在民國78年5月，中華經濟研究院又以「儒家精神與東亞經濟發展」為題，舉辦一大型研討會，共有十四篇論文發表，針對這個主題做一整合式的研究①。由此可見，這個命題的探討對於瞭解台灣經濟

① 這十四篇論文分別是：Chung-ying Cheng〈Totality and Mutuality:Confucian Ethics and Economic Development〉，Wei-ming Tu〈The Confucian Dimension in the Easian Development Model〉，Charles Wei-hsun Fu〈on the Ideological Revitalization of Confucianism in Relation to East Asian economic development:From Methodological Reflctions to

發展的重要性。本文雖然企圖重新思考這個命題，但是整個研究的取向，仍然是沿著第一篇對於台灣中小企業經濟結構的分析線索，進行詮釋，而不從儒家文化或精神本身的內容加以討論②。

Creative Dialogue〉，Thomas A.Metzger〈Confucian Culture and Economic Modernization:An Historical Approach〉，Paul H.Tai〈Measuring the Economic Impact of Confucianism:Empirical Evidence from a Survey〉，John C.H.Fei〈Chinese Cultural Values and Industrial Capitalism〉，Ramon H.Myers〈Confucianism and Economic development:Mainland China,Hong Kong and Taiwan〉，Chia-chu Hou〈The Influence of Confucianism on Policies and Entrepreneurship in Taiwan〉，Li-fu Chen and Chi-ming Hou〈Confucianism,Education and Economic development in Taiwan〉，Lee-Jay Cho and Chung-Hoon Lee〈The Government-Business Relationship in Korea:Cultural Dimensions〉, Tzong-biau Lin and Lok-sang Ho〈IS There a Link among Confucianism, Institutions and Economic Performance? 〉，John Wong and Aline Wong〈Confucian Values as a Social Framework for Singapore's Economic Development〉，Marion J.Levy,Jr.〈Confucianism and Modernization〉，Shih-fan Chu〈Confucianism and Economic Development:Some Suggested Frameworks for Quantitative Investigation〉。

②這個研究面向，是大部分探討儒家倫理與經濟發展命題的學者所必然要涉及的領域。註①提及之「儒家倫理與東亞經濟發展會議」發表的

　　對於文化與經濟關連的命題，在台灣經濟發展的實體上重
新思考，卻又不從一般既定的討論模式出發，亦即如余英時
（1987）從儒釋道文化內涵，或黃光國（1988c）從儒家主流
文化內容，梳理出有利於經濟發展的質素來說明兩者的關係，
事實上隱含著一個探討文化與經濟相關性的方法論問題。所以
本章的討論即從此開始。我們在第一部分經由李明輝〈當前儒
家之實踐問題〉一文的反省，說明探討台灣中小企業文化特質
的策略點所在③。在第二部分則討論從實然文化觀照點反省勤勞
精神這個一般性概念解釋的不足，再提出「勤勞主義」來分析
中小企業的發展。

　　論文，大部分也是順此策略研究這個課題。是以，本文在前面第一篇
　的討論基礎下，不再重蹈前人繁複之研究，而另闢蹊徑，直接從最廣
　義的世俗性文化與中小企業發展之關連點上，加以探討。
③李明輝論文發表於1990東海大學哲學研究所舉辦之「當代儒學之社會
　實踐」會議。其論文的基本問題意識，主要是因楊儒賓〈人性、歷史
　契機與社會實踐──從有限的人性論看牟宗三的社會哲學〉一文而來
　的（楊儒賓，1988）。他認為楊文之主要問題乃是：在多元化的現代
　社會，如何建立其「客觀精神」？李氏認為這個問題亦是當今西方哲
　學及文化所面對的根本問題。在某個程度上儒家文化之實踐問題亦是
　在這個核心點上。所以李氏接引這個問題進一步追問儒家文化之實踐
　問題。

一、「理想文化」與「現實文化」：對儒家倫理與台灣經濟發展命題研究方法之反省

李明輝〈當前儒家之實踐問題〉一文雖不直接觸及儒家思想與經濟發展的關連，也並非探討儒家思想的關鍵性重要作品，但在個人看來，卻剛好從儒家之社會實踐觀的整體性反省，提供我們能從一個更基本的方法論立場，加以反省眾多探討儒家倫理與經濟發展的觀點。這個方法論立場之反省，即是往下所提及之「理想文化」與「現實文化」的區分。所以，本章才會以李氏之觀點，作爲反省的開始。李氏論文的核心問題乃在於：儒家文化之實踐如何而可能？在李氏看來這個「實踐」的根本問題，亦是康德倫理學在近代所受到的最大質疑與挑戰。所以他以康德倫理學爲策略，企求進一步釐清儒家文化之實踐問題。

在李氏之整理下，我們看到西方哲學傳承下主要有兩種「實踐觀」。一種是康德式的實踐觀：把實踐之基礎安置於道德主體之自由的實在性上，而超越於任何歷史情境及社會條件；一種是黑格爾式的實踐觀：實踐是具現於歷史與社會脈絡的倫理上。藉由這兩種實踐觀的梳理，李氏指出，儒家的實踐觀基本上是「康德式的實踐觀」，肯定道德主體在其獨立於歷史情境及社會條件的自由中已具有充分實在性，這是一切人文活動

的基礎。由於有了這種道德主體的超越性，才保住了道德法則的普遍性與絕對性，避免了道德的相對主義。經過以上的論述，他指出，因為儒家在面對實踐問題上，採取了康德的策略，肯定道德價值的理想性，是以「理想」與「現實」之間永遠有距離，永遠會受到「能不能落實」的質疑（李明輝，1990）。

對我個人而言，李氏這種對於儒家「社會實踐」問題的疏解有其意義。他很精要的指出了儒家文化實踐上的兩個根本特質：其一是，他明確說明了儒家文化在社會實踐上，是一種「應然的規範性格」。所以它在意的是超驗層次上的構作，希望標舉出道德主體超越於個別社會及時代之特定環境而能締結出某種「客觀精神」。換言之，依李氏之見，儒家文化社會實踐之精義，乃在於其對超絕之「理想文化」的維繫，而這種理想文化對每個社會及時代的生存而言，都是不可或缺的。其二，他提出儒家文化在面對社會實踐上，必然要面對的一種「正當性的距離或緊張」。一般對於儒家在社會實踐上的質疑，從這一點來看是忽略內蘊於儒家文化這種實踐性格的。因為儒家之實踐若是一種「應然的規範」，它本身必然與「實然實體」立於不同範疇上。所以「道德理想」與「現實社會」之間必然有其距離及緊張存在。如此，上面的道德理想才能維持其作為社會批判及文化批判的力量。換言之，維繫了「理想文化」才能保留對「現實文化」批判與反省的空間及契機。

但是，也在上述觀點，我們對於儒家實踐性格的認同裡，出現了今天重新思考儒家文化與社會經濟、乃至整體現代化發展問題的困境。首先，我們從一個根本的問題來思考：「理想

文化」與「現實文化」之間的互動關係，或彼此互動的成效，亦即「理想文化」對「現實文化」規約的妥適性，其最終的基礎取決於什麼？這個最終基礎乃在於社會實體的變遷上。社會實體不同，其「理想文化」與「現實文化」相對的位置也就不同。以布勞岱（1981:70）觀點而言，十八世紀以前的西方，可說是一個舊生物王國，與十八世紀以後的社會有本質上的不同。如此，不但前後歷史時空「理想文化」與「現實文化」相對位置不同，可能「理想文化」都要隨「現實文化」的不同，而改變其形式及內容了。這也是爲什麼哈伯馬斯會有哲人已逝的感嘆，而認爲十九世紀以前由哲學包辦對人類命運思考的工作，要過渡到社會學的手中。其間透露的正是哈氏的慧見，他已很清楚看到，康德時代過去了，之所以要從「獨白的倫理學」轉化成「對話的倫理學」，不只是純粹知識的旨趣，而是對於社會及時代脈絡如實的掌握。儒家文化所要面對的傳統社會與現代台灣社會，其間差距之大絕不下於西方布勞岱勾勒之十八世紀前後期社會的轉折，這時儒家在面對實踐需求所標定的「理想文化」，難道還能完全保持其正面的規範力量嗎？「現實文化」的運作邏輯若完全與「理想文化」割裂或悖反，「理想文化」難道不會被揚棄或踐踏嗎？

其次，今天從台灣社會脈絡來考察，並作個扼要歸納，事實上，代表「理想文化」的「應然邏輯」與彰顯「現實文化」的「實然邏輯」相當不一致，甚且是衝突的（陳秉璋，1988、1989）。因此，若扣住社會實體這個基礎來談，兩者的衝突就透顯出一個布勞岱式的問題了。在布勞岱（1984）看來，文化

對社會與經濟發展的影響可以是「看門狗」，但也可以是「反叛者」；可以是「支持者」也可以是「挑戰者」。我們當然不必要完全侷限於布勞岱之觀點與概念架構，但順著這個甚有洞察力觀照角度往前推，我們可以更細緻的追問：到底是「理想文化」或「現實文化」才是我們今天社會經濟發展所需要的「看門狗」？就整體社會經濟的發展便利而言，我們當然不希望弄來一個「反叛者」，就像布勞岱（1982:401-403）講的，資本主義社會要發展，一定要有一個與之符應的資本主義文化或價值才可能。然而，我們也不能忘記，西方資本主義文明是花了幾百年的工夫才馴服了文化這個反叛者④。儒家文化對於傳統中國之小農社會，無疑的是忠實的「看門狗」，但對於今天

---

④西方能從「理想文化」的應然邏輯，走向「現實文化」的實然邏輯，不能不說是其文明的成就。從整體的歷史發展脈絡來看，西方這個發展起碼有兩個重要的轉折共同促成。其一，韋伯（1983）所討論的宗教改革的力量。由於新教倫理對於工作賦予道德上的肯定，且對於世俗營利活動不但不予貶抑還給與鼓勵，使西方文化在價值理念的源頭上，得以從「理想文化」走向「現實文化」。其二是，赫西門所討論之西方社會在「激情」與「利益」轉換下所衍生出來的社會制度發展。西方十七、八世紀的社會思想發展，在越來越肯定人類實然的存在面之下，揚棄了再用理想文化之應然的理性來加以馴服現實文化之實然激情的方法，所以轉從利益這個同樣立於現實文化範疇的東西來規約人之激情。如此，利益這種現實文化的發展更得到了社會的肯定和制度化的可能。從上面這兩個轉折來看，西方能從理想文化走向現實文化的文化模態並非偶然，相反的，我們沒有經過這個轉折，理想文化與現實文化的相對位置即相當不同（Hirschman,1977）。

台灣的工商社會而言，會不會轉身一變而成為「反叛者」？我們「要不要」或可不可能馴服它呢？

　　從黃仁宇（1988）的觀點來看，以「道德代替法律」是傳統中國行政的準則，不但是整個官僚文化的表徵，也說明了傳統中國何以是一個無法在數目字上管理的社會。如此，道德的應然邏輯在傳統中國，並不僅僅如李明輝所說的，只是作為超越性的理想文化存在，它也是現實御用的一個工具。因此，在傳統社會，道德既是「理想的」，也是「現實的」，兩者在社會實踐上可以取得亦步亦趨的位置。然而，進入了今天台灣工商社會，面對基本社會形態的轉變，這種情況不可能持續了，道德不可能扮演既是「理想文化」又是「現實文化」的角色。在個人看來，這是我們今天談儒家文化之社會實踐，所面臨的最大困境。這也是我們今天很難再以「道德原則」這種理想文化，作為當下社會經濟發展的「看門狗」之原因。畢竟，「應然邏輯」下的道德理想文化，與「實然邏輯」的現實文化，在現代台灣工商社會的發展裡其距離越為遙遠了⑤。

　　從上面的討論，我們可以看出來，在方法論的立場上，探討當下台灣經濟發展與文化因素相關性的命題必須注意到兩個

---

⑤受我們訪問的一位大學畢業的業者就質疑到，在高中跟大學讀書時，念四書背倫語孟子有什麼用？在他看來，讀這些東西是浪費時間，對當下的企業經營沒有任何幫助，倒不如教一些企管、會計知識還較實惠（《社會與經濟》第5期訪問記錄T7）。業者的意見不一定正確，但是在此，卻透露出經濟行動者在面對實際企業經營時，一種理想文化與現實文化的差距。

可能的限制：其一是，不能完全從文化面著手來尋找其有利於
經濟發展的質素，因爲，在文化既可作爲經濟發展的看門狗及
反叛者雙重身分之下，必然可以輕易找到對經濟發展有利的質
素，這就如同也可以輕易找到不利的質素一般的道理。所以，
關鍵在於如何能夠同時於經濟與文化兩個範疇來回辯證觀察與
思索，而能發現兩者之間具有韋伯所謂的選擇性親近性的質素
（Weber，1978；翟本瑞，1989）。或者文化與經濟邏輯之
間眞正的關係⑥。其二是，不能單從道德性的理想文化角度來考
察文化對於經濟發展的意義。理想文化對於當下社會的存在與
發展一定需要，因爲社會發展一定要有批判及反省的判準。但
是，對於經濟發展的知識解釋就不一定貼切了，這兩個層次是
可以區分的。而影響理想文化解釋向度和層次的最關鍵因素，
可以說是社會實體了。社會實體不同，其所能解釋的向度與層
次也就不同。從台灣當前社會實體來看，我們若轉而從現實文
化的角度來思考經濟與文化的關連，應該可以更清楚掌握到其
中的機制。

　　以上的反省對本文而言是相當重要的，因爲由此我們才得
以決定探討這個課題的方向和策略。如果說從現實文化的角度
出發，是我們探討文化與經濟關連的一個方向，那麼在文化與
經濟兩個領域之間找出其共通的社會邏輯，或具有選擇性親近
性的要素，便是我們研究的策略。從早先對於大型紡織、石化

⑥蕭全政曾提出，探討文化影響應從經濟邏輯與文化邏輯的一致性著手
　討論。

及資訊業到晚近對於紡織、製鞋、機械及資訊等中小企業的長期訪問研究裡，我們看到最具共通性也是最平常、最世俗化的一個在經濟生活中起作用的文化要素，即是勤勞⑦。是以，「勤勞」即是本文所標定的具有文化與經濟共通性的社會邏輯與選擇性親近性的要素。但是，如何更細緻的來建構這個概念，使其真正能用以解釋台灣經濟發展與文化之間的深層關連，而不只是流於常識性的理解呢？底下我們即透過對於勤勞的兩重考察，以勤勞精神的形成與「勤勞主義」的建構，來說明這個問題。在第三小節，我們先對於勤勞精神這個通俗性的生活概念，從農業社會到今天工商社會生活脈絡中的發展意義重新予以解釋。藉由這個第一層次的考察，我們於第三小節進一步提出，在中小企業的經營中，勤勞精神的長期性發展已轉化成一種「勤勞主義」。透過「勤勞主義」則更能說明文化與經濟共通的社會邏輯及選擇性親近性之要素。

二、現實文化的第一個考察面：勤勞精神的形成

在今天工業社會裡，企業經營順暢與否要取決於一個很重要的因素：亦即能否得到高素質的勞動者與專業管理人員？台

---

⑦一般受訪的業主談到台灣經濟的成功因素時，最普遍且共通的說法是，中國人很勤勞。參閱《社會與經濟》第5期至第39期訪問記錄。

灣經濟發展的成功，原因固多，然而擁有這些高品質的勞動人力，卻是企業家一致肯定的要素⑧。本文在此所指涉的這種高品質的勞動力，簡單而言，即是在工作之能力、經驗、態度能達到工廠生產效率要求之勞動力，換言之，即是能充分展現「工作紀律」的勞動人力。是故，當我們援引韋伯（1983）的觀點，來思考台灣經濟發展與文化要素之關聯時，或許我們可以問這樣一個具體的題目：到底有那些文化因素，在形塑今天台灣企業運作中這種不可或缺的「工作紀律」？

什麼是工作紀律？這種工作紀律相對於其它社會，如西方，為何會有文化上顯著的獨特意義呢？就自己對於台灣企業實際觀察所得，個人認為可以將工作紀律界定為：「一種經長期馴育而來，對於工作上之自我要求與責任實踐上自發性的敏感度」。惟有具備了這種工作紀律，才能達成韋伯（1983:92）所指稱的企業經營上之可計算性，因為在此前提下，員工的出席率、機器的維護、品質的穩定等整個生產效能之估算方為可能。所以在此所說之工作紀律絕對是一種文化薰陶與形塑的結果，我們試舉一例說明即可明白。在台灣北部許多工廠，因地緣及情境所需，僱用了很多的原住民。就勞動之個別生產力而言，這些原住民所提供之勞動力絕對優於平地人，然而對於業者經營而言，這些勞動力對於工廠運作，最大的致命傷就在於其「不可計算性」。他們本著原住民族率性自然的文化本色，沒有錢時（如當每月薪資用完後），很賣力工作，可是等到有錢時

---

⑧同上。

（如發薪或得到獎金），工作馬上可以暫時丟開，常常並不考慮工廠之狀況或是例假日與否，即自行放假幾天。如此，造成了工廠人力運用上之不確定性，形成廠裡接單、生產上之極大困擾⑨。這裡我們無意以價值判斷去評估不同文化之間的優劣，而只是要藉此點明，工業文明所需要的這種工作紀律確是某種文化孕育累積下的產物。就原住民文化而言，亦有其獨特之價值、規範所形塑的社會紀律，然而這種紀律所形成之工作態度，是不同於我們這裡所強調之工作紀律的。我們需要再追問的是：這種工作紀律若不同於西方所立足之文化基礎，則這種獨特的工作紀律是如何產生的？

　　對我自己而言，從小就生長在一個農業勞動節奏所規律的生活中。年紀雖小（國民小學三、四年級；民國54、55年），卻也很容易就算出這個循環的軌跡。每當放完寒假時，就是這個循環的開始，我們閉著眼睛都可以數得出有多少不得不做的工作等著你去做。先是把一期稻作與二期稻作之間所種的雜糧（如油菜、蕃薯）收成完畢，然後開始清理田野，準備一期稻作的播種，這期間即有無數繁重的工作要做。首先必須修樹砍柴。這個工作絕非文人雅士筆下所描述的蒔花種樹那般輕鬆。台灣西部沿海地區，因有強勁海風，所以在水稻田中一定要種植行樹以擋風，藉以保護水稻生長。然而，行樹長得過於茂盛又會妨礙稻子的生長，因而每一期稻作播種之前一定要修整行樹。砍下的樹木都是不可多得的柴火，是以還得慢慢扛回家，

⑨訪問記錄T9a，《社會與經濟》第9期，1989.5。

經曬乾之後再成束疊放屋角做煮飯燒菜之用。接著，必須割草清除田中雜物。在以前沒有除草劑，所以田埂的雜草必須用人力割除，由於田地大多是盤錯小塊，所以田埂就格外多，割草工作也就更繁重。

再來，就必須放水犁田了。由於牽涉到輪流灌溉問題，所以沒有一塊田地能脫離整個播種的時序。每塊田地放水犁田時間不能相差太久，因為犁好田馬上要接著插秧，若不能趕上這個階段，則以後用水、插秧皆很不方便，尤其是那些四周受別人田地包圍，處處要經過別人田地者更是如此。因此從犁田、插秧到除草、施肥所需的水源，必須予以相當大的關注。小時候，在更深人靜的午夜，父母親常常必須從睡夢中爬起來，去迎接「圳水」（指播種期間輪番給水時所分配到給水時間之灌溉水），是很深刻的成長印象。等犁好了田，最後就是拔秧苗、插秧了。似乎整個播種工作到此可告一段落，但是，事情並沒有結束，往後接著之施肥、除草（人須全身跪爬在田裡，靠雙手磨過秧田各角落將雜草除掉）、再施肥、再除草、噴灑農藥，一直到最後的割稻、打穀、曬穀、打包入米倉或送農會或交糧食商人，才算是完成了第一個循環，然而，緊接著下一個循環又開始了。每一個步驟都相當緊湊，相當有規律。從這種實際的農業生活而言，我們看不出能自外於這個規律及循環的可能性。

中國人的勤勞與刻苦，是一般業者肯定台灣經濟發展之所以成功，一個很重要的因素。然而，這種勤勞的精神是如何來的呢？很多學者可能願意將它標定為來自於儒家倫理的形塑。

很明顯的，在此業者所歸因的勤勞，學者所標定的儒家倫理，都是長期從農業社會綿延遺留下來的東西。這種勤勞之所以爲業者強調，主要也是因其經過長期歷史形塑，業者很容易意識到它是一種文化性的產物，說明著中國傳統的光輝與中國人的驕傲。可是，上述農業勞動生活中的「做田人」，既不懂什麼正統儒家學說，亦不知何謂庸俗化或世俗化儒家學說（Berger，1983），以一般鄰里標準來看，這些都是勤勞可尊敬的人。這種勤勞果眞來自於儒家倫理嗎？我們當然不能忽略儒家倫理轉化成民間戲曲傳佈的可能性，然而，構成上述勤勞精神最重要的力量，毋寧是來自於生活的壓力與生存的需求。從小我們就沒有免於不下田的自由，也沒有聽說過那家農戶敢偷懶不耕種。從這裡我們就可以具體而微的體會布勞岱（1979：145-158）所謂的「水稻文明」的意義。

相對於歐洲之「小麥文明」與美洲之「玉米文明」，布勞岱（1979：145）指出，亞洲尤其是中國的「水稻文明」，是極度折磨人的作物形態。與小麥、玉米比起來，水稻是相當精緻的。這個精緻來自於水稻的種植不但要投進相當多的人力，而且因爲灌溉水源的運用，必須將這些人力組織成綿密的體系。在這個體系內，個人對於家庭沒有不工作的自由，家庭對於鄰里整體農作環境也沒有任意性的自由，這就是制約著每個人行動最素樸的規範。這種因符應於自然環境與生存環境而來的生活規範，經長久的浸染，無形中已養成了上文我們指稱的「工作紀律」。某種工作紀律的養成是不能離開「生活紀律」的。上面描述之農業生活的節奏與循環，充分說明了水稻文明所帶

來的規約，已深深的支配著我們的生活。勤勞，在我個人看來，就文化內涵而言，應是這個紀律長期運作的概括說明。是以從「農業社會」這個概念內涵，不足以「清楚」的瞭解這個紀律的眞實面貌，與勤勞精神的社會基礎，乃在於其過度寬泛與一般化。我們從「水稻文明」這個更具體化的概念，即能相當細部的掌握中國農業社會長期孕育出來的這種「工作紀律」與勤勞精神。

如果說工作紀律指涉的是農業社會結構運作的「社會邏輯」，那麼勤勞精神正好說明了這個社會邏輯的文化性格。從水稻文明這個社會邏輯來看，所謂「不工作者，不得食」，與「好吃懶作」是道德上可非議的這種文化精神，剛好在社會性與文化性，兩個面向上取得一個呼應。更關鍵的是，水稻文明所孕育的這套「工作紀律」，一旦變成持久運作的「社會邏輯」，以及昇華成「勤勞精神」這種「文化理念」，它可能就不是那麼容易消失了。這也是爲何我們能將水稻文明所養成的這種工作紀律，拿來與工業社會企業運作所需要的工作紀律作關連的原因。由於「社會邏輯」是可能變成長期性、深具支配力的社會運作規則，所以可以用來考察它與當下「經濟邏輯」運作的關係，藉以供我們更深入看出所謂文化之影響到底爲何？

從我們上面的討論，事實上可以瞭解到，傳統農業結構所形塑的這種「工作紀律」之社會邏輯，與當下工業社會所需求的工作紀律之經濟邏輯是可以相通的。因爲兩者在工作的基本態度上，都需要這種對工作上之自我要求，及責任實踐上的自發性動力。所以當我們從這兩種邏輯上的一致性來討論所謂文

化之影響時，會有一個不同的看法：亦即文化的影響並不是純粹性的道德理念，直接支配著我們當下的經濟活動。而是透過社會發展的邏輯慢慢孕育成形，逐漸形成生活中具支配性的規範理念，左右著我們行動的方針。如果從這個角度而言，前述我們援引韋伯觀點之問題：到底有那些文化因素，在形塑今天台灣企業運作中這種不可或缺的「工作紀律」？可能都要很小心。因為問這個題目的前提是要先瞭解，那些是在具體社會的發展過程中，可以變成我們今天所指稱的文化因素？就本文探討而言，透過台灣農業社會與工業社會發展所需之「工作紀律」的一致性，我們說明了所謂文化影響之面貌。而這個「工作紀律」長期運作的文化胎記即是：「勤勞精神」。

三、現實文化的第二個考察面：「勤勞主義」

上述討論的勤勞精神，固然是從現實文化的角度，觀照到的一個仍然在當下企業活動中起作用的文化質素。但是，在對於紡織、製鞋、機械及資訊等中小企業進行深度訪談與田野式參與觀察之後，我們卻又發覺，「勤勞精神」這個概念，並不足以完全說明仍然存留於實際企業經營之文化心態及價值觀。因為，從上面第二小節的分析來看，勤勞精神指的是個體或團體一種工作紀律化的勞動特質，在此指涉下，勤勞精神並不具備其它文化價值上的外延特質。所以，我們必須重新挖掘出具

有較寬廣意涵的解釋概念，來補充「勤勞精神」詮釋上的不足。
此即本文所強調的「勤勞主義」。「勤勞主義」相對於勤勞精
神，有何概念上或對於實體解釋上的差別呢？

　　當我們用「勤勞主義」這個概念來描述影響經濟生活的文
化價值現象時，除了具備有上述工作上的紀律化這種勞動特質
之外，尚有其它文化價值上的外延內涵。那麼，這種由「勤勞
主義」所擴散出來的外延特質是什麼呢？簡單講，就是一種
「賦予經濟營利活動在現實生活裡具有優位的正當性及道德性，
據此而合法化其對生活時間與空間的浸透」。在這種意義界定
下的「勤勞主義」，相較於勤勞精神有何特殊的建構意義呢？
事實上，勤勞精神與「勤勞主義」並非代表著前後發展階段的
不同，譬如說傳統農業社會是勤勞精神而現在工業社會是「勤
勞主義」，這兩個概念所描繪的現象同時存在於過去與現在。
而之所以要再區分，主要想說明，「勤勞主義」與勤勞精神是
立基於不同的層次，也有不同的指涉範圍。

　　更清楚來講，勤勞精神指涉的比較是在於單純的「行為特
質」層次；而勤勞主義所指涉的則是在於一般性的「價值理念」
層次。勤勞主義這種對於勤奮工作所產生的道德性與正當性認
同，以及其在日常生活中對時間與空間的合法性浸透，是被生
活中的一般社會大眾視為當然的接受，由於這種價值是被視為
當然的接受，所以它會普遍化成為一種「主義」（ism）的東
西。而當我們用勤勞精神這個概念時，想到的是單純勞動行為
的特質，而不會從這個概念喚起一套複雜的價值理念或意識形
態的認知圖像。我們之所以再建構「勤勞主義」這個概念，主

要是想將勤勞精神背後所隱含的這個複雜的認知圖像彰顯出來。透過「勤勞主義」我們即能對底下台灣中小企業經營活動的幾個重要面向加以解釋。

其一是，喜歡當老板的心態。對於中國人來講，相對於韓國、日本，想當老板似乎是一個蠻普遍的現象⑩。這種企業活動中所展現出來的獨特性，如何從文化的面向予以解釋呢⑪？從第一篇的討論我們看出，構成整個「彈性化協力企業組合結構」的各類型頭家，都有旺盛的創業動機及獨立奮鬥出一番事業的企圖心。這種想當老板的主觀心態，事實上即是一種「勤勞主義」的高度發揮。「只要打拼，總有出頭天的時候」這句俚語，道出了「寧為雞頭，不為牛後」的實踐基礎。從訪問中所看到的諸多大小頭家，不管是「黑手變頭家」或是「白手變頭家」的過程，都可以看出來，「打拼」不一定能成功，但是，想成功則一定要「打拼」的邏輯。是以，打拼不只是邁向企業經營成功的必要條件，它也是獲得社會生活中道德肯定的管道。喜歡當老板，是因為當了老板以後，在價值上，他即完成了來自於「勤勞主義」世俗化道德的肯定⑫。這樣的人即會變成鄰里之

⑩在訪問過程裡，一般業者都相當同意中國人喜歡當老板的心態。但是，當進一步追問造成這種心態的原因時，卻只能用民族性來解釋。所以，在此我們企圖用「勤勞主義」來深化對這個現象的解釋。

⑪在此我們強調的是在「文化面向」的解釋。至於其它面向，如經濟、政治與社會皆同等重要，只是這幾個面向在前面幾章已有提及，本文不再重複。

⑫我們訪問中部和美地區一位代織廠的小頭家，問到他為什麼那麼打拼，

間，或地方上讚揚的對象，而其奮鬥行徑則爲想打拼的人所學習。所以，我們可以說，「喜歡當老板」，即是「勤勞主義」這種文化價值理念具體化在個人行動上的表徵。沒有「勤勞主義」的價值肯定和道德性的支持，在往頭家目標奮進的過程中，不容易得到社會的尊榮，則其營利活動即少了正當性，即無法獲致高度的成就感。

其二是，中小企業頭家們「生活工作化」的打拼方式。在「勤勞主義」之下，關連於第一點的中小企業經營形態，即是企業業主在企業經營中，對於自己及下面「班底」人員生活時間的無限侵佔。從第一篇眾多例子可以看出來，在趕貨品交期之下，這些中小企業頭家及核心幹部，往往是沒有了上班與下班的界線。生活與工作幾乎是密不可分，形成一種「生活工作化」的打拼方式。這種任意由工作對於生活時間的侵佔，在文化上之所以能夠得到其合法性，主要即得之於「勤勞主義」意識的支持。從訪問中我們發現，生活工作化是打拼的方式，也是敬業的一種表現，它充分說明了勤勞是有其外延價值效應的事實。頭家的打拼表率及班底人員的工作責任，都順著勤勞的外延價值效應而連接起來。生活時間的無限付出，只要能認同「勤勞主義」，也就甘之如飴。

其三是，中小企業經營過程中，對生活空間的合法性侵佔

出來自己創業時，他回答說，如果自己沒有出來做，出來打拼，他就不可能有機會與中小型廠頭家，乃至中型廠頭家結交成朋友。這是「勤勞主義」世俗化道德肯定的一個說明例子。

⑬。我們在台灣各個鄉鎮角落裡，都可以看到大大小小的各類型代工廠。這些從夫妻兩人的「家庭工廠」到一、二十人略有規模的小型工廠，乃至更大規模的中小型廠，散落在人群聚集的各區域。有的是在自己住家的客廳⑭，有的是在自己家外空地搭個篷子⑮就做起來。然而，在此情況下，我們從不曾看過左右鄰里對此的不滿和抗議。有的是，對於這個人（指頭家）很勤勞（打拼）的道德讚賞。這種文化價值上所給予的空間，使得小型營利活動得以在既有之經濟位階結構的現實空間發展。而這樣的狀況，我們利用「勤勞主義」這個概念才能予以更具體而深入的解釋。起碼，我們比較能細緻的掌握到文化價值影響的實際方向和內涵。

最後是，對中小企業協力企業經營所需之「擬似家族團體連帶」、「情感與利益加權關係」，在「勤勞主義」對於工作

---

⑬這裡我們所謂的中小企業經營過程中，對生活空間的合法性侵佔，指涉的不是彭作奎、李延禧在〈台灣鄉村工業化與工業結構之變遷〉一文之研究指出的，隨政府政策而開發出來的鄉村工業區，或為平衡地方發展而設置之區域工業區，對於生活空間的侵佔。這樣集中的工業點，雖然也會影響生活環境，但不若我們在本文所指涉的，不在工業區內而是散落在各個生活角落之家庭工廠、小型廠對於生活環境的影響。有關區域與工業發展的研究尚可參考賴金文（1980）、劉健哲（1984）、林郁欽（1986）、陳小紅（1981）、孫清山（1982）、吳連山（1981）、賴金文（1980）、李棟明（1980）、賴金文（1977）、陳振文（1980）、張福榮（1987）等人的研究。

⑭這種情形有太多例子可以說明，參考筆者田野記錄O1。

⑮同上。

精神的「道德性」肯定之下，加強了其在經濟生活裡的連坐幅度。「勤勞的人，比較有底」這個生活俚語，加上一位中型廠頭家所說的，能夠自己掌廠自己下去拼的協力廠頭家，他們才願意跟他搭配⑯，都說明了「勤勞主義」不是道德，但在工作的表現上，卻能衍生出道德性的評定。從紡織、製鞋、機械及資訊等行業的研究裡，我們可以發現，一旦協力廠之間的頭家們，有了「勤勞主義」給與彼此在工作精神上道德性的肯定，則走向強「擬似家族團體連帶」及「情感取向利益關係」的可能性即大為增加。因此，「勤勞主義」也就變成對於業者所說的「台灣做生意把情字放在前面，『我信得過你』」⑰，這一句話最佳的註腳，變成業者在工作態度上彼此肯定的不成文法則。

　　從以上對於「勤勞主義」的界定，以及在中小企業經營上的四點詮釋，就更能清楚說明，在第六章我們所提出之「彈性化協力企業組合結構」能將「勤勞主義」理念強化在日常的經濟活動中，使生產製造的經營有「高效率初級生產力」之道理。而「勤勞主義」也說明了對於現實文化第二個重要的考察面向。相對於勤勞精神第一個考察面，勤勞主義更貼近於本章所標定的，具有文化與經濟共通性的社會邏輯與選擇性親近性要素。因為，對於我們企圖掌握文化與經濟互動的純粹類型來看，勤勞主義更能將傳統以來的「勤勞」圖像，以最豐富的內涵呈顯出來。它不只說明了一種精神及行為的特質；更說明了一套價

---

⑯訪問記錄T14，《社會與經濟》第39期，1991.3。

⑰訪問記錄M9，《社會與經濟》第31期，1990.9。

值觀、意識形態及生活規範的運作模式。如同我們前面所討論過的「擬似家族團體連帶」、「情感與利益加權關係」及「包容式行政」對台灣中小企業的影響，乃在於整體社會生活規則的形塑上，「勤勞主義」亦從文化的角度，說明了其參與這個規則形塑的過程。

四、結語：「勤勞主義」作爲一種文化驅力

在現實文化的實然邏輯上，我們不僅重新掌握了勤勞精神的意義及形成基礎，更由此瞭解了勤勞精神背後所隱藏之「勤勞主義」，在中小企業經濟生活上所扮演的角色。文化，簡單來說，它幾乎決定了生活形態基本模式（高承恕，1990）。從現實來看，勤勞主義確實影響著台灣中小企業的經濟生活形態，不管是生活時間、生活空間或是生活的準則，無一例外。所以，就生活而言，我們可以說從勤勞精神到「勤勞主義」的探討，展現了中國人一種根深蒂固的文化價值驅力。因爲，「勤勞主義」呈顯的是一個長期歷史時間所形塑的實體。

我們之所以視「勤勞主義」爲台灣中小企業發展的一種文化價值驅力，而不視爲一種文化心態，乃在於它有更特定的指涉意涵。前述所謂的喜歡當老闆心態、生活工作化的打拼方式及企業發展過程中，對生活空間的合法侵佔，當然都可以從更廣擴的文化心態角度予以詮釋。文化心態作爲一種底層結構的

支配力量及其慣性[18]，不只顯現在對於企業經濟活動的支配上，更表彰在對於生活環境觀的型塑上。所以從這種文化心態的角度，似乎更能解釋，爲何我們社會生活中，無法將工廠區位與住宅區位嚴格劃分。然而，當我們把「勤勞主義」當成一種特定的文化價值，「勤勞主義」只是從價值理念的角度，道德化了工廠對於純粹生活空間的侵佔。如果一般人能視爲當然的接受，只不過說明了「勤勞主義」做爲一種文化價值，尚有其支配力的事實。因而，我們要斟酌的不是「文化價值」或「文化心態」對台灣中小企業發展何者產生的影響力大？這兩者依個人看法是，分別在不同層次及範疇發揮其影響力，而文化心態這個較之於文化價值更廣大的領域，亦非本章在此所探討的主

---

[18]文化心態作爲一種底層結構的支配力量及其慣性，我們可以從同勒戈夫的觀點來加以說明（1988）：

傳統是社會本身在心理上再現的一種方式，必須對之進行研究分析，因爲歷史的慣性肯定產生自心理結構對變革的緩慢順應性。心態史實際上是一所特別好的學校，從中可以認識到線性史觀的不足。慣性是個十分重要的歷史力量，更多地體現在通常發展緩慢的人們的心理方面，而不是物質方面。人們在使用自己發明的機器時，卻仍然保持較早時期的心理狀態。駕駛汽車的人仍使用騎馬者的詞彙；十九世紀的工廠工人仍具有其農民祖先的心態。心態的變化比什麼都慢：其歷史表明了歷史的緩慢發展過程。

透過勒戈夫觀點，在本章，我們將「文化心態」，界定爲是由長期歷史時間所形塑的「無意識」認知實體，與「文化價值」所指涉的長期歷史時間所形塑的「意識」到的認知實體，是不同的分析概念和範疇。所以，本文視「勤勞主義」爲我們社會中的一種文化價值，強調行動者對於意識到價值系統的認同及揀選取向。

題。所以，我們更深化的問題應是，就在文化價值領域，是否還有「勤勞主義」之外的重要價值系統，對台灣中小企業發展亦起著關鍵性的作用？或者，勤勞主義這種文化價值系統與台灣中小企業經濟結構的發展有何關係？就前者而言，個人認為除了「勤勞主義」之外，當然可以因個人關懷及研究旨趣再挖掘出更具有解釋力的價值系統出來，不過，個人相信這是一個長期的研究工作，不是現階段本章所能企及。就後者而言，對本書整體研究是一個重要問題，我們留待下一章處理。

然而，如同「包容式行政」，「勤勞主義」做為一種尚具支配力的文化價值，在現在多元化的價值理念衝擊下，它慢慢的無法來合法化一些既存的現象了。譬如，對於一種新的生活環境價值觀的養成，「勤勞主義」可能即會因有所阻礙而被揚棄。對我們而言，尋找新的文化價值與人文環境（葉啓政，1989；文崇一，1989），是一個不可迴避的新課題。但是，就台灣過去三、四十年的社會發展而言，「勤勞主義」無疑的，是有其一定解釋力的。它說明的是比較不為人知的故事。

第十一章 勤勞主義與彈性化協力企業組合結構

　　對於台灣中小企業發展之文化價值面向的討論，我們在第九章，曾提出「勤勞主義」概念來加以探討①。本章擬在這個基礎上，對於影響台灣中小企業發展之文化驅力問題，進一步考察。為免於討論焦點太過空泛及模糊，在本章的使用上，我們將「文化」界定為：對於當下社會大眾之日常生活具有支配性影響力的價值理念。採取這樣的界定，比較是從「現實文化」層面著手，而有別於由道德家、思想家等知識分子建構出來的「理想文化」②。

　　若從上述「現實文化」的角度著手，本章要探討的主題是，

①第十章〈勤勞主義——論台灣中小企業發展的文化驅力〉，主要重點在於「勤勞主義」這個概念的建構，在本章，強調的是勤勞主義做為一種文化價值驅力（非普遍的文化心態，兩者的區別很重要）如何與經濟結構互動的問題。

②本章所指涉的「理想文化」，主要是當前之儒家學者或新儒家學者，就台灣社會經濟發展所提出之儒家思想、觀念及價值體系。

在台灣中小企業之經濟生活裡，對其經濟行動③具有重要影響力的價值理念有那些？其中是否有某種現實文化，具備了如同韋伯所探討的十六世紀之新教倫理，對於當時資本主義精神發展之關鍵轉折意義的文化驅力？這個問題觸及的，實際上是，台灣中小企業經濟生產模式如何與文化價值理念互動的問題。換言之，本章所關懷的具體核心問題乃在於：如果說「彈性化協力企業組合結構」是台灣中小企業發展的基本經濟結構④，那麼就台灣中小企業「彈性化協力企業組合結構」之形成而言，有那些文化價值理念曾發揮了決定性的影響力量？

一、「喜歡當老闆心態」與「彈性化協力企業組合結構」形成之可能性的文化關聯

要探討上述所提到具體核心問題，一個基本前提是，先要了解在台灣的中小企業實際經營裡，透顯出那些與此問題相關

---

③在此所謂的經濟行動主要是依循韋伯的界定意義而使用。M.Weber 《Economy and Society》,p.64。1978,University of California Press.

④參考本書第二章〈論台灣中小企業之「彈性化協力企業組合結構」〉，對於「彈性化協力企業組合結構」作為台灣中小企業主要經濟結構的討論。

的文化因素？換言之，我們必須先理解的是，那些本章所指涉的「現實文化」，可能對於台灣中小企業「彈性化協力企業組合結構」起作用？對這個問題的回答，從中小企業的訪談及個案研究裡，我們發現一個重要的文化因素，即是中國人喜歡當老闆的心態。

對於中小企業的訪問，無論是紡織、製鞋、機械及資訊業，談到幹部出來創業的動機，以及能形成台灣眾多中小企業發展的原因，就業者的看法而言，中國人喜歡當老闆這種傳統文化觀念是重要的原因之一⑤。從本書的觀點來看，「農工初級產業之低技術低資本的高勞動力經營部門」⑥、「有限之創業資本及發展資本」⑦及「吸納式出口外貿網絡」⑧是形成台灣獨特之「彈性化協力企業組合結構」的經濟基礎，事實上，亦是形成台灣中小企業諸多業者能當老闆最具現實性及客觀性的結構條件。因而，就業者的觀點與個人研究的結果加以比較，就透顯了兩層研究上的意義：其一是，當一個經濟現象來自於經濟行動者的詮釋，若是普遍的採取了某種文化觀點的詮釋，則此一

⑤這一點在我們與許多受訪業者非正式交談中（如正式訪問之後的餐敘），最常聽到業者用來說明台灣中小企業眾多的一般性原因。
⑥參考本書第三章〈論台灣中小企業「黑手變頭家的技術管理整合模式〉，對此概念的討論。
⑦參考本書第四章〈台灣中小企業之「創業資本」與「發展資本」〉，對「有限之創業資本及發展資本」觀點的討論。
⑧參考本書第五章〈台灣中小企業「吸納式出口外貿網絡」〉，有關「吸納式出口外貿網絡」概念及觀點的討論。

文化觀點便值得再深入挖掘其中蘊含的研究意義；其二是，中國人喜歡當老闆的普遍看法，若說是對台灣經濟現象的文化詮釋，乃在其非從經濟的客觀事實出發，而是來自個人對此現象的主觀認定，這種主觀認定的普遍性，使我們幾乎可以掌握到眾多業者看法背後的某種文化心態。

上述的討論，我們從眾多業者豁顯出來的文化心態角度，說明了「喜歡當老闆的心態」在討論台灣中小企業零細化，以及往「彈性化協力企業組合結構」發展上，在文化詮釋上的重要性。然而，當我們要進一步說明其與台灣中小企業「彈性化協力企業組合結構」發展上的關聯時，必要先說明中國人喜歡當老闆的原因，才能深入分析。因此，透過「東亞社會經濟發展研究中心」針對台灣中小紡織、製鞋、機械及資訊業二年來的深度訪談資料，以及個人對於T9這家小型染整廠的長期田野個案研究，我們發現中國人喜歡當老闆的深層原因，有下列數端。

1.經濟資源

從一個基本面來考察，一個勞動工人、專業經理人跟老闆經濟利得的不同是顯而易見的。能賺更多的錢，這種營利的驅力，可說是推著有企圖心的創業者往老闆之路邁進的最根本動力。T9廠的老闆就說到他出來創業的原因：

民國76年，我受僱到桃園縣一家做棉紡染整廠當廠長，那時牛仔布正值景氣時候，一年下來，稅前盈利高達二千五

百萬，而我一個廠長，當時的薪水一個月才二萬五千元。
這家染整廠有五個股東，到了年底每個人都買了一部近百
萬的外國車子，這對我刺激很大，所以隔年我就出來創業
了[9]。

喜歡當老闆在經濟資源方面，實際金錢利得量上的增加是一個
原因之外，另一個重要的驅力乃在於當上老闆之後，與受僱用
身分一個質上的差別是，經濟網絡的開擴與增加。T9廠的老闆
就提到的親身體驗的事實：

自己做老闆（T9廠的老闆現在是董事長兼廠長）與以前在
人家公司當廠長，一個很大的不同是經濟網絡的建立。以
前的身分每天綁在工作現場，接觸的是廠內的操作員，要
建立的關係就是這些工作直接相關的員工。現在出來做，
身分不同，慢慢能與老闆級的人物直接協商、敲定單子和
貨款的額度，此對工廠的經營有直接的幫助。這在以前身
為人家僱員的身分是不可想像的[10]。

從上面的討論可以知道，喜歡當老闆，來自於經濟資源方面的
動力有兩方面。一個是金錢利得上量的增加，一個是經濟網絡
上質的轉換。

2.社會資源

喜歡當老闆的原因，除了上述經濟性的酬賞之外，社會資

---

[9]T9廠田野訪問及觀察記錄。
[10]同註[9]。

源獲取也是重要的因素。所謂社會資源,在此指的是有助於企業營利活動之人際網絡的掌握。T9廠老闆就指出:

> 不同中小企業規模有不同的人際網絡形態,以前做為一個小廠的廠長根本不可能與有業務往來的廠商老闆建立人際連帶。這個情形原因很多,工作是屬於生產製造技術性質、身分上的限制,以及頂頭老闆的有意隔離,都是原因。現在自己出來做老闆,這些屬於老闆級的人際網絡慢慢能夠串聯起來,像與我業務往來很密切的幾家中小型廠及中型廠老闆所結合而成的兄弟會,我現在大致上也都能稱兄道弟,變成相當好的朋友[11]。

對T9廠的長期觀察,使我們很清楚看到,隨著其生產規模的擴大,老闆人際網絡的規模也慢慢擴大。所以中國人之所以喜歡當老闆,這種社會人脈的掌握及擴大的可能性,是一個很重要的因素。

3.文化資源

喜歡當老闆,除了有上述經濟資源及社會資源的酬賞之外,一個很關鍵的因素是來自於文化資源的回饋。在此所謂的文化資源指的是,因經濟行動者從僱員到老闆此一身分的轉變,而攫取到其它經濟行動者及日常生活中相關之他人(如親戚朋友、左鄰右舍),在價值上的肯定與成就感的賦予。T9廠老闆就說

---

⑪同註⑨。

出這樣的經歷：

> 自己出來做老闆，一個很有趣的事實是，去我清水老家坐
> 坐、聊聊天、串串門子的左鄰右舍、親戚朋友多了。以前
> 家裡很窮，自己父親又沒有什麼成就，家裡也就門可羅雀。
> 現在情形不一樣了，來坐的親戚朋友、左鄰右舍很多，有
> 需求我們也可以幫助，很多人就是來聊一聊，然後帶一疋
> 布回去[12]。

另外一位中部和美紡織廠小代織廠老闆，在與一些中小型廠及
中型廠老闆一起接受我們訪問時，當問到其出來創業的動機，
就不諱言的講出：如果我不出來創業，自己當老闆，怎麼可能
與在坐的幾位大老闆坐在一起接受你們訪問？[13]言下之意，充分
表現出其對於自己因身分轉變而得到不同社會地位認可的自覺
與驕傲。

4.政治資源

對於喜歡當老闆，除了上述原因之外，依據我們觀察，尚
有來自於政治資源這個驅力的推動。所謂的政治資源指的是，
因經濟行動者從僱員到老闆此一身分的轉變，而攫取到其與政
治人物連帶的通路或涉入相關經濟政策的管道，不管此一連帶
通路及管道的建立是否有助於其經濟上之利得。在我們訪問過

---

[12]同註⑨。

[13]訪問記錄T15，《社會與經濟》第44期。

的一家中大型生產涼椅的廠商，就表顯出這樣的特色。這家廠商因其龐大的經濟財力而致力於政治資源的累積，雖此一政治資源並不直接對其經濟利得有所幫助，但從其做爲一個企業家大老闆的身分，才能攫取到其在地方政壇的地位，則是殆無疑問的事實。

從上面的討論來看，經濟資源、社會資源、文化資源及政治資源的獲取可說是中國人喜歡當老闆的幾個重要因素。然而，若我們以第一章，對於中小企業規模的分類來看，不同規模類別之老闆所能獲致的資源是不同的。底下我們透過表一的分類，將此企業規模大小之老闆所能得到的資源分佈情形整理成表二以作說明。

表一：從中小製造業單位僱用人數看工廠規模大小

工廠規模	1986年僱用人數	百分比
中型工廠	100-499	3.6
中小型工廠	50-99	4.8
小型工廠	10-49	27.9
家庭工廠	10人以下	63.3

從表一及表二來看，台灣中小企業爲數最多的家庭工廠老闆，其擁有的資源最關鍵的是文化資源。以一個小代工廠來說，它能利用的可能是家庭中的邊際性的人力資源。譬如我們在和美地區所看到的許多代工廠，很多是在農作之餘從事代織活動，

表二：從中小製造業不同規模老闆看其擁有
　　　資源之類型

工廠規模	當上不同等級老闆所擁有之資源型態
中型工廠	經濟資源、社會資源、政治資源、文化資源
中小型工廠	經濟資源、社會資源、文化資源
小型工廠	經濟資源、（有限）社會資源、文化資源
家庭工廠	（邊際性）經濟資源、文化資源

或是不計薪資的投入工作活動形式。在這種情形之下，其所獲
得的利潤報酬，不一定會比吃人頭路薪資所得還高，縱然有所
增加，也不到一個顯著的企業利潤層次。因此，在這個層次的
經濟利得，我們稱之為邊際性經濟資源。這種邊際性經濟利得
的酬賞，在我們看來不是其當頭家極關鍵的因素。而其它社會
資源及政治資源，因其代工單一事頭工作的單純性質及生產的
小量化，不必去經營也就無法掌握這些資源。所以對於這些龐
大的家庭工廠而言，維持一定的邊際性經濟資源的獲取之外，
最重要的是其來自文化資源的酬賞，對其工作角色轉變所給與
的肯定和空間。譬如，錢雖賺不多，但做為頭家，它可以更自
由活動而不受上班時間及場域束縛，他可以得到左鄰右舍的稱
許。這些皆能提昇其在社會生活中的成就感，凝聚其無形的社
會聲望。

　　對小型廠及中小型廠來說，其能擁有的經濟資源相對於家

庭工廠的邊際性收益，有其營利性的企業利潤規模自不待言⑭，
此外即是對於社會資源的掌握。但小型廠及中小型廠在社會資
源的掌握能力亦不盡相同。隨著中型廠相對於小型廠經營規模
的擴大，其擁有的社會資源亦會比小型廠來得多。至於中型廠
所能擁有的資源與底下小廠質上的不同之處，即在於其能擁有
政治資源的能力。然而，不管是小型廠、中小型廠或中型廠，
與最底層的家庭工廠在本質上相當一致的是，一旦當上老闆皆
有來自於文化資源的酬賞。這一點對於我們探討的主題，無疑
是特別值得注意的一個線索。

　　透過前面的討論，我們可以進一步追問：喜歡當老闆的心
態，是否是台灣中小企業「彈性化協力企業組合結構」形成之
決定性的文化價值理念？從喜歡當老闆所能獲取的四種不同資
源在不同中小企業老闆之間的分佈類型來看，答案是有所保留
的。對於底層龐大家庭工廠而言，透過我們前面的分析，可以
看出在「喜歡當老闆心態」的鞭策之下，當成了老闆，在經濟
上所能獲致的利得是較微薄之邊際性經濟資源，相較而言，重
要的反而是在文化資源方面所能夠得到的回饋，而佔63.3%的
家庭工廠，事實上又是形成台灣中小企業彈性化協力企業組合
結構的基礎。所以嚴格而言，若要談「喜歡當老闆心態」對於

⑭本章在此所使用的利潤性利潤與邊際性利潤，主要援引韋伯「利潤取
　向」經濟行動與「預算處置」經濟行動，這組相對性的概念。參考M.
　Weber《Economy and Society》,1978,University of California
　Press. 或陳介玄〈經濟在韋伯理論體系中的位置及其意義〉，《思與
　言》，第27卷第3期

台灣中小企業「彈性化協力企業組合結構」形成之影響，應該強調的不是「喜歡當老闆心態」本身，而是其內部蘊含之「文化資源」的質素在起作用。

換言之，當我們以「喜歡當老闆心態」來說明「彈性化協力企業組合結構」形成之文化驅力時，並不精確。喜歡當老闆有更廣泛的經濟資源、社會資源的及政治資源之動力作爲其行動的基礎。而「彈性化協力企業組合結構」形成之經濟基礎，謝國雄及本書第一篇的探討已有所說明⑮，至於其發展之社會基礎及政治基礎，在前面幾章亦有所討論。在此，我們從「喜歡當老闆心態」這個爲業者普遍詮釋挖掘出來的看法是，在文化價值理念上，不是表層「喜歡當老闆心態」本身，而是喜歡當老闆底層之「文化資源」的驅力，與台灣中小企業「彈性化協力企業組合結構」有所關聯。這是底下我們要繼續處理的課題

二、「彈性化協力企業組合結構」形成之空間基礎及工時特質

從上面的討論，我們得出喜歡當老闆心態下，「文化資源」對於「彈性化協力企業組合結構」形成的影響。若從前述對於「文化資源」的界定：因經濟行動者從僱員到老闆此一身分的

---

⑮謝國雄〈黑手變頭家：台灣製造業中的階級流動〉，《台灣社會研究季刊》第2卷第2期。

轉變，而攫取到其它經濟行動者及日常生活中相關之他人（如親戚朋友、左鄰右舍），在價值上的肯定與成就感的賦予。則會發覺，此一概念只能標示出台灣企業主創業的文化驅力，卻無法全面說明「彈性化協力企業組合結構」形成的文化價值基礎。換言之，文化資源概念，如同前面所探討的「情感與利益加權關係」⑯說明的是，彈性化協力企業組合結構形成的社會性文化價值理念，卻無法說明此一結構所立基之空間性及時間性文化價值理念。

1. 「彈性化協力企業組合結構」形成之空間基礎

對於嘉義頭橋地區千斤頂外包系統及彰化和美地區紡織代織系統的研究，使我們深深了解到，台灣中小製造業彈性化協力企業組合的構成，一定要立基於台灣獨特的企業空間分佈特質才得以形成。從協力的組合來看，最重要的是在於支持此一組合系統得以發展之家庭工廠及小型工廠的分佈狀態，其中又以佔63.3％家庭工廠的分佈最爲關鍵。因此，我們針對頭橋及和美地區各類型家庭工廠加以分析，可以發覺其居住地大致與工廠合在一起。其工廠與住宅配置情形，約略有下列三種：

A.工場安置在住宅之內：這種情形的家庭工廠最小，大概是以夫妻兩人爲工作主體，在自家客廳闢一空間放一、二台機

---

⑯參考本書第八章〈情感與利益加權關係：論台灣中小企業運作的實質連帶〉，對於「情感與利益加權關係」概念的界定與討論。

器，即可工作。

B.工場安置在住宅外的院子裡：這種情形的家庭工廠規模略大一些。頭家與所僱佣的三、四名員工形成工作主體，在住宅外緣的空地搭建簡易廠房，大致有四、五部機器即可開始工作。

C.工場安置在與住宅有一小段距離的地方。這類的家庭工廠規模最大。頭家僱佣七、八名員工，在離住宅不遠的自家空地或租用空地建立簡易廠房，大致有六、七部機器即可開使工作。

以上三種類型工廠與住宅配置情形，透顯出一個共同的特色，即是生活空間與工作空間的高度重疊性。此種重疊性或許程度不同，如A型的配置方式，兩者重疊性最高，B型的次之，而C型的再次之。然而，重疊的性質都是相同的。而其中C型的配置方式，也是很多小型廠設廠的方式。這種眾多家庭工廠及小型廠生活空間與工作空間重疊在一起的配置方式，形成台灣中小企業協力組合自發性發展的地理基礎。做為母廠的中型廠必然要在此一空間發展的形式來設立其工廠，或運輸的方便管道。

然而，不管是頭橋或者是和美的家庭工廠，在上述住宅與工廠配置的情形下，無不是深入各個鄉鎮村落人們居住的環境裡。不但深入都市也深入了農村，田野的牧歌是與紡織機聲和千斤頂打鐵聲齊鳴的。我們要問的是：什麼樣的文化價值理念，容許了我家寧靜素雅的住宅前門，即是你家髒黑吵雜的工廠用地，這樣錯亂的存在情境？畢竟這樣的存在情境是造成台灣協

力企業組合結構的空間基礎。從此來構思文化價值理念的影響
性即有其重大意義。

2.家庭工廠及小型廠工時特質對「彈性化協力企業 組合結構」形成之影響

　　從經濟活動合理性的角度來看，進行可分割之單一事頭加
工工作的家庭工廠，並非是合理的勞動組織運作形態[17]。而這些
家庭工廠被鑲進整個協力組合之內，能發揮出整體性的生產力，
也不在於系統化之整合性的規模生產流程本身創造出來的結果，
而是各個家庭工廠盡可能延長其工時所共同累加而成的工作成
效。這種協力組合內各個層級之工廠盡可能延長工時以符應母
廠出貨之「時效」的需求，正是台灣中小企業「彈性化協力組
合」在面對國際外銷市場下，有其旺盛競爭力秘密之一。

　　然而，這些家庭工廠及小型工廠在工時上盡可能延長之所
以可能，在技術上，必須有上述生活空間與工作空間重疊性的
基礎，才能確實達到這個要求。在訪問中我們看到兩個家庭代
織廠這樣持續其工作：一個代織廠在客廳擺二部織機，織機上
裝有遇到故障即發射紅色閃爍燈的警示器。織機一邊工作，他
們可以一邊看電視，每當電視螢光幕劃過紅色燈光，他們便知
道織機斷線了，回頭把織機斷線地方補上，織機繼續穿梭工作，

---

[17]本章在此所指涉的合理勞動組織形態，是指具有相當組織性的工廠運
　作模態，並能持續及穩定運作的企業經營形態。

他們再回來繼續看電視。第二家代織廠是，有一天他們想應親戚邀請去吃宴席，但家裡織機沒人看怎麼辦？只好把紗錠的匹數再增加到織機足以工作到他們回來的量，爾後兩個夫妻輕鬆的去赴宴席了[18]。以上二個例子無不說明了，家庭工廠及小型工廠能盡可能的延長工時，與其生活空間及工作空間合一的基礎是分不開的。

　　若說家庭工廠及小型工廠盡可能延長工時，是台灣中小製造業協力組合得以有整體性生產力的機制，我們要問的是，這樣容許工作時間對於生活時間盡可能浸透的文化價值理念又是什麼？這樣的價值理念與上述問題所質問的：「容許了我家寧靜素雅的住宅前門，即是你家髒黑吵雜之工廠用地」的價值理念是否相同？

三、「勤勤主義」與「彈性化協力企業　組合結構」

　　對於上述問題的回答，一個涵蓋性的文化價值理念，即是個人在〈勤勞主義：論台灣中小企業發展的文化驅力〉一章所提出之「勤勞主義」這個概念[19]。在文中個人對於「勤勞主義」的界定是：「賦予經濟營利活動在現實生活裡具有優位的正當性及道德性，據此而合法化其對生活時間與空間的浸透」。透過這個概念，我們對於前面所談之喜歡當老闆之下的文化資源

驅力、「彈性化協力企業組合結構」立基之家庭工廠及小型工廠配置空間形式，以及工時延長的文化價值來源皆可得到說明。底下我們援用前面〈勤勞主義〉一章之相關觀點以作說明。

其一是，喜歡當老闆的心態。對於中國人來講，相對於韓國、日本，想當老闆似乎是一個蠻普遍的現象。這種企業活動中所展現出來的獨特性，如何從文化的面向予以解釋呢？從第一篇的討論我們看出，構成整個「彈性化協力企業組合結構」的各類型頭家，都有旺盛的創業動機及獨立奮鬥出一番事業的企圖心。這種想當老闆的主觀心態，事實上即是一種「勤勞主義」的高度發揮。「只要打拼，總有出頭天的時候」這句俚語，道出了「寧爲雞頭，不爲牛後」的實踐基礎。從訪問中所看到的諸多大小頭家，不管是「黑手變頭家」或是「白手變頭家」的過程，都可以看出來，「打拼」不一定能成功，但是，想成功則一定要「打拼」的邏輯。是以，打拼不只是邁向企業經營成功的必要條件，它也是獲得社會生活中道德肯定的管道。喜歡當老闆，是因爲當了老闆以後，在價值上，他即完成了來自於「勤勞主義」世俗化道德的肯定。這樣的人即會變成鄰里之間，或地方上讚揚的對象，而其奮鬥行徑則爲想打拼的人所學習。所以，我們可以説，「喜歡當老闆」，即是「勤勞主義」這種文化價值理念具體化在個人行動上的表徵。沒有「勤勞主義」的價值肯定和道德性的支持，在往頭家目標奮進的過程中，不容易得到社會的尊榮，則其營利活動即少了正當性，即無法獲致高度的成就感[20]。

其二是，中小企業經營過程中，對生活空間的合法性侵佔。我們在台灣各個鄉鎮角落裡，都可以看到大大小小的各類型代工廠。這些從夫妻兩人的「家庭工廠」到一、二十人略有規模的小型工廠，乃至更大規模的中小型廠，散落在人群聚集的各區域。有的是在自己住家的客廳，有的是在自己家外空地搭個蓬子就做起來。然而，在此情況下，我們從不曾看過左右鄰里對此的不滿和抗議。有的是，對於這個人（指頭家）很勤勞（打拼）的道德讚賞。這種文化價值上所給予的空間，使得小型營利活動得以在既有之經濟位階結構的現實空間發展。而這樣的狀況，我們利用「勤勞主義」這個概念才能予以更具體而深入的解釋。起碼，我們比較能細緻的掌握到文化價值影響的實際方向和內涵[20]。

　　其三是，中小企業頭家們「生活工作化」的打拼方式。在「勤勞主義」之下，關連於第一點的中小企業經營形態，即是企業業主在企業經營中，對於自己及下面「班底」人員生活時間的無限侵佔。從第一篇眾多例子可以看出來，在趕貨品交期之下，這些中小企業頭家及核心幹部，往往是沒有了上班與下班的界線。生活與工作幾乎是密不可分，形成一種「生活工作化」的打拼方式。這種任意由工作對於生活時間的侵佔，在文化上之所以能夠得到其合法性，主要即得之於「勤勞主義」意

<hr />

[20]同註①。
[21]同註①。

識的支持。從訪問中我們發現，生活工作化是打拼的方式，也是敬業的一種表現，它充分說明了勤勞是有其外延價值效應的事實。頭家的打拼表率及班底人員的工作責任，都順著勤勞的外延價值效應而連接起來。生活時間的無限付出，只要能認同「勤勞主義」，也就甘之如飴[22]。

藉由以上的引文，我們企圖說明「勤勞主義」作為彈性化協力企業組合結構形成之文化價值理念原因所在。在上面引文之第一點，我們說明了「喜歡當老闆心態」對於台灣中小企業「彈性化協力企業組合結構」形成之影響，為何不是「喜歡當老闆心態」本身，而是其內部蘊含之「文化資源」的質素在起作用。引文之第二點及第三點，我們分別說明了「容許了我家寧靜素雅的住宅前門，即是你家髒黑吵雜之工廠用地」的價值理念，與容許工作時間對於生活時間盡可能侵佔的文化價值理念，都是「勤勞主義」的道理。所以，從上述的討論我們可以說，「勤勞主義」是影響台灣中小製造業「彈性化協力企業組合結構」形成的重要文化價值理念。

如果說，「勤勞主義」是影響台灣中小製造業「彈性化協力企業組合結構」形成的重要文化價值理念。那麼「勤勞主義」本身是台灣中小企業主經濟行動的最終極價值歸依？還是只是做為其獲得經濟利得的一個策略文化手段？換言之，韋伯所討論的「新教倫理」在十六世紀的弔詭性關鍵轉折的角色：新教倫理原本是為宗教救贖的終極目的而力行實踐於經濟生活內，

---

[22]同註①。

結果卻不期然開展出資本主義精神，而有助於西方現代合理資本主義制度的發展[23]？是否「勤勞主義」在台灣三十年的中小製造業的發展脈絡內，也具有此弔詭性的關鍵轉折角色：原本是為勤勞主義所內含之生命存在的道德性尊榮而努力，結果卻造成中小製造業各類型頭家不懈追求營利的最旺盛精神？從本章的討論脈絡來看，我們只能說「勤勞主義」對於台灣中小製造業營利精神的形成，確實有其影響力，至於是否具備了決定性的關鍵位置，則有待更多歷史社會學紮實研究來證明。

四、結語

從本章研究的立場來看，我們不認為「勤勞主義」所彰顯的文化價值理念，是一種攸關整個民族文化發展最終極性的價值理念。更落實而言，我們標定其為台灣中小製造業在幾十年的經濟生活中所煥發出來的價值理念，與其營利活動的制度模式及行動準則，具有高度切合性。若從訪問中所感受到中小製造業業主的實際性格來看，任何過度抽象終極性價值理念的推測，皆無太大的意義。是以，「勤勞主義」說明的不是一套自為目的的價值理念，而是與中小製造業「彈性化協力企業組合結構」發展，以及「擬似家族團體連帶」、「情感與利益加權關係」經濟行動傾向，相適應的價值理念。

---

[23]韋伯《基督新教倫理與資本主義精神》，1986，台北：協志出版社。

　　就理論上而言，我們並不一定要拘泥於韋伯的問題意識：
某一經濟活動必然要有與之相適應的文化價值理念。事實上，
韋伯在此一課題上，對西方社會的質問方式，是一種「歷史性
的問題意識」。惟有在十六世紀，如費弗爾(L. Febvre)所說的，
是一個宗教完全支配著人之生老病死的時代，韋伯談宗教價值
理念對經濟活動的影響力才有意義，到了十九世紀，韋伯也承
認這樣的文化根蒂已經枯萎了。從本章的觀點來看，「勤勞主
義」也不一定適用於現在及未來台灣中小製造業該有的合理企
業經營價值理念。然而，對於過去台灣中小製造業發展的文化
價值理念，勤勞主義具有一定的解釋力。在未來，若是台灣中
小製造業之協力組合結構，因應國際市場之競爭壓力而有所轉
變，則可預期到「勤勞主義」所代表的文化價值理念也必然會
有所轉變。

第十二章　邁向日常生活研究之路

——代結論

　　對於一個尚在進行中的研究活動，嚴格而言，是不應該有結論的。是以，本章只能說是呼應〈緒論〉的宣稱，將我們想如何做？而結果有沒有做出了什麼？清楚的作個交待。為了將此初步總結整理成脈絡分明的論述，我們依下列二個面向來討論。首先，我們說明，從企業再到社會的第二階段類型化詮釋，以本書的研究內容來看，有怎樣的初步心得？其次，從企業到社會的研究方法及策略之下，對台灣中小企業及社會的研究，提供了對西方傳統社會學理論、解釋台灣經濟發展的現代理論，以及傳統中國的研究觀點有那些反省？最後，從經驗及理論探討的整合角度，我們提出對於本書初步心得的定位及未來繼續研究的可能方向。

一、從企業再到社會的二度辯證詮釋

　　在本書〈緒論〉裡，我們提到，從初步的探索，到嚴謹概

念化類型建構的達成，是「從企業到社會，社會到企業」與
「最後再從企業到社會」這兩個階段最大的分野。由於本書是
處於第二階段的研究，所以在本書第一篇對於中小企業經濟結
構的討論，以及第二篇對於社會特質的詮釋，都嘗試提出有助
於我們瞭解分析對象的概念建構。對於台灣中小企業經濟結構
的掌握，我們透過「彈性化協力企業組合結構」這個概念，來
分析其結構形態、特質及運作方式。並以「黑手變頭家的技術
管理整合模式」、「班底的運用在技術與管理的串連」、「創
業資本」與「發展資本」、「吸納式出口外貿網絡」等概念，
說明「彈性化協力企業組合結構」存在的基礎及發展上的特質

　　然而，對於台灣中小企業經濟結構的討論，並非本書最終
的目的。它只是我們進一步掌握社會特質的踏腳石。所以，在
台灣中小企業「彈性化協力企業組合結構」之下，我們再轉從
其所立基之總體社會環境加以探討。因而有了「擬似家族團體
連帶」、「情感與利益加權原則」、「包容式行政」與「勤勞
主義」等概念的建構與討論。就〈緒論〉所宣稱的研究策略及
目的而言，透過這幾個概念所企圖掌握的當下台灣社會特質，
正是本書最終的興趣和關懷所在。而從經濟面的「彈性化協力
企業組合結構」、社會面之「擬似家族團體連帶」與「情感與
利益加權關係」、政治面之「包容式行政」及文化面之「勤勞
主義」，我們一方面固然企圖說明台灣經濟為何會以中小企業
為主，但更重要的則是，希望經由經濟、社會、政治及文化這
四個主要的生活領域，來勾勒出整體社會的可能圖像。這一點
就牽涉到我們對於社會的界定問題。底下對此問題略為探討。

　　從本書整體性研究觀點來看，我們對於一個能統合上述經濟、社會、政治與文化之「大社會」的界定，主要是從「日常生活世界」著手。因而，本文指稱之從企業到社會的第二階段建構，所謂的「社會」即指涉著我們身處的「日常生活世界」。所以我們對於社會的研究，亦即代表著一種生活的研究。什麼是「生活研究」？類似於布勞岱（1988：19）的看法，個人認爲「社會的統一必須從生活的統一獲得」，換言之，若說社會學的研究主題是「社會」，則達成這個主題研究的最好策略應該是從生活著手。爲什麼這樣說呢？年鑑史學家勒戈夫（ J.Le Goff ）在談到1929年『經濟及社會歷史年鑑學報』創刊時，爲何會以「社會」作爲期刊名稱之一，曾引用費弗爾的話說明：

> 我們知道對「社會」一詞，很多人都發表過不少意見，到頭來似乎這個詞並不特別指明甚麼了……。我們認爲一個如「社會」這樣曖昧的詞是歷史上蒼賜給塵世的禮物，用來標榜一份不希望在它周圍築牆的雜誌。世間上並沒有經濟史社會史，只有歷史，在其統一性內之歷史。歷史本來的意義即完全是社會的①。

如果像勒戈夫所說的，「社會」一詞因其意義含糊而可以包容所有的歷史，這跟費弗爾企圖從社會的整體性來掌握歷史的整體性，都同樣引發我們去思考：在這意義下的「社會」，「生活」應該是接近它的較好途徑。在此，當然不是說社會等同於生活，而是社會的多面性與複雜性，恰可以從生活中反應出來。

①《史學評論》第13期。

如同年鑑史學家從社會走進歷史的懷抱，我們希望能從生活走進社會的懷抱。

對於這個曖昧的大社會，由於我們是從日常生活世界來界定，因而對於經濟、社會、政治及文化這幾個領域的討論，若有不同於一般學者研究之處，乃在於我們是從日常生活的角度來觀照。所以，我們才會提出黑手變頭家的生產管理模式、班底的運用、擬似家族團體連帶、情感與利益的加權關係、包容式行政和勤勞主義。這些都是在田野研究中，可以實際體會到的生活現象。這樣的研究態度，類似於布洛克（M.Bloch）對於法國農村的研究態度。布洛克在其《法國農村史特徵》（French Rural History: An Essay on its Basic Characteristics）著作中，批評某些終日埋頭於文獻的學者，不單對農業生產一無所知，連農具也沒有看過而居然寫農業史之不當。所以他反對傳統農村史家只從法律文件與地租契約討論法國農村社會之演變。為了研究農村，布洛克本人非但熟讀文件，更周遊全國以視察山川形勢，就本身經驗探討地理對各地域農村社會的不同影響。他用到的文獻包羅萬象，其中包括各時期的地契與法律文件，十八世紀的土地測量地圖，當時的航空測量圖及中古時代的農書等等；此外，他到處蒐集農村俗傳，親眼觀察農業生產各步驟，親手試驗古今農具，務求以實踐與親身經驗彌補文件之不足與遺漏（夏伯嘉，1985）。布洛克的研究，可以說是從生活出發，研究經濟史及社會史的一個甚有啓發性的好例子，能夠幫助我們進一步闡明何謂生活式的研究態度。

從此看來，以日常生活的角度出發，不只是研究社會的起點，事實上，也可以是研究社會的終點。當我們越明瞭整個日常生活的運作邏輯，也就越清楚社會的形態和特質。「擬似家族團體連帶」、「情感與利益加權關係」、「包容式行政」與「勤勞主義」幾個概念描述的固然是從文獻及田野考察中所挖掘到的生活邏輯，但是，它們同時也說明了台灣社會的可能形態及一些重要的特質。這一點我們透過古典社會學理論對西方社會形態的建構來加以概略對照，即能更加明白。

二、理論反省及邁向生活研究之路

如果我們以「擬似家族團體連帶」、「情感與利益加權關係」、「包容式行政」、「勤勞主義」來描繪台灣當前的社會形態，則會發覺其與馬克斯、韋伯與涂爾幹所勾勒的西方現代社會形態是相當不同的。馬克斯（1975）在「生產模式」概念下所彰顯之西方階級分化的社會；韋伯（1978a）在「合理化」理念類型建構下所指涉的西方「法律秩序」社會；涂爾幹（1984）在「有機連帶與機械連帶」模式下，所呈顯的有機連帶之分工社會，皆不足以貼切的來解釋台灣當下的社會形態。從本書第七章對於「擬似家族團體連帶」及第八章「情感與利益加權關係」的討論，我們可以看出來，這種社會的基本連帶方式，說明著台灣當下社會並不是馬克斯意義下的階級分化與連結方式社會，也非涂爾幹有機連帶與機械連帶的二分結構，

更非韋伯所談的合理化的除魅社會。若要用這些古典社會學家
的概念來描述，它毋寧是一種在擬似家族團體連帶之下涵蓋著
有機連帶與機械連帶、理性法律與感性人情，所形成的超乎階
級結社的社會形態②。

　　不只對於古典社會學理論，可作如上的反省，事實上，對
於解釋台灣社會經濟發展的各派理論，如自由放任論者（Lit-
tle,1979；Scitovsky,1985）、文化論者（Berger,1983）、
世界體系理論或依賴理論（Gold,1981；Cumings,1984；
Amsden,1985），都不應視爲當然的接受，而可以從本書所強
調的對於台灣日常生活世界的如實掌握，予以根本反省。而且，
在對於台灣現代社會特質，或者日常生活運作邏輯的研究前提
下，像費孝通對於傳統中國社會所建構的古典詮釋概念，如差

---

②中國社會缺少社會團體的層次，是自古已然的事實。劉子健先生透過
　南宋劉宰及其賑饑行動的研究指出：「關於制度，儒家的思想格式，
　始終注意修身、齊家、治國。換言之，身—家—國的串連。甚至國，
　也叫做國家。在這格式中，並沒有家族以外的社團。而宋代社會有變
　化。產業、科技、貿易、城市、鄉鎮都在發達，表現中下層的擴張和
　活力。但是南宋理學，沒有注意反映中下層的生長。只抱定身—家—
　國串連的格式。並不另加一節，改爲身—家—社團—國的串連。從制
　度本身來看，還有關連的因素。如衆周知，君主和政府，獨霸獨佔統
　治權，絕對不容許社團，分去任何一小部分。他們更深怕，有人利用
　社團的力量起來反抗。」（劉子健，1987：357-358）這種情形直到
　現在，仍然可以觀察到類似的狀況，在各行業中產業公會不發達、無
　實質結社作用的例子，可說明我們仍然是以擬似家族團體連帶在運作，
　而非西方式的結社連帶。參考訪問記錄M18。

序格局，都應該再從現代社會脈絡加以重新思考。從本書的研究觀點來看，這些都是我們往後邁向更成熟的生活研究之後，所應該從事的工作。

上述這種極扼要的外部方式之理論對照，只不過希望藉由簡單的理論反省，看出我們所採取的研究取向之意義。從我們的觀點來看，對於整體性社會圖像的掌握，透過前面所言之日常生活世界的研究方法進行，無疑的，是一個重要的策略。當我們在研究的取徑上，希望從生活來掌握社會，則此種研究，在心態及方法上必然是整體的，因為沒有束西能自外於生活，從食、衣、住、行、典章制度、思想心態、人口結構以至於地理空間都是生活的一部分，也都是研究社會不可或缺的素材。所以，將本書所進行的台灣中小企業研究，與日常生活世界這個探討架構作個對照，即能明白現階段我們初步達成的心得與未來繼續研究的方向。為了說明的方便，我們藉用底下表一來解釋生活結構之整體內涵。

若依表一做個扼要說明，首先要強調的是，這個表並非對於生活結構做系統性的建構，而是在面對複雜生活研究上，不可或缺的指南針。所以其最大意義只在於幫助我們進入生活及社會內部深處，而非在知識論上證立生活結構存在之更優越的系統。換言之，沒有實際的經驗研究，這些概念架構將毫無意義。在這個前提下，我們固為分析一下本書之台灣中小企業研究工作位置，及往後個人認為可以加以探討的方向。

表格中「理念性生活規則」「制度性生活規則」與「社會性生活規則」三部分，是本書所涵蓋的主題。從理念性生活規

表一：生活結構(總體社會)研究內涵

生活結構(總體社會)	
日常生活世界形成之面向	具體的詮釋概念
理念性生活規則：集體心態 　　　　　　文化規則	勤勞主義
制度性生活規則：經濟規則 (規範人與事之　政治規則 關係)	彈性化協力企業組合 結構包容式行政
社會性生活規則 (規範人與人之關係)： 如人情關係、形式法律	擬似家族團體連帶 情感與利益加權關係
物質性生活規則 (規範人與自然之關係)： 如食、衣、住、行及地理空間	？

則之「勤勞主義」、制度性生活規則在經濟面之「彈性化協力企業組合結構」與政治面之「包容式行政」、社會性生活規則之「擬似家族團體連帶」與「情感與利益加權關係」透過這些概念的建構我們企圖從描述性的原始資料，走向「理論性的詮釋」。但是，對於建構整體日常生活世界極為重要的「物質性生活規則」部分，我們在現階段的討論，不但無法提出理論性的詮釋，就連描述性的原始資料亦付之闕如。如果我們整個研究的懵在取向是「社會整體」，並以「日常生活世界」作為解釋核心，則從表一可以看出一個現階段的困境：我們很難以目前部分生活之掌握而能予人一種「整體生活」之理論詮釋性圖

像。是以，往後的研究，若能再將「物質性生活規則」這個重要面向補充進來，具整個立足於生活結構的分析取向和觀點將會越發清楚。而唯有將此面向做一透徹瞭解之後，我們才真正到達了整體生活結構的研究。這亦是我們所宣稱的邁向「日常生活世界」研究的具體方向和目標。希望未來，我們有機會在這個研究目標及方向下繼續探討，以彌補本書現階段研究上的限制。如此，「社會」當能在我們不斷研究（doing）中，慢慢成形。

訪問記錄名錄

Ⅰ、紡織業（Ｔ）：

T1.	永煌集團—大東紡織	《社會與經濟》第5期1989.3
T2.	新光紡織	《社會與經濟》第5期1989.3
T3.	三五集團	《社會與經濟》第5期1989.3
T4.	裕隆汽車相關企業	《社會與經濟》第5期1989.3
T5.	遠東紡織	《社會與經濟》第5期1989.3
T6.	統一企業	《社會與經濟》第5期1989.3
T7.	強益紡織	《社會與經濟》第5期1989.3
T8.	東帝士集團	《社會與經濟》第5期1989.3
T9A	正光染整廠	《社會與經濟》第9期1989.5
T9B	正光染整廠	《社會與經濟》第9期1989.5
T9C	正光染整廠	《社會與經濟》第9期1989.5
T10.	大豐棉業	《社會與經濟》第21期1990.3
T11.	裕源紡織	《社會與經濟》第34期1990.11
T12.	三五紡織	《社會與經濟》第38期1991.1
T13.	大耀紡織	《社會與經濟》第36期1990.12
T14.	怡元紡織	《社會與經濟》第39期1991.3

II、電子資訊業（E）：

E1.	太平洋電線電纜	《社會與經濟》第5期1989.3
E2.	精業電腦	《社會與經濟》第2期1989.1
E3.	台灣電子電腦	
E4.	神通電腦	《社會與經濟》第5期1989.3
E5.	華通電腦	《社會與經濟》第8期1989.5
E6.	經緯電腦	《社會與經濟》第5期1989.3
E7A	宏碁電腦	《社會與經濟》第2期1989.1
E7B	宏碁電腦	《社會與經濟》第5期1989.1
E7C	宏碁電腦	
E7d	宏基電腦	
E8.	大同富士通電腦	《社會與經濟》第2期1989.1
E9.	王安電腦	《社會與經濟》第2期1989.1
E10.	金朋電腦	《社會與經濟》第2期1989.1
E11.	迪吉多 Digital電腦	《社會與經濟》第2期1989.1
E12.	資訊傳眞雜誌	《社會與經濟》第2期1989.1
E13.	台灣恆通電腦	《社會與經濟》第2期1989.1
E14.	榮電電腦資訓中心	《社會與經濟》第2期1989.1
E15.	台灣恩益禧ＮＥＣ	《社會與經濟》第2期1989.1
E16.	工技院材料所	《社會與經濟》第5期1989.3
E17.	凱程電子科技	《社會與經濟》第5期1989.3
E18.	資策會教育訓練處	《社會與經濟》第5期1989.3
E19.	天一電腦	《社會與經濟》第9期1989.5
E20.	詮腦電腦	《社會與經濟》第12期1989.8
E21.	誠洲電子	《社會與經濟》第24期1990.5
E22.	環隆科技	《社會與經濟》第24期1990.5

E23.	飛瑞股份有限公司	《社會與經濟》第30期1990.9
E24.	大眾電腦	《社會與經濟》第30期1990.9
E25.	倫飛電腦	《社會與經濟》第30期1990.9
E26.	盈電股份有限公司	《社會與經濟》第30期1990.9

III、石化工業（ C ）：

C1.	福國工業	《社會與經濟》第5期1989.3
C2.	石梅化工	《社會與經濟》第5期1989.3
C3A	台灣涼椅	《社會與經濟》第5期1989.3
C3B	台灣涼椅	《社會與經濟》第5期1989.3
C3C	台灣涼椅	《社會與經濟》第5期1989.3
C4.	台灣固特異	《社會與經濟》第5期1989.3
C5.	奇美實業	《社會與經濟》第5期1989.3
C6.	中美和化工	《社會與經濟》第5期1989.3
C7.	南僑化工	《社會與經濟》第5期1989.3
C8.	欣業企業	《社會與經濟》第30期1990.9
C9.	眞茂企業	《社會與經濟》第30期1990.9
C10.	鴻昌工業	《社會與經濟》第33期1990.10

IV、金融業（ F ）：

F1.	美商協利國際公司	
F2.	台中第六信用合作社	
F3.	世華商業銀行	《社會與經濟》第8期1989.5
F4.	大業証券投資顧問	《社會與經濟》第12期1989.8

Ⅴ、服務業（S）：

S1.	太平洋房屋仲介	《社會與經濟》第7期1989.4
S2.	新聯陽企業集團	《社會與經濟》第5期1989.3
S3.	力霸集團	《社會與經濟》第9期1989.5
S4.	台鼎建設	《社會與經濟》第30期1990.9
S5.	穎進	《社會與經濟》第30期1990.9

Ⅵ、金屬機械業（M）：

M1.	遠東機械	
M2.	峰安機械	
M3.	同光機械	《社會與經濟》第14期1989.9
M4a	凱祥企業	《社會與經濟》第21期1990.3
M4b	凱祥企業	
M4c	凱祥企業	
M5.	雷虎模型	《社會與經濟》第26期1990.6
M6.	金釆精密鑄造	《社會與經濟》第26期1990.6
M7.	世同金屬	《社會與經濟》第30期1990.9
M8.	台中精機	《社會與經濟》第30期1990.9
M9.	舜展機械	《社會與經濟》第30期1990.9
M10.	精斌企業	《社會與經濟》第31期1990.9
M11.	經偉工業	《社會與經濟》第31期1990.9
M12.	瑞昇壓鑄	《社會與經濟》第31期1990.9
M13.	程泰機械	《社會與經濟》第33期1990.10
M14.	盈豐工業社	《社會與經濟》第36期1990.12

M15.	禎遠機械	《社會與經濟》第36期1990.12
M16.	嘉隆機械	《社會與經濟》第39期1991.3
M17a	信孚產業	《社會與經濟》第37期1990.12
M17b	信孚產業	
M18.	鼎偉股份有限公司	《社會與經濟》第38期1991.1
M19.	嘉義鋼鐵	《社會與經濟》第38期1991.1

Ⅶ、政府官員（G）：

G1A	李國鼎（國策顧問）	
G1B	李國鼎（國策顧問）	《社會與經濟》第12期1989.8
G2.	蔣彥士（農委會顧問）	《社會與經濟》第12期1989.8傅秘書

Ⅷ、環保（P）：

P1.	嘉南農田水利會	
P2.	台電興達電廠	
P3.	中油高雄煉油總廠	
P4.	後勁地區	
P5.	廢五金同業公會	
P6.	七股將軍溪	
P7.	林園中油煉油廠	
P8.	林園汕尾地區	
P9.	高雄市環保局	
P10.	中環科技	《社會與經濟》第30期1990.9

Ⅸ、其他（O）：

O1.　　興農企業　　　　　《社會與經濟》第5期1989.3

O3.　　製鞋業　　　　　　《社會與經濟》第21期1989.6

O4.　　通用、通貿　　　　《社會與經濟》第22期1990.3

O5.　　日信鞋業　　　　　《社會與經濟》第23期1990.4

O6.　　聖堡建設　　　　　《社會與經濟》第25期1990.5

O7.　　大揚運動器材　　　《社會與經濟》第26期1990.6

O8.　　廣大家俱

O9.　　永山玩具　　　　　《社會與經濟》第31期1990.9

參考書目

中文參考書目

于明宜
1980 ＜地下經濟面面觀＞，《台北市銀》第11卷第3期。

王覺民
1989 ＜政府對企業發展之政策及鼓勵措施＞，《中小企業發展》
第18期。

王士杰
1983 ＜台灣中小企業之勞工流動與訓練問題＞，《台灣銀行季刊》
第34卷第3期。

王作榮
1988 中小企業蛻變成長之道，見於《中小企業文選》（經濟部中
小企業處出版）。

王素彎
1988 ＜台灣民營企業資金成本（業主權益成本）之估計＞，《台
灣銀行季刊》第39卷第1期。

王塗發
1988 ＜台灣、韓國汽車工業關聯效果之比較研究＞，《台灣銀行
季刊》第39卷第2期。

王瑞拱
1989 《我國製鞋工業經營管理實務》（宏明圖書公司出版）。

王彼得
1985 ＜台灣地區區域發展政策方向探討＞，《台灣經濟》第107

期。

王建民

1980　＜從實證經驗比較台灣與英國、日本海島經濟型態＞，《台北市銀》第11卷第7期。

王建成

1984　＜世界主要國家工業政策之比較＞，《台灣經濟》第92期。

王德睦、陳寬政

1987　＜現代人口轉型與家戶組成：一個社會變遷理論之驗証＞，見於楊國樞、瞿海源主編《變遷中的台灣社會》（台北：中央研究院民族學研究所）。

中華經濟研究院

1988　＜台灣中小企業的法規環境＞，《台灣中小企業行業別發展方向研究計劃》第4章。

中村秀一郎主講，黃梅英整理，

1989　＜中小企業轉型之道＞，見《中小企業文選》。

文崇一

1989　＜工業社會的職業倫理＞，見於「1989年民間國建會文化倫理組〈引言報告〉」（國家政策研究資料中心）。

白俊男

1983　＜台灣之中小企業與台灣之經濟發展＞，《台灣銀行季刊》第34卷第3期。

台灣經濟

1984　＜台灣地區大貿易商之發展趨勢及其人力運用狀況＞，《台灣經濟》第96期。

台灣經濟研究院

1990　《中華民國紡織工業年鑑》，79年版（台灣經濟研究院）。

台灣經濟研究院

1990　《中國民國資訊電子年鑑》79年版（台灣經濟研究院）。

台灣經濟研究院

1990　《中華民國機械工業年鑑》79年版（台灣經濟研究院）。

出國人員報告彙編

1979　《中小企業之發展》，（行政院研究發展考核委員會編印）。

任文俠　李玉潭

1987　《日本中小企業與經濟振興》（江蘇人民出版社）。

李國鼎

1989　＜台灣中小企業之回顧與前瞻＞，見於《中小企業文選》，
　　　（經濟部中小企業處出版）。

李棟明

1980　＜台灣經濟社會地理區之劃分與人口發展比較研究＞，《台
　　　灣經濟》第48期。

李明輝

1990　＜當前儒家之實踐問題＞，「當代儒學之社會實踐」研討會
　　　（東海大學哲學研究所）。

李亦園

1985　＜中國家族與其儀式：若干觀念的檢討＞，《民族學研究所
　　　集刊》第59期（台北：南港）。

吳燕和

1985　＜中國宗族之發展與其儀式興衰的條件＞，《民族學研究所
　　　集刊》第59期。（台北：南港）。

吳惠林、周添城

1987　＜台灣中小企業的回顧與前瞻＞，見於《中小企業文選》
　　　（經濟部中小企業處出版）。

吳榮義、莊春發

1984　＜台灣機械零件業之技術引進、普及與生根＞，《台灣銀行
　　　季刊》第35卷第1期。

吳再益

1985　＜一九八〇年代台灣工業發展之展望＞，《台灣銀行季刊》
　　　第36卷第3期。

1986　＜中小企業體質改善與強化經營策略＞，《台灣經濟研究月刊》第9卷第9期。
　　　　《台灣銀行季刊》第28卷第1期。

吳家聲

1982　＜台灣製造業生產力對經濟成長之貢獻＞，《台灣經濟》第67期。

1983　＜台灣地區製造業技術變動及要素替代性之分析＞，－李昂提夫函數之運用，《台灣經濟》第80期。

1984　＜貿易出超問題及其因應之道＞，《台灣經濟》第95期。

1985　＜技術變動探討與台灣實證分析＞，《台灣經濟》第98期。

吳淑聰

1988　＜對外貿易與經濟成長＞，《台灣經濟》第136期。

吳宗明

1988　＜新貿易保護主義與台灣經濟＞，《台灣經濟》第138期。

吳榮義、蕭文宗、陳彥煌

1985　＜台灣產業結構變化之研究－從需求結構變化之探討＞，《台灣銀行季刊》第36卷第3期。

吳惠林

1983　＜亞洲新興工業化國家經濟發展的回顧與前瞻＞，《台灣經濟》第75期。

吳其城

1989　＜亞洲新興工業國家的發展型態與問題＞，《台灣經濟》第145期。

吳連賞

1983　＜高雄加工出口區的工業發展＞，《台灣銀行季刊》第34卷第2期。

吳連山

1981　＜台灣地區都市規模與都市經濟結構關係之探討＞，《台灣經濟》第53期。

沈西達

　1983　＜台灣中小企業之產銷問題＞，《台灣銀行季刊》第34卷第
　　　　　3期。

余英時

　1987　《中國近世宗教倫理與商人精神》（聯經出版事業公司）。

邵遵方

　1990　中小企業輔導小組工作績效報告見於《中小企業文選》（經
　　　　　濟部中小企業處出版）。

林寶安

　1988a　＜企業的內部組織與決策＞，未刊稿。

　1988b　＜法律之外：對仿冒問題的再思考＞，未刊稿。

　1989a　＜國泰關係企業的經營策略＞，未刊稿。

　1989b　＜台灣結構的轉變：由企業的因應談起＞，「社會與經濟」
　　　　　第3、4期合刊本，東海大學　東亞社會經濟發展研究中心，
　　　　　民國78年2月25日）。

　1991　＜網絡式生產組織：台灣外銷工業中的外包制度＞，中央研
　　　　　究院民族學研究所行為研究組，小型專題研討會三：「組織
　　　　　的連合與分裂」（台北：南港）。

林仁智

　1988　＜台灣地區企業研究發展與技術移轉＞，《台灣銀行季刊》
　　　　　第39卷第3期。

林宏熾

　1987　＜工業生產自動化對產業、就業及人力運用影響之分析＞，
　　　　　《台灣經濟》第126期。

林茂山

　1985　＜台灣中小企業之發展現況與輔導措施＞，《台灣經濟》第
　　　　　106期。

　1987　＜台灣企管顧問業之發展與企業需求＞，《台灣經濟》第132
　　　　　期。

林俊秀

　1976　＜台灣地區外銷市場與外銷通路關係之研究＞，《台灣銀行季刊》第27卷第4期。

林泰山

　1971　＜台灣經濟的發展與韓國之比較＞，《台灣銀行季刊》第32卷第4期。

　1980　＜台灣地區之外國資本與對外貿易結構＞，《台灣銀行季刊》第31卷第4期。

林惠玲

　1979　＜台灣民營企業利潤率之決定因數＞，《台灣銀行季刊》第30卷第1期。

林純如

　1987　《六十年代台灣製造業之出口貿易型態及出口競爭能力之分析》（文化大學經濟研究所碩士論文）。

林貴貞

　1988　＜中、韓、港、新的過去、現在與未來＞，《台灣經濟金融月刊》第24卷第10期。

林松齡

　1976　＜台灣南部農村居民的社會生活及其經濟活動－埤寮農村的個案研究－＞，《台灣銀行季刊》第27卷第3期。

林郁欽

　1986　＜台灣主要工業地帶區位變遷及其特性之研究＞，《台灣銀行季刊》第37卷第1期。

林純瓊

　1988　＜轉型期的台灣中小企業＞，《經濟前瞻》第12號。

林垂宙主講，陳啓明整理

　1989　＜從技術層面提高中小企業競爭力＞，見《中小企業文選》。

林美容

　1988　＜中國親屬結構：相對性、父系嗣系群與聯姻＞，《民族學

研究所集刊》第55期（台北：南港）。

林南

  1988 ＜從家庭結構看中國社會＞，《民族學研究所集刊》第65期
      （台北：南港）。

邱家宜

  1989 ＜企業經營的倫理驅力：韋伯命題的辯正兼及台灣企業研究＞，
      《社會與經濟》第3、4期合刊本（東海大學，東亞社會經濟
      發展研究中心，民國78年2月25日）。

官俊榮

  1991 ＜中小企業的合理發展＞，《經社法制論叢》第7期。

周添城

  1979 ＜台灣經濟發展過程中農業非農業結構之轉變＞，《台灣銀
      行季刊》第30卷第3期。

  1980 ＜美商在台灣投資之就業效果與工資差異性＞，《台灣銀行
      季刊》第31卷第4期。

  1988 ＜中小企業融資問題面面觀＞，見於《中小企業文選》。
      （經濟部中小企業處出版）

  1989 ＜輔導中小企業發展＞，見於《全國工商發展策略研討會報
      告書》（經濟部出版）。

周春堤

  1984 ＜從中國管理哲學的特質與流弊看管理學應走的方向＞，
      《台灣經濟》第88期。

周大中

  1976 ＜台灣地區對外貿易產品結構之演變＞，《台灣銀行季刊》
      第27卷第4期。

  1983 ＜台灣中小企業與非中小企業財務狀況比較＞，《台灣銀行
      季刊》第34卷第3期。

  1984 ＜台灣地區企業經營合作之研究＞《台灣銀行季刊》第35卷
      第2期。

周濟、林貴貞

　1988　＜台灣經濟成長模型之實證研究－經濟起飛後之探討－＞，
　　　　《台灣銀行季刊》第39卷第4期。

金耀基

　1985a　＜行政吸納政治：香港的政治模式＞，本篇見於邢慕寰、
　　　　金耀基合編《香港之發展經驗》（香港中文大學出版社）。

　1985b　＜儒家倫理與經濟發展：韋伯學說的重探＞，《現代化與
　　　　中國文化研討會論文彙編》（香港中文大學社會科學院暨社
　　　　會研究所）。

洪瑞彬

　1983　＜我國對美貿易與運輸之發展＞，《台灣經濟》第77期。

施敏雄、馬益財

　1981　＜未來先進工業化國家和開發中國家的互依關係＞，《台灣
　　　　經濟》第49期。

侯金英

　1988　＜金融自由化下中小企業的融資問題＞，見《中小企業文選》。

段樵、黃錫楠、葉春生合著

　1986　《個人創業者研究－香港與廣州地區的個案分析》（香港大
　　　　學亞洲研究中心）。

政治大學銀行系

　1990　＜中小企業融資問題與財務結構改良之研究＞（經濟部中小
　　　　企業處）。

高承恕

　1988a　＜台灣企業的結構限制與發展條件＞中央研究院民族學研
　　　　究所暨太平洋文化基金會合辦「中國人與中國社會研討會」
　　　　（台北：南港）。

　1988b　＜電子資訊業中的「傳統」因素＞，未刊稿。

　1989　＜對「家族」在中國社會結構中的一點思考＞，《社會與經
　　　　濟》第7期（東海大學，東亞社會經濟發展研究中心）。

高承恕、陳介玄、馬彥彬

　1989　＜台灣經濟發展與西方資本主義理論＞，《社會與經濟》第
　　　　3、4期合刊本（東海大學，東亞社會經濟發展研究中心，民
　　　　國78年2月25日）。

高孔廉

　1983　＜台灣中小企業合作經營可行性之研究＞，《台灣銀行季刊》
　　　　第34卷第3期。

馬彥彬

　1988a　＜變局中的經營策略＞，未刊稿。

　1988b　＜台灣資訊業中在台外商的角色＞，未刊稿。

　1989a　＜道德訴求與理性計算：談十信案所呈顯的一些心態＞，
　　　　未刊稿。

馬康壯、丁庭宇主編

　1986　《台灣社會變遷的經驗———一個新興的工業社會》（巨流圖
　　　　書公司出版）。

馬克思著，王亞南譯

　1975　《資本論》第1.2.3.卷（北京：人民出版社）。

涂一卿

　1988b　＜改變企業"封閉性"的可能因素：以國內電腦資訊業＞，
　　　　未刊稿。

　1989a　＜家族與企業：從認知理念的探求看國泰企業的起落＞，
　　　　未刊稿。

　1989b　＜家族企業的概念與實質＞，《社會與經濟》第3、4期合
　　　　刊本（東海大學，東亞社會經濟發展研究中心，民國78年2月
　　　　25日）。

袁穎生

　1986　＜台灣之民間借貸利率－綜括分析－台灣的利率彙術之四－＞
　　　　《台灣銀行季刊》第37卷第1期。

袁穎生

1986　＜台灣之民間借貸利率－地區差異－　台灣的利率彙述之五
　　　　－＞，《台灣銀行季刊》第37卷第3期。

徐義雄

1976　＜台灣地區歷年對外貿易條件之分析＞，《台灣銀行季刊》
　　　　第27卷第4期。

徐良熙、林忠正

1989　＜家庭結構與社會變遷的再研究＞，見於伊慶春、朱瑞玲主
　　　　編《台灣社會現象的分析》（台北：南港，中央研究院三民
　　　　主義研究所）。

夏至仁

1961　＜當前棉紡織工業之危機＞，《台灣經濟月刊》第25卷第2
　　　　期。

孫清山

1982　＜工業區、工業住宅社區與工廠之關聯＞，《台灣經濟》第
　　　　65期。

韋伯著、簡惠美譯

1989　《中國宗教：儒教與道教》（台北：允晨）。

陳明璋

1984　＜家族文化與企業管理＞，《企銀季刊》，第8卷第1期。

1985　《企業升級之經營管理。台北：聯經出版事業公司。

1988a　＜再創「中小企業」王國的經濟奇蹟＞，《自由中國之工
　　　　業》第70卷第2期。

1988b　＜我國中小企業的輔導政策＞，《中小企業發展雜誌》第11
　　　　期。

陳介英

1989　＜台灣企業之組織與經營管理的社會基礎＞，《社會與經濟》
　　　　第3、4期合刊本（東海大學，東亞社會濟發展研究中心，民
　　　　國78年2月25日）。

陳介玄

1988　＜人情關係秩序：電子資訊業的傳統面貌＞，《社會與經濟》
　　　　第38期。

1989　＜經濟在韋伯理論體系中的位置及其意義＞《思與言》第27
　　　　卷第3期。

1990a　＜從道德看法律與金融：十信案中的傳統圖像＞，《思與
　　　　言》第28卷第3期。

1990b　＜關係與法令：台灣企業運作的一個獨特面向＞，《思與
　　　　言》第28卷4期。

陳介玄、高承恕

1989　＜台灣企業運作的社會秩序：人情關係與法律＞，《社會與
　　　　經濟》第3、4期合刊本（東海大學，東亞經濟發展研究中心）。

陳其南

1985　＜房與傳統中國家族制度：兼論西方人類學的中國家族研究＞，
　　　　《漢學研究》（3）1。

1986　《婚姻、家族與社會──文化的軌跡》（下）（台北：允晨
　　　　文化實業公司）。

1988　＜中國人的家族與企業經營＞，見於文崇一、蕭新煌合編
　　　　《中國人──觀念與行為》（台北：巨流圖書公司）。

陳旭播

1986　＜台灣中小企業融資問題之探討及改善途徑＞，《台灣銀行
　　　　季刊》第37卷第3期。

陳寶瑞

1976　＜台灣地區對外貿易與經濟發展＞，《台灣銀行季刊》第27
　　　　卷第4期。

陳永華

1976　＜台灣地區對外貿易地域之分布＞，《台灣銀行季刊》第27
　　　　卷第4期。

1984　＜台灣金融市場之發展與檢討＞，《台灣銀行季刊》第35卷
　　　　第3期。

陳定國

　1979　＜多國性公司對台灣及海外工業發展之重要性＞，《台灣銀
　　　　　行季刊》第30卷第4期。

陳瑞崇

　1985　＜我國對外貿易發展＞，《台灣經濟》第101期。

陳希沼

　1976　＜台灣地區集團企業之研究＞，《台灣銀行季刊》第27卷第
　　　　　3期。

陳俊勳

　1983　＜台灣經濟發展的轉捩點－1966-68 年轉捩點說－＞，
　　　　　《台灣銀行季刊》第34卷第2期。

　1984　＜台灣製造業的勞動力吸收與經濟發展－1966-68 年轉捩
　　　　　點說之輔證－＞，《台灣銀行季刊》第35卷第2期。

陳正順、施敏雄

　1978　＜台灣製造業發展過程之探討－六十六年中國經濟學會論文＞，
　　　　　《台北市銀》第9卷第8期。

陳秉璋

　1989　＜當前台灣「社會道德——價值體系」之社會學分析：解組
　　　　　之因及其重建之道＞，見於「1989年民間國建會，文化倫理
　　　　　組〈引言報告〉」（國家政策研究資料中心）。

陳秉璋、陳信木

　1988　《邁向現代化》（桂冠圖書公司）。

陳更生、林唐裕

　1989　＜從海外設廠談我國中小企業最適品牌策略：ＯＥＭ 還是自
　　　　　創品牌？＞，《台灣經濟研究月刊》第12卷第2期。

陳麗春

　1986　＜台灣地區住宅問題特質之轉變與對策＞，《台灣銀行季刊》
　　　　　第37卷第2期。

陳小紅

1981　<一九八〇年的台灣都市發展與住宅建設>，《台灣經濟》第58期。

陳其南、邱淑如

1985　<企業組織的基本型態與傳統家族制度>，見工商時報編：《中國式管理》研討會論文集（台北：時報文化出版事業有限公司）。

陳翠英 編譯

1988　《破繭而出——家族企業面面觀》（台北：管拓文化事業股份有限公司）。

張家銘

1988　<依賴與自主之間：我國資訊硬體工業的發展經驗>，未刊稿。

1989　《經濟權力與支配——台灣大型企業組織的制度分析》（東海大學社會學研究所博士論文）。

1989　<十信金融事件的結構因素剖析>，未刊稿。

張鈞

1983　<台灣之中小企業銀行與中小企業融資問題、台灣中小企業之財務問題>，《台灣銀行季刊》第34卷第3期。

1989　<金融緊縮下中小企業理財策略>，見《中小企業文選》（經濟部中小企業處出版）。

張炳耀

1982　<台灣地區製造業生產力的衡量與分析>，《台灣銀行季刊》第33卷第1期。

1984　<台灣地區企業小型化問題之剖析>，《台灣銀行季刊》第35卷第4期。

1985　<台灣地下金融活動之分析>，《台灣銀行季刊》第36卷第3期。

張維安

1988　<官僚政治與政治利益：試論近世中國父道型政治經濟關係>，

《清華學報》新18卷2期。

張溫波

　1977　＜我國對外貿易的檢討與展望＞，《台北市銀》第8卷第3期。

　1978　＜對外貿易依存度的探討＞，《台北市銀》第9卷第3期。

張文珠

　1983　＜我國製造業在經濟不景氣中之經營－對民國七十年之台灣
　　　　製造業經營分析＞，《台灣經濟金融月刊》第19卷第1期。

張果為

　1984　＜台灣地區景氣循環與金融政策之配合＞，《台灣銀行季刊》
　　　　第35卷第2期。

張茂桂

　1988　＜主觀生活品質與社會階級＞，見於楊國樞、瞿海源主編
　　　　《變遷中的台灣社會》（台北：中央研究院民族學研究所）。

莊春發

　1983a　＜台灣軸承零件業之研究＞

　1983b　＜台灣無梭織布機之技術引進、普及與生根＞《台灣銀行
　　　　季刊》第34卷第1期。

莊水吉

　1984　＜台灣之經濟發展與關稅經濟功能之關聯分析＞，《台灣經
　　　　濟》第87期。

莊英章

　1981　＜社會變遷中的南村家族－五個家族的個案分析－＞，《中
　　　　央研究院民族學研究所集刊》第52期。

郭崑謨、梁世安、詹毓玲、徐純慧

　1986　＜台灣地區中小企業徵信調查作業之探討＞，《台灣銀行季
　　　　刊》第37卷第3期。

郭崑謨、魏啓林

　1988　＜台灣貿易成長的經濟策略分析＞，《台灣經濟金融月刊》
　　　　第24卷第12期。

郭銘

　1961　＜論同業公會＞，《台灣經濟月刊》第25卷第5期。

郭品宏

　1986　＜中、美、日、韓四國中小企業定義之比較＞，《台灣經濟
　　　　研究月刊》第9卷第9期。

章伯勻

　1985　＜貿易在經濟成長中的地位＞，《台灣經濟》第104期。

章英華

　1988　＜都市化與機會結構及人際關係態度＞，見於楊國樞、瞿海
　　　　源主編《變遷中的台灣社會》（台北：中央研究院民族學研
　　　　究所）。

陸鼎鍾

　1959　＜台灣外匯貿易之農村經濟基礎＞，《台灣經濟月刊》第20
　　　　卷第6期。

許士軍主講，陳啓明整理

　1989　＜中小企業國際化新途徑－貿易商的時代角色＞，見《中小
　　　　企業文選》（經濟部中小企業處出版）。

許士軍主講，葉日武整理

　1989　＜因應匯率變局企業轉換之經營策略＞，見《中小企業文選》
　　　　（經濟部中小企業處出版）。

許華珍

　1985　＜台灣工業發展措施之探討＞，《台灣銀行季刊》第36卷第
　　　　1期。

梁武舜

　1988　＜中小企業之研究開發歷程－以志聖公司爲例＞，《中小企
　　　　業發展雜誌》第13期。

彭懷眞

　1988　＜創業者的背景及競爭策略＞，未刊稿。

　1989　《台灣企業業主的“關係”及其轉變》（　東海大學社會學

博士論文）。

1989a ＜十信事件關係人動向＞，未刊稿。

1989b ＜企業因應政府＞，《社會與經濟》第3、4期合刊本。

1989c ＜個人風格與企業導向：對企業理念與文化的觀察＞，《社會與經濟》第3、4期合刊本（東海大學，東亞社會經濟發展研究中心）。

1989d ＜企業因應政府＞《社會與經濟》第3、4期合刊本（東海大學，東亞社會經濟發展研究中心）。

彭百顯、鄭素卿

1985 ＜台灣民間金融的資金管道＞，《台灣銀行季刊》第36卷第3期。

1986 ＜台灣金融中介機構在資金管道的個體角色＞，《台灣銀行季刊》第37卷第1期。

彭作奎、李延禧

1987 ＜台灣鄉村工業化與工業結構之變遷＞，《台灣經濟》第58期。

黃石生

1984 ＜台灣地區貨幣市場之研究＞，《台灣銀行季刊》第35卷第2期。

黃建森

1986 ＜合作經濟制度之理論基礎＞，《台灣經濟》第120期。

黃光國

1983a ＜家族企業的結構＞，見韋政通、李鴻喜編《思潮的脈動》（台北：聯經出版事業公司）。

1983b ＜中國式管理的探索＞，《中國論壇》，第16卷第9E期。

1988a ＜中國人的人情關係＞，見文崇一、蕭新煌合編《中國人觀念與行為》（台北：巨流圖書公司）。

1988b ＜人情與面子：中國人的權力遊戲＞，見黃光國編《中國人的權力遊戲》（台北：巨流圖書公司）。

1988c ＜中國式家族企業的現代化＞，見黃光國編《中國人的權力遊戲》（台北：巨流圖書公司）。

1988d ＜中國的社會制度與權力遊戲＞，見黃光國編《中國人的權力遊戲》（台北：巨流圖書公司）。

1988e 《儒家思想與東亞現代化》（台北：巨流圖書公司）。

黃惇義

1988 ＜理性因素對中小企業融資輔導之影響－以分析層級程序法為實證研究＞，《台灣經濟金融月刊》第24卷第7期。

曾碧淵

1984 ＜我國、香港、新加坡與韓國的就業市場及出口導向成長＞，《台灣經濟》第93期。

曾銘深

1986 ＜如何促進中小企業技術進步＞，《台灣經濟研究月刊》第9卷第9期。

楊瑞東

1978 ＜台灣出口製造業生產因素之經濟效益分析＞，《台灣銀行季刊》第29卷第1期。

楊新生

1985 ＜企業多角化經營策略分析＞，《台灣經濟》第104期。

楊世傑

1983 ＜台灣機械工業發展概況及檢討＞，《台灣經濟》第84期。

楊煥文、張溫波

1985 ＜台灣經濟建設之成長與策略＞，《台灣經濟》第106期。

楊國樞、鄭伯壎

1987 ＜傳統價值觀、個人現代性及組織行為：後儒家假說的一項微觀驗證＞，《民族學研究所集刊》第64期（台北：南港）。

楊儒賓

1988 ＜人性、歷史契機與社會實踐——從有限的人性論看牟宗三的社會哲學＞，《台灣社會研究季刊》第1卷第4期。

葉啓政

　　1989　＜開創人文理想的新境界＞見於「1989年民間國建會，文化
　　　　　倫理組〈引言報告〉」（國家政策研究資料中心）。

經濟部中小企業處

　　1989　＜中華民國台灣地區中小企業統計＞。

經濟部

　　1989　＜全國工商發展策略研討會報告書＞（經濟部）。

翟本瑞

　　1988a　＜台灣企業的再出發＞，未刊稿。

　　1988b　＜政府的角色扮演與電子資訊業＞，未刊稿。

　　1989a　＜國泰十信案的後續發展＞，未刊稿。

　　1989b　＜環保問題、勞資糾紛所反映出的社會運作原則＞，《社
　　　　　會與經濟》第3、4期合刊本（東海大學，東亞社會經濟發展
　　　　　研究中心，民國78年2月25日）。

趙旣昌

　　1983　＜台灣中小企業之輔導問題＞，《台灣銀行季刊》第34卷第
　　　　　3期。

劉維新

　　1988　《企業與政府：業者的觀點及其反省》（東海大學社會學研
　　　　　究所碩士論文）。

　　1988a　＜企業與政府：政府角色的重新定位＞，未刊稿。

　　1988b　＜資訊業中政府角色的定位＞，未刊稿。

　　1989a　＜十信事件的社會學面向：一個現象學的角度＞，未刊稿。

　　1989b　＜對台灣社會結構的省思：以環境保護抗爭為起點＞，
　　　　　《社會與經濟》第3、4期合刊本（東海大學，東亞社會經濟
　　　　　發展研究中心）。

　　1990　＜中小企業與位階結構下的政經關係＞，《社會與經濟》第
　　　　　3、4期合刊本（東海大學，東亞社會經濟發展研究中心）。

劉泰英

1983 ＜台灣中小企業投資環境之研究＞，《台灣銀行季刊》第34卷第3期。

劉水深

1983 ＜台灣中小企業之內部管理問題＞，《台灣銀行季刊》第34卷第3期。

劉芬美

1987 ＜從新工業產品引進看台灣經濟之發展＞，《台灣經濟》第122期。

劉祥熹

1986 ＜合作事業、經濟發展與合作企業因應環境之道＞，《台灣經濟》第116期。

劉祥熹、吳國楨

1988 ＜多國籍企業與開發中國家之產業發展－兼論產業組織分析之重要性＞，《台灣經濟》第139期。

劉耀武

1980 ＜經濟行政功能的探討＞，《台灣經濟》第92期。

劉健哲

1984 ＜地區工業化與農村地區發展規劃之研究＞，《台灣銀行季刊》第35卷第3期。

劉廣京

1990 《經世思想與新興企業》，（聯經出版事業公司）。

布勞岱著，劉北成譯

1988 《論歷史》（五南圖書出版公司）。

劉子鍵

1987 《兩宋史研究彙編》（聯經出版事業公司）。

劉忻

1989 ＜從美國例子看台灣中小企業的新生＞，《台灣經濟研究月刊》第12卷第4期。

鄭竹園

1990 ＜九十年代台灣對外貿易面臨的新挑戰＞（行政院經濟建設委員會經濟研究處）。

鄭爲元

1988 ＜高度成長下台灣地區人民的經濟態度＞見於楊國樞、瞿海源主編《變遷中的台灣社會》（台北：中央研究院民族學研究所）。

蔡蜂霖

1983 ＜台灣中小企業之稅捐問題＞，《台灣銀行季刊》第34卷第3期。

蔡宗義

1982 ＜台灣經濟成長過程中勞力與資本利用之研究＞，《台灣銀行季刊》第33卷第4期。

錢釧燈

1981 ＜台灣地下經濟之研究＞，《台灣銀行季刊》第32卷第4期。

盧郁生

1986 ＜從現行稅制看中小企業稅負＞，《台灣經濟》第120期。

盧麟

1977 ＜創業「動機」對經濟成長之影響底探討＞，《台北市銀》第8卷第2期。

賴金文

1980 ＜台灣地區製造業空間分布類型之研究＞，《台灣銀行季刊》第31卷第3期。

賴金文

1977 ＜台灣地區的工業結構與區位變化＞，《台北市銀》第8卷第1期。

賴金文

1980 ＜台灣地區製造業分佈的探討＞，《台灣經濟》第48期。

賴澤涵、陳寬政

1985 ＜台灣的社會變遷與家庭制度＞（台北：加強家庭教育促進

社會和諧學術研討會）。

謝高橋

　1988　＜社會變遷中的人際關係及互動＞，見於楊國樞、瞿海源主
　　　　　編《變遷中的台灣社會》（台北：中央研究院民族學研究所）。

鍾隆毓

　1980　＜台灣信用分配之分析＞，《台灣銀行季刊》第31卷第2期。

鍾甦生

　1976　＜台灣地區對外貿易策略之分析＞，《台灣銀行季刊》第27
　　　　　卷第4期。

蕭峰雄

　1985　＜台灣科技發展之回顧與前瞻＞，《台灣經濟》第106期。

蕭全政

　1989　＜台灣地區的新重商主義＞（國家政策研究資料中心）。

薛鳳旋

　1985　＜香港的小型工業＞（香港大學亞洲研究中心）。

戴西君、張家銘

　1990　＜台灣中小企業發展之研究──企業社會學的剖析＞，《經
　　　　　社法制論叢》第3期。

韓格理著，張維安、陳介玄、翟本瑞譯

　1990a　＜中國與西歐的父權制：韋伯支配社會學重估＞，見於
　　　　　　《中國社會與經濟》（台北：聯經出版事業公司）。

　1990b　＜父權制、世襲制與孝道：中國與西歐的比較＞，見於
　　　　　　《中國社會與經濟》（台北：聯經出版事業公司）。

　1990c　＜市場、文化與權威：遠東地區管理與組織的比較分析＞，
　　　　　　於《中國社會與經濟》（台北：聯經出版事業公司）。

Gary G. Hamilton　著，張維安、陳介玄、翟本瑞譯

　1990　《中國社會與經濟》（聯經出版事業公司）。

瞿同祖

　1984　《中國法律與中國社會》（台北：里仁書局）。

瞿荊洲

　　1959　＜最近台灣對外貿易的發展＞，《台灣經濟月刊》第20卷第
　　　　　1期。

簡明仁

　　1984　＜台灣地區儲蓄互助社問題剖析與解決之道＞，《台灣銀行
　　　　　季刊》第35卷第4期。

簡世雄

　　1988　＜我國中小企業的總體結構＞，《中小企業發展雜誌》第13
　　　　　期。

魏啓林、謝英明

　　1986　＜台灣暨其競爭國出口成長決定因素之研究＞，《台灣銀行
　　　　　季刊》第37卷第2期。

顏建發

　　1988a　＜從發展的觀點看企業的選擇與對外關係＞，未刊稿。

　　1988b　＜台灣資訊業大型化的限制與出路＞，未刊稿。

　　1990　＜位階結構下台灣企業集團的擴張與躍昇：一個企業中心史
　　　　　結構分析＞（東海大學社會學研究所博士論文）。

顏吉利

　　1985　＜試論「影響中小企業投資的因素」＞，經濟專論（財團法
　　　　　人中華經濟研究院）。

邊裕淵

　　1983　＜我國出口商品競爭力之研究──利潤分解分析法＞，《台
　　　　　灣經濟》第81期。

蘇華山

　　1981　＜台灣出口貿易不穩定性之研究＞，《台灣經濟》第55期。

蘇明俊

　　1984　＜台灣相關產業各部門成長原因、連鎖型態與成長策略＞，
　　　　　《台灣銀行季刊》第35卷第3期。

英文參考書目

Alcorn, Pat B.

    1982 " Dodging Chips off the old Block ." pp. 111-125 in P. Alcorn, *Succes and Survival in the Family-Owned Business* (New York : Mcgraw - Hill).

    1982 " Letting the Son Shine In.," Ibid., PP. 127-146.

    1982 " Succession Rears Its Ugly Head," Ibid., PP. 147-161.

Ambrose, David M.

    1983 " Transfer of the Family - Owned Business," *Journal of Small Business Management* 21: 49-56.

Amsden, Alice A.

    1985 "The State and Taiwan's Economic Development,"in Peter B.Evans, Diertrich Rueschemeyer, and Theda Skocpol (ed.), *Bringing the State Back In* (Cambridge:Cambridge University Press) .

Bantug Hoffarth, Victoria

    1985 " Paternalism and Productivity," *Euro-Asia Business Review* 4-3: 5-8.

Barmash, Isadore

    1986 " A Defense of Nepotism," *Family Enterprise* 23-3: 5-10.

Barnes, Louis B. and Simon A. Hershon

　1976　" Transferring Power in the family Business,"*HBR* xx:105-114.

Beckhard, Richard and W. GibbDyer,Jr.

　1983a　" SMR Forum: Managing Change in the Family Firm: Issues and Strategies," *Sloan Management Review* XX (Spring):59-65.

　1983b　"Managing Continuity in the Family- Owned Business, "*Organizational Dynamics* XX (Sumer): 5-12.

Benedict, Burton

　1979　"Family Firms and Family Families: A Comparison of India, Chinese, and Creole Firms in Seychelles." pp. 305-325 in Sidney M. Greenfield, et al. eds., *Entrepreneurs in Cultural Context* (Albuquerque, NM: Unviersity of New Mexico Press).

Berger, Peter L.

　1983　Secularization: West and East, 在日本國學院創立百週年研討會上宣讀之論文。

Bozett, Frederick W.

　1985　"Male Development and Fathering throughout the Life Cycle. " *American Behavioral Scientist* 29-1 (Sep/ Oct): 41-54.

Braudel, Fernand

　1972　*The Mediferranean and The Mediterranean World in the Age of Philip II,* Vol. I (New York: Harper & Row).

　1973　*The Mediterranean and The Mediterranean World in the Age of Philip II,* vol. II. (New York: Harper

& Row).

1977 *Afterthoughts on Material Civilization and Capitalism* (Baltimore : The John Hopkins U.P).

1978 "En guise de conclusion " *Review*(3/4):243-253.

1980 *On History* (Chicago : Chicago U.P).

1982 *Civilization and Capitalism,15th-18th Century, Vol. II: The Wheels of Commerce* (N.Y.: Harper & Row Pub).

1984 *Civilization and Capitalism,15th-18th Century, Vol. III: The Perspective of the World* (N.Y.: Harper & Row Pub).

Charles Wei-hsun Fu

1989 "On the Ideological Revitalization of Confucianism in Relation to East Asian Economic Development:From Methodological Reflctions to Creative Dialogue".見於「儒家精神與東亞經濟發展會議」（台北：中華經濟研究院）。

Chan, Janet B. L. and Yuet-wah Cheung

1985 "Ethnic Resources and Business Enterprise: A Study of Chinse Business in Toronto," *Human Organization* 44-2: 142-154.

Chia-chu Hou

1989 "The Influence of Confucianism on Economic Policies and Entrepreneurship in Taiwan".見於「儒家精神與東亞經濟發展會議」（台北：中華經濟研究院）。

Cohen, Myron L.

1976 " Family Partition as Contractual Procedure in Tai- wan: A Case Study from South Taiwan." pp. 176-204 in David Buxbaum, ed., *Chinese Family*

Law and Social Change (Seattle : University of Washington Press).

Crouter, Ann C.

1984 "Spillover from Family to work: The Neglected Side of the Work-FamilyInterface," *Human Relations* 37-6: 425-442.

Chung-ying Cheng

1989 "Totality and Mutuality:Confucian Ethics and Economic Development".見於「儒家精神與東亞經濟發展會議」（台北：中華經濟研究院）。

Cumings, Bruce

1984 "The Origins and Development of the Northeast ASian Political Economy:Industrial sect- ors, Products Cycle, and Polictical Consequences, *"Internationl Organization,* vol.38,No.1:1-40

Curtis, Richard F.

1986 "Household and Familly in Theory on Inequality." *American Sociological Review* 51 (April):168-183.

Chan, Janet B. L. and Yuet-wah Cheung

1985 "Ethnic Resources and Business Enterprise: A Study of Chinse Business in Toronto." *Human Organization* 44-2: 142-154.

Cohen, Myron L.

1976 " Family Partition as Contractual Procedure in Tai- wan: A Case Study from South Taiwan." pp. 176-204 in David Buxbaum, ed., *Chinese Family Law and Social Change,* (Seattle : University of Washington Press).

Davis, Peter

1983 "Realizing the Potential of the Family Business."
Organizational Dynamics xx (Summer): 47-56.

DeGlopper, Donald R.

1972 "Doing business in Lukang", in W.E. Willmott (ed),
Economic Organization in Chinese Society (Stanford
University Press).

1973 "Social structure in a nineteenth-century Taiwanese
port city", in Skinner(ed.) ,*The City in Late Impe-
rial China,* pp. 638-42; Donald R.DeGlopper," City
on the sands: social structure in a nineteenth cen-
tury Chinese city"(unpublished Ph. D. hesis, Cornell
University)。

Durkheim, Emile

1969 *The Division of Labour in Society* (N.Y.: Macmil-
lan).

Evans, Peter and Chien-kuo Pang

1988 "State Structure and State Policy:Implications of
the Taiwanese Case for Newly Industralizing
Countries," International Conference on Taiwan,R.
O.C.,Taipei.

Febvre, Lucien

1982 *The Problem of Unbelief in the Sixteenth Century.*
Tr. B. Gottlieb (Cambridge: Harvard University
Press).

Finn, David

1986 "CEO:The Whole Man. Growing Up with the
Founding Fathers." Interview of John Young of
Hewlett- Packard. *Family Enterprise* 23-3:47-55.

Fried, Morton H.

1969   *Fabric of Chinese Society: A Study of the Social Life of a Chinese County Seat* (New York: Praeger,; reprinted New York: Octagon Books).

Gold, Thomas B.

1981   *Dependent Development in Taiwan,* PH. D. dissertation (Cambridge,MA:Harvard University,).

1986   *State and Society in the Taiwan Miracle*(New York: M.E. Sharpe, Inc.).

Hall, Peter D.

1974   "Marital Selection and Business in Massachusetts Merchant Families, 1700-1900." *The Family: Its Structure and Functions* (New York:St.Martins).

Hirschmeier J. and T. Yui

1981   "The Merchants of Tokugawa Japan, 1600-1867." pp. 38-69 in J. Hirschmeier and T. Yui, *The Development of Japanese Business*. 2nd. ed. (London: George Allen & Unmin).

Hirschman, Albert O.

1977   *The Passions and the Interests* (Princeton U.P).

Holland, Phyllis G. and William R. Boulton

1984   "Balancing the "Family" and the "Business" in Family Business." *Business Horizons* xx(March/April) : 16-21.

Hsu, Paul S. C.

1986   "Interpersonal Relationships among Family Members in the Chinese Family Firm as a Function of Generation ." Unpublished Manuscript, National Unviersuty of Singapore.

Hofheinz R. and K.E. Calder

1982 *The Eastasia Edge* (New York:Basic Books).

John C.H.Fei

1989 "Chinese Cultural Values and Industrial Capital-
ism".見於「儒家精神與東亞經濟發展會議」（台北：中華經
濟研究院）。

Jones, L.P. and II Sakong,

1980 *Government, Business and Entrepreneurship in
Ecomonic Development: The Korean Case* (Cam-
bridge Mass, Harvard University Press).

Little, Ian M.D.

1979 "An Economic Reconnaissance." in Walter Galenson
(ed.), *Economic Growth and Structural Change in
Taiwan* (Ithaca:Cornell University Press).

Li-fu Chen and Chi-ming Hou

1989 "Confucianism,Education and Economic Develop-
ment in Taiwan".見於「儒家精神與東亞經濟發展會議」
（台北：中華經濟研究院）。

Lee-Jay Cho and Chung-Hoon Lee

1989 "The Government-Business Relationship in Korea:
Cultural Dimensions".見於「儒家精神與東亞經濟發展會
議」（台北：中華經濟研究院）。

MacFarquhar, Hofheinz R.

1980 The post-Confucian challenge, *The Economist,* Feb, 9.

Marion J. Levy,Jr.

1989 "Confucianism and Modernization"見於「儒家精神與
東亞經濟發展會議」（台北：中華經濟研究院）。

Metzger, Thomas A.

1989 "Confucian Culture and Economic Modernization:An
Historical Approach".見於「儒家精神與東亞經濟發展會

議」（台北：中華經濟研究院）。

Morishima, M.

1982 *Why has Japan Succeeded? Western Technology and the Japanese Ethos* (Cambridge: Cambridge University Press).

Myers, Ramon H.

1989 "Confucianism and Economic Development:Mainland China,Hong Kong and Taiwan".見於「儒家精神與東亞經濟發展會議」（台北：中華經濟研究院）。

Oshima, H.T.

1981 *Manpower, Quality and the Differential Economic Growth between East and Southeast Asia, Working Paper* (University of the Philippines, School of Economics, March).

Paul H. Tai

1989 "Measuring the Economic Impact of Confucianism: Empirical Evidence from a Survey".見於「儒家精神與東亞經濟發展會議」（台北：中華經濟研究院）。

Shih-fan Chu

1989 "Confucianism and Economic Development:Some Suggested Frameworks for Quantitative Investigation".見於「儒家精神與東亞經濟發展會議」（台北：中華經濟研究院）。

Scitovsky, Tibor

1985 "Economic Development in Taiwan and South Korea: 1965-81," *Food Research Institute Studies*, vol. xix, No.3.

Schumpeter, J.A.

1934 *The Theory of Economic Development*(English version of Theorie der Wirtscha- ftlichen Entwicklung, , Cambrideg ,MA:Harvard University Press).

1950 *Capitalism, Socialism and Democracy,* 3rd ed. (New York: Harper and Row).

1954 *History of Economic Analysis* (New York: Oxford University Press).

Shapero, Albert and Lisa Sokol

1982 "The Social Dimensions of Entrepreneurship", Chapter 4 in C.A Kent, D.L. Sexton,and K .H.Vesper(eds), *Encyclopedia of Entrepreneurship* (Englewood Cliffs, N.J.:Prentice -Hall).

Tzong-biau Lin and Lok-sang Ho

1989 "IS There a Link among Confucianism,Institutions and Economic Performance? "見於「儒家精神與東亞經濟發展會議」（台北：中華經濟研究院）。

Wei-ming Tu

1989 "The Confucian Dimension in the East Asian Development Model".見於「儒家精神與東亞經濟發展會議」（台北：中華經濟研究院）。

John Wong and Aline Wong

1989 "Confucian Values as a Social Framework for Singapore's Economic Development".見於「儒家精神與東亞經濟發展會議」（台北：中華經濟研究院）。

Weber, Max

1946 *From Max Weber.*(eds.& trs.) Gerth,H.H. & C.W. Mills (Oxford U.P).

1952 *Ancient Judaism* (N.Y.: Free Press).

1958a *The Protestant Ethic and the Sprit of Capitalism* (N.Y.: Free Press).

1958b "Author's Introduction," in *The Protestant Ethic and the Sprit of Capitalism.* pp.13-31.

1958c *The Religion of India: The Sociology of Hinduism and Buddhism* (N.Y.: Free Press).

1961 *General Economic History* (N.Y.: Collier Books).

1964 *The Religion of China : Confucianism and Taoism* (Macmillan Co.).

1978a *Economy and Society* (Berkeley: California U.P.).

1978b *Weber: Selections in Translation,* ed. (Runciman, W. G.(tr.) Mathews, Cambridge U.P.).

1988 *The Agrarian Sociology of Ancient Civilization* (N. Y. Verso).

Xiaotong, Fei

1982 "On Changes in the Chinese Family Structure." *Chinese Sociology and Anthropology* 16-1,2(Fall/ March):32-45.

1978a *Economy and Society* (Berkeley: California U.P.).

1978b *Weber: Selections in Translation,* ed. (Runciman, W. G.(tr.) Mathews, Cambridge U.P.).

1988 *The Agrarian Sociology of Ancient Civilization* (N. Y. Verso).

臺灣研究叢刊

協力網絡與生活結構
——台灣中小企業的社會經濟分析

1994年3月初版　　　　　　　　　　　　定價：新臺幣400元
2005年5月初版第五刷
有著作權・翻印必究
Printed in Taiwan.

著　　　者　陳　介　玄
發　行　人　林　載　爵

出　版　者　聯經出版事業股份有限公司　　責任編輯　黃　文　明
台 北 市 忠 孝 東 路 四 段 5 5 5 號
台北發行所地址：台北縣汐止市大同路一段367號
　　　　電話：(02)26418661
台北忠孝門市地址：台北市忠孝東路四段561號1-2F
　　　　電話：(02)27683708
台北新生門市地址：台北市新生南路三段94號
　　　　電話：(02)23620308
台 中 門 市 地 址：台 中 市 健 行 路 3 2 1 號
台中分公司電話：(04)22312023
高 雄 門 市 地 址：高 雄 市 成 功 一 路 3 6 3 號
　　　　電話：(07)2412802
郵 政 劃 撥 帳 戶 第 0 1 0 0 5 5 9 - 3 號
郵　撥　電　話：2 6 4 1 8 6 6 2
印 刷 者　世 和 印 製 企 業 有 限 公 司

行政院新聞局出版事業登記證局版臺業字第0130號

國家圖書館出版品預行編目資料

協力網絡與生活結構：台灣中小企
業的社會經濟分析 ╱ 陳介玄著．
--初版．--臺北市：聯經，1994年
368面；14.8×21公分．--（台灣研究
叢刊）
ISBN　957-08-1172-2（精裝）
〔2005年5月初版第五刷〕
Ⅰ．中小企業-台灣

553.712　　　　　　　　　　83001295